DIE **entspannten** STÄDTE IN EUROPA

Inhalt

DIE ENTSPANNTEN
15 STÄDTE
ZUM ENTDECKEN

Der Städtekompass

Amsterdam Multikulti und gastfreundlich: 180 Nationen teilen sich die Hauptstadt der Niederlande, in der es mehr Fahrräder als Einwohner gibt und 2500 Hausboote in den Grachten dümpeln.

Budapest Großstadt und Entspannung – das geht selten so gut zusammen wie in Budapest. Der Grund: Unter den Straßen der Metropole blubbern heiße Quellen.

ENTSPANNEN
wie in
alten Zeiten

WOHIN MÖCHTE ICH?

>GEZELLIGHEID<

Amsterdam

→ Budapest

1   2

Zürich Einfach fallen lassen und genießen. In Zürich ist der See nie weit. Es soll auch Menschen geben, die ganzjährig hineinhüpfen!

Badis
am See

Zürich

15

14

Wien

IMMER MIT
DER RUHE!

Wien Was wäre Wien ohne seine Kaffeehäuser? Hektik ist dort verboten – übrigens auch am Strand der Neuen Donau bei einem kultigen Sundowner und beim Heurigen.

Valencia

13

12

11

Straßburg

Stockholm

SPIELWIESE

Alles im
Fluss

RELAX

Valencia *Vivir la vida*, das Leben genießen: Dieses Motto spürt und erlebt man überall in Valencia. Vor allem an der kilometerlangen Uferpromenade.

Straßburg Strandleben in Straßburg? Ja, natürlich! Im Sommer machen Liegestühle das Hafenareal zum Beachclub. Wunderbar zum Aperitif mit Blick aufs Wasser!

Stockholm Stockholm schlägt alle Wohlfühlrekorde: Ein Drittel seiner Fläche ist Wasser, 40 % machen Naturgebiete aus. Und im Stockholmer Schärengebiet gibt es 30 000 Inseln.

Edinburgh Nur 251 m ist er hoch, Edinburghs Hausberg Arthur's Seat. Aber der Blick von hier oben ist einfach fantastisch. Edinburgh ist Schottland im Brennglas!

Florenz Die Schöne am Arno bietet Renaissance-Feeling satt. Aber wussten Sie, dass sie auch hervorragende toskanische Küche kredenzt und über 100 km Radwege hat?

Kopenhagen Hypermodern und alten Traditionen verhaftet. Kopenhagen kann beides und vor allem eins: Hygge ganz im Hier und Jetzt.

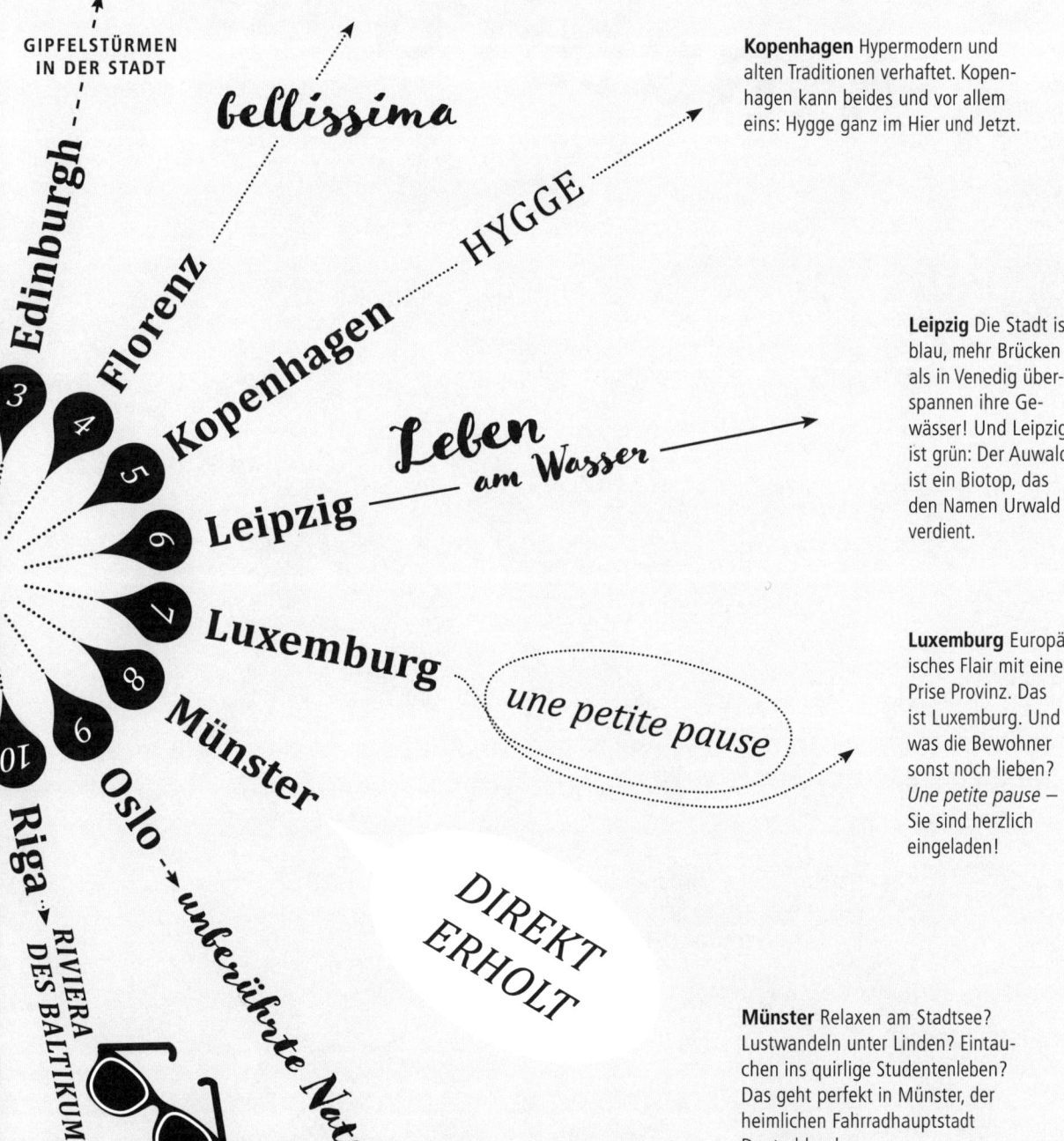

GIPFELSTÜRMEN
IN DER STADT

bellissima

HYGGE

Leipzig Die Stadt ist blau, mehr Brücken als in Venedig überspannen ihre Gewässer! Und Leipzig ist grün: Der Auwald ist ein Biotop, das den Namen Urwald verdient.

Leben am Wasser

3 Edinburgh
4 Florenz
5 Kopenhagen
6 Leipzig
7 Luxemburg
8 Münster
9 Oslo
10 Riga

une petite pause

Luxemburg Europäisches Flair mit einer Prise Provinz. Das ist Luxemburg. Und was die Bewohner sonst noch lieben? *Une petite pause* – Sie sind herzlich eingeladen!

RIVIERA DES BALTIKUMS

unberührte Natur

DIREKT ERHOLT

Münster Relaxen am Stadtsee? Lustwandeln unter Linden? Eintauchen ins quirlige Studentenleben? Das geht perfekt in Münster, der heimlichen Fahrradhauptstadt Deutschlands.

Riga Nach dem Winter haben die Rigaer Lust auf Sonne satt. Und die genießen sie an ihrem endlos scheinenden Hausstrand in Jūrmala. Mildes Ostseeklima garantiert!

Oslo Europas grünste Stadt ist zukunftsweisende Architektur und sweete Holzhäuschen hübsch eingefasst von ganz viel Natur – Fjord, Fjell und üppige Waldgebiete.

›Gezelligheid‹ in Amsterdam

Das ›fiets‹ gehört zur DNA Amsterdams wie die Hausboote.

Multikulti an den Grachten

180 verschiedene Völker der Erde auf einem Fleck – Amsterdam zählt die meisten Nationen der Welt. Am eindrucksvollsten zeigt sich dies dem Besucher bei den zahlreichen multikulturellen Festen. Wer nach so viel Trubel etwas Ruhe braucht, findet sie in den ›Hofjes‹, begrünte Innenhofoasen und der perfekte Ort, um sich zurückzuziehen und für einen kurzen Moment einfach mal die Zeit anzuhalten.

Beim Keti Koti Festival am 1. Juli gedenkt man dem Ende der Sklaverei.

Was aus der Not entstand – zu wenig Wohnraum u. a. für Studenten –, ist längst Luxusleben auf der Gracht. Gerne auch prächtig dekoriert wie hier an der Brouwersgracht.

In den Grachten

Das ist Amsterdam

Die Ankunft mit dem Zug ist die schönste Art, Bekanntschaft mit Amsterdam zu schließen. Ähnlich sahen Seefahrer jahrhundertelang die Stadt vor sich auftauchen. In einem letzten großen Bogen fährt die Bahn auf die größte Pfahlbausiedlung der Welt zu, scheint ein paar Meter übers Wasser zu gleiten, um dann langsam in die beeindruckende Bahnhofshalle einzufahren. Wo einst nur Wasser und weiter Himmel waren, schiebt heute die Centraal Station einen Riegel zwischen Innenstadt und IJ, diese durch Schleusen vom IJsselmeer abgetrennte Bucht. Fast 9000 Holzpfähle sind es übrigens, die den Hauptbahnhof stützen, ein paar Hundert braucht es schon für ein schmales Haus und der Königspalast ruht gewichtig auf 13 659.

Metropole im Taschenformat

Wichtigstes Kapital der Stadt ist ihre Grachtenidylle – sie bezaubert jeden. Gleiches tun die etwas aus dem Gleichgewicht geratenen Giebelhäuser, deren Häupter sich mehr oder minder gefährlich nach vorn neigen. Und die etwas steif grüßenden Türme der zahlreichen Kirchen mit ihren Glockenspielen, die auch mal einen Popsong klimpern. Die Fassaden mit den Giebelsteinen, quasi das ›Who's who‹ der Amsterdamer, bevor Napoleon ihnen zu nahe trat. Die Hofjes, begrünte Innenhofoasen, mit ihrer eigenen Welt. Die Hausboote, Symbol einer besonderen Lebensauffassung. Das reiche Kunst- und Kulturerbe, das nicht nur in den gut 50 Museen und knapp 150 Galerien mit viel Liebe gepflegt wird.

Calvinistisches Understatement

Kaum einer, der sich dem Reiz Amsterdams entziehen könnte – und das, obwohl der holländischen Metropole die ganz großen Highlights fehlen. Ein Pendant zum Eiffelturm, zur Golden Gate Bridge, zum Brandenburger Tor? Fehlanzeige. Dafür erwartet die Millionen in- und ausländischen Besucher, die Jahr für Jahr nach Amsterdam kommen, die größte historische Innenstadt Europas. Mit knapp 9000 Baudenkmälern aus dem 16. bis 18. Jh. braucht Amsterdam nicht tiefzustapeln: Keine andere Stadt der Welt hat pro Quadratmeter so viele Sehenswürdigkeiten zu bieten wie die niederländische Hauptstadt. Wie ein aufgeschlagenes Bilder-

Stille mitten in der Stadt: im Museumscafé des Amsterdam Museum

Das holländische Pendant zum New Yorker MOMA, das Stedelijk Museum, besticht nicht nur mit seiner Ausnahmesammlung moderner und zeitgenössischer Kunst, sondern auch mit spektakulärer Architektur – die ihm postwendend den Spitznamen ›Badewanne‹ bescherte.

buch zu Stadtgeschichte und -architektur präsentiert sich die Innenstadt – Altstadt, Grachtengürtel und Jordaan – dem Besucher.

Denkmalschutz goes Pragmatismus

Das besondere Geheimnis der Stadt besteht darin, dass das historische Erbe mit dem Leben von heute Hand in Hand geht. Freilichtmuseum Amsterdam? Weit gefehlt! Denkmalpflege wird hier so funktionell und nüchtern wie möglich betrieben: Besser, eine alte Kirche in neue Büroräume zu unterteilen, als sie mangels Kirchgängern und Geld abzureißen und ein neues Bürogebäude zu errichten. Die Fassaden von heruntergekommenen Häusern werden saniert, während dahinter ein von Grund auf neues Haus entsteht. Leerstehenden Fabriken bleibt die Abrissbirne erspart, sie erfreuen sich einer neuen Funktion. So wie das alte Gebäude des »Volkskrant« an der Wibautstraat, in dem sich heute 90 Ateliers, Musikstudios und Büros für Kreative, ein Hotel, ein Nachtclub, eine Bar und ein Restaurant finden. Und was anfangs nur als Übergangslösung gedacht war, bleibt schnell für Monate und Jahre. Oder für immer.

Arbeiten an der Zukunft

Die Stadt erfindet sich gerade neu. Entwirft neue Viertel oder strukturiert alte um. Entdeckt seine Ufer am IJ, die jahrhundertelang unbeachtet blieben, und schafft hier Architektur der Superklasse. Und Erholungsgebiete. Kehrt ihr Gesicht endlich wieder dem Wasser zu. Baut neue Inseln sowohl im Osten als auch im Westen der Stadt und widmet alte um. Richtet ihren Blick nicht mehr nur nach innen, dem stolzen Grachtengürtel zu, der 2010 als UNESCO-Welterbe geadelt wurde, sondern nach außen, weiter und weiter. Diese Entwicklungen sind auch für Besucher von großer Bedeutung. Sie erleben, wie die marode NDSM-Werft ihr Gesicht verändert und zur Kunst- und Freizeitoase wird. Wie das ehedem verpönte Noord zur Kultur- und Wohnmeile aufsteigt. Sie entdecken neue Kulturstätten weitab der Grachten. Greifen zum Rad und erobern Wald und Wiesen, Parks und Polder am Stadtrand. Genießen in Amsterdam gebrautes Bier an schrägen Orten, feiern Partys an Pop-up-Stränden und tanzen in den *broedplaatsen* in die Nacht.

Am Abend schnellt der Romantikfaktor in den Grachten – hier an Keizers- und Leidsegracht – noch einmal stark in die Höhe!

Flanieren durch Amsterdam

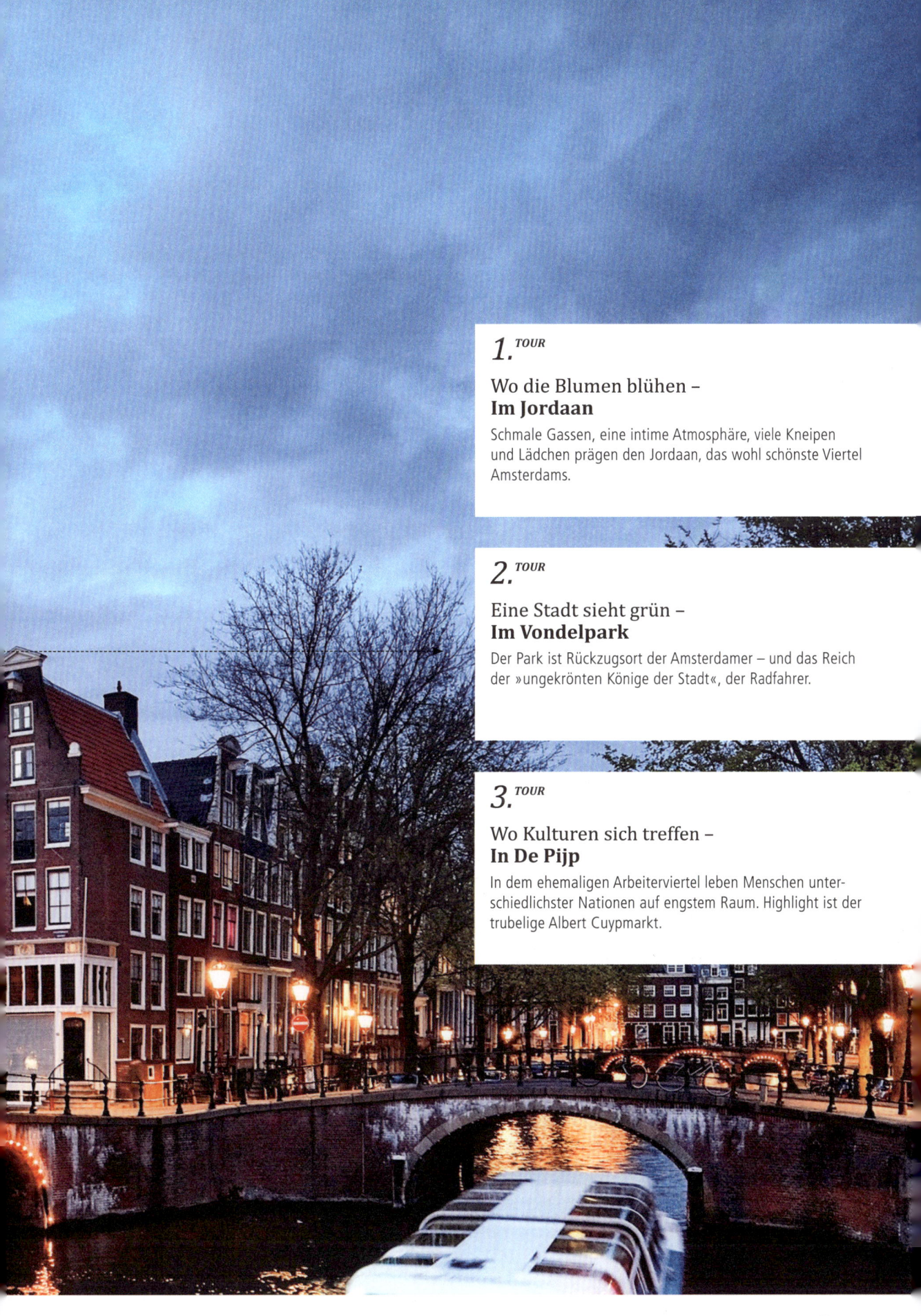

1. TOUR

Wo die Blumen blühen –
Im Jordaan

Schmale Gassen, eine intime Atmosphäre, viele Kneipen und Lädchen prägen den Jordaan, das wohl schönste Viertel Amsterdams.

2. TOUR

Eine Stadt sieht grün –
Im Vondelpark

Der Park ist Rückzugsort der Amsterdamer – und das Reich der »ungekrönten Könige der Stadt«, der Radfahrer.

3. TOUR

Wo Kulturen sich treffen –
In De Pijp

In dem ehemaligen Arbeiterviertel leben Menschen unterschiedlichster Nationen auf engstem Raum. Highlight ist der trubelige Albert Cuypmarkt.

Im Jordaan

Wo die Blumen blühen

Friedlich, freundlich und gut gelaunt – das scheinen Vokabeln zu sein, mit denen man hier noch etwas anzufangen weiß. Schmale Gassen, eine intime Atmosphäre, viele Kneipen und Lädchen prägen den Jordaan, das wohl schönste Viertel Amsterdams. Warum nicht nur Alteingesessene hier wohnen mögen, versteht man sofort.

Die meisten Straßen im Jordaan sind nach Blumen oder Pflanzen benannt, was auf die Hugenotten zurückgeführt wird, die sich nach der Flucht aus Frankreich hier niederließen und ihren *jardin,* also ihren Garten, bepflanzten. Ganz in diesem Sinne tun die heutigen Bewohner ihr Bestes, um das Viertel grün zu halten: Kletterrosen oder wilder Wein, in jedem Winkel, auf jeder Fensterbank wuchert ein Gewächs.

Gehasst und geliebt

Das meistbesungene Wahrzeichen des Jordaan, die Westerkerk, gehört eigentlich gar nicht zum Viertel. Während die Jordaan-Bewohner die Kirche heute gern ein paar Meter nach Westen verschieben möchten, um diese quasi einzugemeinden, haben ihre Ahnen Gebäude und Gottesdienst im 17. Jh. gemieden. Damals wurde die gerade erbaute Renaissancekirche (1620) nämlich vor allem von der

Ziemlich bunt und ziemlich busy – ›Hipsterbuurt‹ (Hipsterviertel) wird der Jordaan auch genannt.

begüterten Bevölkerung besucht und ›mit denen‹ wollten die Arbeiter nicht in einer Bank sitzen. Als krönenden Abschluss trägt der Westertoren die Krone Kaiser Maximilians. 85 m hoch ist der Turm, und wer hinaufsteigt, wird mit einem fantastischen Blick über die Grachten belohnt.

Auf Umwegen zum Yuppieviertel

Der Jordaan, die Wiege des ›echten‹ Amsterdamers, wird von Prinsen-, Brouwers-, Looiers- und Lijnbaansgracht begrenzt. Er war im 17. Jh. Wohnquartier der mit dem Bau des Grachtengürtels beschäftigten Arbeiter und Handwerker. Später lebten hier über 80 000 Menschen auf engstem Raum zusammen und entwickelten notgedrungen den ihnen so eigenen Lebensstil: ein wenig stur, eigenwillig und ihrer Scholle sehr verhaftet, vor allem aber sozial und *gezellig*. Heute ist der Jordaan wegen seines intimen und gemütlichen Ambientes als Wohnquartier beliebt und längst auch als In-Viertel etabliert. Kleine Läden, angesagte Cafés und Restaurants und lauschige Innenhöfe säumen die Route.

Die Bloemgracht, eine der Quergrachten, war und bleibt die vornehmste Adresse im Viertel. Um hier eine Wohnung zu ergattern, musste man stets tief in die Tasche greifen.

Lauschige Innenhöfe

Sehr fotogen ist auch die Egelantiersgracht, die Gracht der Heckenrosen, wo sich hinter einer grünen Tür das 1614 gestiftete St. Andrieshofje verbirgt, eine Oase der Ruhe. Besucher, die durch den blau-weiß gekachelten Gang in den pittoresken Innenhof treten, werden wie in allen *hofjes* freundlich darum gebeten, Stille und Privatsphäre der Bewohner zu respektieren. Nach dieser Stippvisite im ältesten noch bestehenden Innenhof Amsterdams bietet sich ein erster Stopp in einem der bekanntesten Bruine Cafés der Stadt an, dem ʼt Smalle. Früher war es das *proeflokaal* des berühmten Jenever-Brenners Hoppe. Geblieben sind die authentische Inneneinrichtung und die schöne Lage direkt an der Gracht, wo der eigene Anleger im Sommer als (Traum-) Terrasse dient. Nicht nur sonntagmorgens ist hier Hochbetrieb. Wer leckere Brötchen essen und sein Frühstücksei auf schwankenden Planken pellen will, muss schon früh aus den Federn, und auch am Abend heißt es, rechtzeitig Plätze zu besetzen. Apropos schwankende Planken: Ganz stilecht kann man um die Ecke auf einem Boot sitzen, die Sonne und leckere Brote und Salate genießen. Das Café P96 ist ein echter *aanrader*, wie der Amsterdamer sagen würde.

›Amsterdamse gezelligheid‹

Im Gewirr der schmalen Gassen zwischen Bloemgracht und der nördlich gelegenen Westerstraat liegen zahlreiche Galerien und Ladenlokale, in den Auslagen werden Mode, Blumen, Trödel, Antikes und Kurioses angepriesen. Die kleinen Tante-Emma-Läden indes gehören längst der Vergangenheit an. Schuld daran sind nach Ansicht der alteingesessenen Jordanezen die Yuppies, die das Straßenbild des Viertels mit »ihrem Porsche oder 4-Wheel-Drive und ihrem dreirädrigen Jogger-Kinderwagen« maßgeblich verändert haben.

Lässig geht es im Jordaan zu – das Viertel steht für Lebensfreude, und die Jordanezen genießen es, ihr Wohnzimmer beim ersten Sonnenstrahl auf die Straße zu verlagern.

AMSTERDAM DIE MOOIE STAD
IS GEBOUWD OP PALEN.
ALS DIE STAD EENS OMMEVIEL
WIE ZOU DAT BETALEN?

*Amsterdam, die schöne Stadt,
ist gebaut auf Pfählen.
Wenn sie jemals kippen würd,
wer soll das bezahlen?*

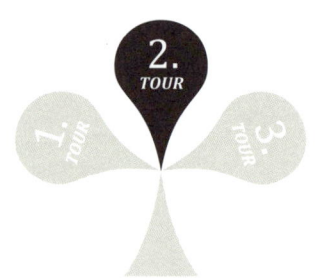

2.
TOUR

1.
TOUR

3.
TOUR

Im Vondelpark

Eine Stadt sieht grün

Lieb und teuer ist den Amsterdamern ihr kostbarstes und größtes innerstädtisches Grün: der Vondelpark, den sie nach einem kompletten Facelifting noch mehr schätzen.

Die Amsterdamer lieben ihn, die Besucher der Stadt auch, denn hier ist nicht nur ein Spaziergang im Grünen und Erholung vom Trubel möglich – der 2 km lange und 48 ha große Vondelpark bildet eine Oase der Ruhe in der Metropole –, vielmehr stellen Park und nahe Umgebung auch Architektur- und Kunstliebhaber sowie Konsumwillige zufrieden.

Crowdfunding auf Altholländisch

Die Hauptstädter verdanken ihr kostbares Grün reichen Bürgern der Stadt, die den Park 1864 in Auftrag gaben. 80 000 Gulden hatten sie für die Anlage des ersten holländischen Volksparks gesammelt; eine gute Geldanlage, wie sich zeigen sollte. Das imposante Haupteingangstor an der Stadhouderskade öffnet sich auf einen großzügig angelegten Landschaftspark im englischen Stil, der seit 1996 denkmalgeschützt ist. Seinen Namen verdankt er Joost van den Vondel (1582–1674), dem ›Shakespeare der Niederlande‹. Baumgruppen (120 verschiedene Arten!) säumen die weiten Rasenflächen und unregelmäßig angelegten Seen, den Rosengarten, die Spielplätze, das Freilichttheater.

Happy hippy days: Alles war möglich

Bekanntheit auf internationalem Parkett erlangte der Vondelpark in den späten 1960er- und zu Beginn der 1970er-Jahre. Er war bei den Blumenkindern der Flower-Power-Generation so beliebt, dass hier bis zu 2000 Hippies gleichzeitig campten, im See schwammen, Drogen nahmen und freien Sex hatten. Letzteres ist im Park übrigens seit 2008 offiziell erlaubt – und das ist kein Witz! Allerdings begrenzt auf die Abend- und Nachtstunden …

Am Ufer des Sees residiert der Vondelparkpaviljoen. In dem stattlichen Renaissancegebäude aus Glas und Eisen (1881) ist die Kitchen & Bar Vondelpark3 untergebracht – mit einer der schönsten Terrassen der Stadt unter riesigen, Schatten spendenden Bäumen.

Vienna calling!

Der nächstgelegene rechte Parkausgang führt auf die Vondelkerk zu, eines der Meisterwerke von P. J. H. Cuypers, dem Architekten von Rijksmuseum und Hauptbahnhof. Die neogotische Kreuzbasilika sollte »in seinem Herzen stets den größten Platz einnehmen«. Benachbart, in der Vondelstraat 140, liegt eines der bestgehüteten Geheimnisse Amsterdams: De Hollandsche Manege, älteste Reitschule Amsterdams, die bald ihr 140-jähriges Bestehen feiert. Sie ist nach dem Vorbild der Spanischen Hofreitschule in Wien gebaut und zu besichtigen.

Der Vondelpark ist Rückzugsort der Amsterdamer, auch der ›ungekrönten Könige der Stadt‹, der Radfahrer, die hier nicht ganz so rüde unterwegs sind wie sonst. Das gewaltige Grün ist weniger Touristenattraktion denn viel geliebtes Naherholungsgebiet.

ÜBRIGENS

Noch eine nette Begebenheit am Rande: Die niederländische Fluggesellschaft KLM warb in den 1970er-Jahren mit dem Slogan: »Fly KLM, sleep in the Vondelpark« für Flüge nach Amsterdam. Heute würde das wohl zu einem Shitstorm vonseiten der Hoteliers führen.

In De Pijp
Wo Kulturen sich treffen

180 verschiedene Nationen haben in Amsterdam Fuß gefasst – mehr als in jeder anderen Stadt der Welt. Den meisten von ihnen werden Sie auf den Straßen De Pijps begegnen. In dem ehemaligen Arbeiterviertel leben unterschiedlichste Menschen auf engstem Raum zusammen: Holländer mit marokkanischer, türkischer und surinamischer Herkunft, Künstler, Studenten und (noch) Alteingesessene.

Diese Vielfalt spiegelt sich überall im Viertel wider, in den Cafés und Restaurants mit exotischen Speisen, in den Läden mit der üppigen Vielfalt – indonesische Gewürze, chinesische Haushaltswaren und indische Stoffe liegen neben holländischem Käse – und auch im Angebot des berühmtesten Straßenmarktes der Stadt, dem Albert Cuypmarkt.

Visitenkarte sozialen Wohnungsbaus

Los geht's im ruhigen Teil De Pijps, wo es zwischen Amstelkanaal und Tellegenstraat architektonisch spannend wird. Verspielt und überbordend kommen die Wohnblocks des Plan Zuid daher. Hinter diesem Plan steckte nicht nur eine Architekturströmung, die Amsterdamer Schule, sondern eine umfassende Stadtplanungsphilosophie, die das Recht von Arbeiterfamilien auf ein schönes Wohnumfeld in den Mittelpunkt ihrer Überlegungen stellte.

Schöner wohnen in De Pijp

Ganz anders die Architektur in der Diamantstraat: Die niedrigen Puppenhäuschen entstanden Ende des 19. Jh. für die Arbeiter der Diamantslijperij I. J. Asscher. Hier wurde der größte Diamant der Welt, der Cullinan, geschliffen. Heute sind die Häuschen beliebte Wohnstätten. Die mit Bäumen bestandene Hemonylaan gehört zur Hemonybuurt, der besseren Gegend von De Pijp. Am Amsteldijk setzt sich dieser Eindruck fort; schon um 1500 standen hier die Landhäuser der reichen Amsterdamer, die im Lauf des 19. Jh. architektonisch abwechslungsreich gestalteten Herrenhäusern Platz machten.

Kopf in den Nacken und am Stück in den Mund – so wird der ›Hollandse Nieuwe‹ gegessen, der noch junge Hering. Er ist auch auf dem Albert Cuypmarkt eine beliebte Delikatesse.

Ein Park für alle

Über die breite Ceintuurbaan geht es zum Sarphatipark. Diese Ecke ist besonders bei jungen Familien beliebt – und die Gentrifizierung in vollem Gange.

EXOTISCHE GERÜCHE UND BUNTE STOFFE

Das Highlight des Viertels, der trubelige Albert Cuypmarkt, ist mit 260 Ständen der größte und bunteste Gemischtwarenmarkt der Niederlande, auch als ›Bauch von Amsterdam‹ bekannt. Hier finden Sie nicht nur ein riesiges Warenangebot – Obst, Gemüse, Fisch, Käse, Blumen, Kleidung, Stoffe, Strumpfhosen, Uhren und viel herrlichen Ramsch – Sie erleben auch die exotischsten Gerüche, sehen die buntesten Stoffe und treffen auf die unterschiedlichsten Menschen. 180 verschiedene Nationen leben hier auf engstem Raum zusammen – was alles in allem als gelungen bezeichnet werden kann.

Diese Straßenzüge rund um den Park weisen eine reich verzierte Bebauung auf, Cafés mit gut besuchten Terrassen rahmen das Grün ein, es wird gegessen, gelacht und geplaudert.

Pausieren in Amsterdam

Kunst bewundern, Livemusik hören, einen DJ-Kurs besuchen – alles ist möglich in der Designbar des JAZ Hotels.

Bei schönem Wetter wird im De Kas auf der Terrasse serviert – mit Blick auf den Gemüse- und Kräutergarten inklusive.

TERRASSE AN DER GRACHT

Café van Zuylen
Hier kann man mit Traumblick auf die Gracht in Ruhe frühstücken. Die freundliche Bedienung empfiehlt auch mittags oder abends Snacks und leckere Gerichte von der Karte. Und im Sommer gibt es in Amsterdam wohl kaum eine schönere Terrasse an der Gracht. Torensteeg 4–8

MIT LIEBE GEKOCHT

De laatste Kruimel
Der Name ist Programm, denn es bleibt wirklich kaum ein Krümel der Sandwiches, Scones oder Quiches auf dem Teller. Man wird kaum irgendwo in der Stadt so lecker und so günstig essen können. Am schönsten sitzt man auf der Mini-Terrasse direkt an der Gracht. Langebrugsteeg 4, www.delaatstekruimel.nl

DAS AUGE ISST MIT

Hotel de Goudfazant
Die ehemalige Autowerkstatt mit der offenen Küche, dem großen Kronleuchter und den langen Tischen ist nach wie vor beeindruckend, der aufmerksame Service eine Wohltat und die übersichtliche Speisekarte gut und abwechslungsreich. Nicht zu vergessen: die Aussicht aufs IJ. Aambeeldstraat 10h, www.hoteldegoud fazant.nl

AMSTERDAMS SPEAKERS' CORNER

Oosterpark
Ursprünglich im romantischen englischen Landschaftsstil angelegt, präsentiert sich der Park nach einem Facelifting offener, luftiger und natürlicher mit Teichen, Wasserläufen, einem Planschbecken für die Kleinen und vielen Spazierwegen. Eine super Idee ist der Service der Picnic Company. Am Speakers' Stone kann, wer mag, am Sonntag um 13 Uhr seine Meinung sagen. Im Juli sind beim Multikulti-Roots-Festival (amsterdamroots.nl) im Park andere Töne zu hören: Weltmusik. Oosterparkbuurt; www.picniccompany.nl

UNTERM STORCHENNEST

Park Frankendael
Wirklich wahr, in dem Park nisten Störche! Ob sie das hier schon im 17. Jh. taten, als sich im Park des Landgutes reiche Amsterdamer verlustierten, ist nicht bekannt. Heute ist die charmante, von Baumalleen und Wassergräben begrenzte Grünfläche mit den beiden historischen Gärten, der Feucht- und Liegewiese für jedermann frei zugänglich. Auf der großen Wiese, die im Sommer immer gut belegt ist, findet am letzten Sonntag des Monats der Pure Markt statt. Ein weiteres Plus: Zwei hervorragende Restaurants residieren hier im Grünen, das De Kas im ehemaligen städtischen Gewächshaus und das Merkelbach. Das alte Landgut kann sonntags um 12 Uhr besichtigt werden. Middenweg 72, www.park-frankendael.nl; www.puremarkt.nl

EINST EIN ALTER KRÄUTERGARTEN

Hortus Botanicus
Suchen Sie sich hier eine Parkbank und Sie werden nicht wieder aufstehen wollen, außer die *Victoria amazonica* blüht, die weltgrößte Wasserlilie. Der 1683 gegründete Hortus ist einer der ältesten botanischen Gärten der Welt und einer der bezauberndsten obendrein. Mit schönem Orangerie-Café. Plantage Middenlaan 2a, www.dehortus.nl

Unterm schiefen Giebel

Aus dem Melting Pot

Ein Zimmer in guter Lage an der Gracht oder an einem der schönen Plätze – das ist in Amsterdam kein Problem. Ihr Lager können Sie überall aufschlagen, die Frage ist nur, ob ein Zimmer frei ist und wer sich was leisten kann. Denn Amsterdam ist teuer – und sehr gut gebucht. Zwar haben viele neue Hotels eröffnet, doch fast nur in den höheren Kategorien. Gerade wer nicht so viel ausgeben möchte, muss frühzeitig reservieren. Private Alternativen gibt es viele, vom Hostel über Hausboot und Pension bis zum B&B und zur geschmackvollen Airbnb-Unterkunft, doch günstig sind sie alle nicht.

Knapp 70 000 Betten in weit mehr als 400 Hotels warten momentan auf müde Gäste; die Standards variieren vom Jugend- oder Low-Budget-Hotel-Schlafsaal bis zur Luxussuite. Die Zahl der Vier- und Fünf-Sterne-Unterkünfte steigt weiter an, und auch die Hotels der gemäßigteren Kategorie haben preislich mächtig angezogen. Viele schöne Grachtenhäuser sind im Lauf der Jahre in stimmungsvolle Hotels, B&Bs oder Airbnb-Unterkünfte umgewandelt worden, wo Gäste mit individuellem Service verwöhnt werden. Wer träumt nicht davon, morgens auf eine der malerischen Grachten zu blicken? Die Kehrseite der Medaille ist allerdings offenkundig: So mancher frühere Mieter wurde längst an den Stadtrand verdrängt.

›Amsterdamse‹ Esskultur? Sie finden, das sind zwei Begriffe, die sich ausschließen? Stimmt nicht (mehr)! Die Niederlande genießen auf kulinarischem Gebiet zwar nicht das hohe Ansehen Frankreichs oder Italiens, doch lassen sich in Amsterdam mühelos Restaurants aller Kategorien finden, die außerordentliche Gaumenfreuden auftischen – mit steigender Tendenz. Der Amsterdamer selbst isst gern auswärts, Essen zu gehen ist hier eine in erster Linie gesellige, fröhliche und informelle Angelegenheit.

Die holländische Küche, die lange Zeit keinen guten Ruf genossen hat – zu fett, zu deftig –, ist mit einigen wirklich ausgezeichneten Restaurants in der Stadt vertreten. Oder was würden Sie zu einer mit Zitronenöl und Piment verfeinerten Senfsuppe oder einem Risotto mit Frühlingszwiebeln, Walnüssen, Stolwijker Bauernkäse und Roter Bete sagen? *Lekker? Precies!*

Nicht zu vergessen sind die Spezialitäten aus aller Welt, schließlich ist Amsterdam die Multikulti-Stadt per se. 180 Nationen haben der holländischen Hauptstadt ihren Stempel aufgedrückt, beim Essen allen voran die indonesische, die chinesische und die surinamische Küche.

Übrigens stehen die Amsterdamer auf *tussendoortjes* (wörtl. ›Zwischendurchleins‹) – von *belegde broodjes* über *nieuwe haring* bis zu Fleischkroketten und *bitterballen*.

Designpapst Marcel Wanders freut sich – soeben hat er das von ihm entworfene Hotel Andaz eröffnet.

FEBO – Essen aus der Wand.

Aufregend anders

Amsterdam ist ein Einkaufsparadies für bewusste Shopper jeder Couleur, für Freunde von Ausgefallenem und für (fast) jeden Geldbeutel. Kaum einer, der in der Grachtenstadt nicht fündig wird: Überall in der historischen Innenstadt liegen hübsche kleine Läden (›winkeltjes‹) verstreut. Die Amsterdamer können mit Fug und Recht behaupten: »In Amsterdam zu shoppen, macht Spaß!«

Denn auch wer nur zum Einkaufen herkommt, hat das Glück, beim Shoppen nebenher immer eine kleine Sightseeingtour zu machen, spaziert durch schöne Straßen, stöbert in historischen Häusern. Vielleicht findet sich in einem Grachtenhaus aus dem 17. Jh. eine coole Ledertasche oder in einem der alten Lagerhäuser das Porzellan für die gute Stube? Und selbst der ›Einkaufsmuffel‹ wird höchstwahrscheinlich verführt. Denn er muss kein bestimmtes Einkaufsviertel aufsuchen, muss nicht Stunden seiner kostbaren Zeit für den Besuch eines Einkaufsghettos opfern.

Es gibt übrigens nicht nur ungewöhnlich viele Geschäfte, es gibt auch viele ungewöhnliche Geschäfte abseits des ewig Gleichen. Nicht ohne Grund ziehen immer mehr Start-ups in die holländische Metropole. Gerade jungen Leuten ist es wichtig, fair gehandelte und nachhaltige Produkte anzubieten – und der wachsende Erfolg gibt ihnen recht.

Wundertüte Amsterdam

Im dichten Dschungel von Amsterdams Abend- und Nachtleben findet jedermann und jedefrau das Richtige. Wie überall auf der Welt pulsiert hier das Leben an Wochenenden besonders ausgelassen; doch auch unter der Woche brodelt das breit gefächerte Ausgehangebot in allen Ecken und Winkeln der Stadt – nur halt etwas weniger aufgeregt.

Viele Amsterdamer läuten ihr Abendprogramm bereits früh ein: Am Spätnachmittag zieht es sie in eines der hohen, lichtdurchfluteten Grand Cafés. Die Musik dort ist klassisch bis trendy und nie zu aufdringlich. Oder in ein *proeflokaal* (Probierstube) mit oft musealem Charakter oder ein *bruin café*.

Die *bruine cafés* sind urgemütliche Amsterdamer Traditionslokale mit dunkelbraunen Wänden und ebensolchem Interieur. Sie sind Treffpunkte für Jung und Alt aus der Nachbarschaft, hier kann man in aller Ruhe sitzen, klönen und entspannen oder Darts spielen. Und gerade im Jordaan treffen Sie in den *bruine cafés* noch auf waschechte Amsterdamer.

Nach dem Aufwärmen geht es im Dickicht des Nachtlebens weiter: ins Theater oder Ballett, in eine Comedy Show oder eines der unzähligen Konzerte. Bekannt ist Amsterdam insbesondere als Clubbing City, und seit es hier immer mehr 24-Stunden-Lizenzen gibt, gehen die Stroboskoplichter in der Stadt gar nicht mehr aus.

Charlie + Mary: nachhaltig shoppen – und anschließend Fair Food im Café mit Pflanzenwand genießen

Canvas mit seiner 1a-Dachterrasse lockt mit coolem Programm und dem besten Blick über die Stadt.

Total thermal in Budapest

Parlamentsgebäude

Relax!

Großstadt und Entspannung – das geht selten so gut zusammen wie in Budapest. Der Grund: Unter den Straßen der Metropole blubbern heiße Quellen, die seit Jahrhunderten die ebenso gemütlichen wie stilvollen Thermalbäder speisen. Eine Runde schwimmen, im Dampfbad schwitzen und sich danach bei einer Massage die Muskeln lockern lassen: In Budapests Thermalbädern haben Verspannungen keine Chance!

*Blick vom Donauufer auf den Burgberg
mit Matthiaskirche und Fischerbastei*

Schachspieler im palastartigen Széchenyi-Heilbad

Im Rudas-Bad

Das ist Budapest

Zu Beginn des 21. Jh. steckt die Perle an der Donau in einem umfassenden Wandlungsprozess, der die Stadt und die Menschen vor große Herausforderungen stellt. Zum einen herrscht spürbar eine neue Gründerzeit: Moderne Stadtviertel, sanierte Brücken und Häuser sowie der Bau einer neuen U-Bahn-Linie zeugen vom Aufbruchsgeist. Zum anderen sind die Jahrzehnte der Vernachlässigung nicht einfach abzuschütteln. Im ehemaligen jüdischen Viertel in der Elisabethstadt – das auch unter dem Schutz der UNESCO steht – sind noch immer viele Häuser dem Verfall preisgegeben. Anstelle einer Sanierung droht die Abrissbirne oder die Umwandlung in ein Szenelokal. Fakt ist auch, dass nicht alle Budapester vom Aufschwung profitieren und die soziale Schere deutlich auseinanderklafft.

Prachtbauten der Gründerzeit

Besonders stolz sind die Budapester – zu Recht – auf die Errungenschaften des späten 19. Jh., als ein Großteil der heutigen Stadt innerhalb des Großen Rings entstand. Der Reiz von Budapest liegt u. a. darin, dass sich dieses Fin-de-Siècle-Stadtbild bis heute größtenteils unangetastet erhalten hat. Wer vom Burgberg über die Donau nach Pest hinüberschaut, blickt auf eine Stadtsilhouette, die in weiten Teilen noch so aussieht wie vor 100 Jahren. Gründerzeit und Jugendstil haben echte Prachtbauten hinterlassen wie das monumentale Parlament oder die Franz-Liszt-Musikakademie.

Kultur auf lauschigen Plätzen

Wenn in Ungarn kulturell etwas Neues ausprobiert wird, dann geschieht dies in der Regel in Budapest. Das Spektrum ist breit gefächert und das Angebot kaum überschaubar. Zwar wurde die staatliche Förderung stark zurückgefahren, doch das neue Millenniumsviertel am Donauufer setzte vor einigen Jahren Standards. Nun soll im Stadtwäldchen gar ein ganzes Museumsviertel entstehen. Auf private Initiativen gehen z. B. das KOGART-Haus an der Andrássy út und das Haus der Ungarischen Sezession in der Leopoldstadt zurück. Zur dynamischen Kulturszene gehören auch die erstklassigen Festivals: Das international besetzte Frühlingsfestival sorgt bei Konzert- und Theaterfreunden für Kulturgenuss pur, während

Budapest tanzt … und besonders ausgelassen unter freiem Himmel.

Im Trend: Cafés im Retro-Look

im Sommer das Sziget-Festival ein attraktives Open-Air-Spektakel ist. Und die sommerlichen Konzertreihen setzen die stimmungsvollsten Plätze der Hauptstadt wirkungsvoll in Szene. Musikalisch ist Budapest die Hauptstadt des Jazz, während – angestoßen durch die Budapest Klezmer Band – eine Renaissance der Klezmer-Musik stattgefunden hat. Alternative Projekte wie die Kulturzentren Trafó und Fonó sorgen für Impulse in einer Szene, die immer wieder avantgardistische Projekte hervorbringt.

Abends in die Ruinenkneipen

Die jungen Hauptstädter gehen gern aus. Auf dem Szene-Platz Liszt Ferenc tér oder im Gozsdu-Hof reiht sich Café an Café. Da viele Caféterrassen in der Innenstadt spätestens um 24 Uhr zumachen müssen, verlagert sich danach das Nightlife in die lebhaften ›Ruinenkneipen‹ des ehemaligen jüdischen Viertels, die inzwischen im Mainstream angekommen sind. Manche Kneipen bleiben nur für einen Sommer, andere wie das Szimpla Kert sind inzwischen weit über die Stadtgrenzen hinaus bekannt. An Ideenreichtum mangelt es in Budapest nicht, wenn es um eine coole Location geht.

Ganz entspannt mit dem Bike

In den letzten 30 Jahren haben gut 300 000 Menschen der Metropole den Rücken gekehrt – immerhin rund 15 % der Bevölkerung. Diese Menschen pendeln nun zur Arbeit nach Budapest, was erhebliche Verkehrsprobleme mit sich bringt. Für viele Budapester ist es eine Statusfrage, mit dem Auto in die Innenstadt zu fahren. Dadurch sind die Straßenbahnen und Busse vielleicht nicht mehr ganz so voll wie früher, doch die Parkplatzprobleme haben sich verschärft. Als Tourist sollte man sein Auto grundsätzlich auf einem bewachten Parkplatz stehen lassen und zu Fuß oder mit dem öffentlichen Nahverkehr die Stadt erkunden. Als Gegenbewegung zum wachsenden Autoverkehr schwingen sich immer mehr Hauptstädter aufs Fahrrad. Zudem wird es immer einfacher, ein Fahrrad zu leihen. Schöne Radwege gibt es z. B. am Budaer Donauufer und auf der Margareteninsel. Und wer wirklich durchatmen will, fährt hinauf in die Budaer Berge und genießt die frische Luft im Mittelgebirge.

Blick auf die Donau vom Burgberg aus mit der Kettenbrücke und dem Parlament

1.
TOUR

2.
TOUR

3.
TOUR

Flanieren durch Budapest

1. *TOUR*

Wellness, Tierpark und Märchenburg – Városliget

Highlights in dem weitläufigen Stadtwäldchen sind der Zoo mit seinen Jugenstil-Häusern, die märchenhafte Vajdahu-nyad-Burg und das palastartige Széchenyi-Heilbad.

2. *TOUR*

Literatur und süße Lust – Kaffeehäuser und Konditoreien

Entspannen und genießen: Das geht in den traditionellen Kaffeehäusern und Konditoreien. Doch Achtung: Die Kuchen-theken können schnell süchtig machen!

3. *TOUR*

Durchs Mittelalter schlendern – Das Burgviertel

In den historischen Gassen des Burgviertels herrscht barocke Idylle pur. Gemütliche Cafés und Restaurants sorgen für das leibliche Wohl!

Városliget

Wellness, Tierpark und Märchenburg

Hinter dem Heldenplatz erstreckt sich das weitläufige Stadtwäldchen mit zahlreichen familienfreundlichen Attraktionen. Besonders sehenswert sind der Zoo mit seinen Jugendstil-Tierhäusern, die märchenhafte Vajdahunyad-Burg und das palastartige Széchenyi-Heilbad.

Gleich hinter dem Stadtwäldchen-See (Városligeti tó) – im Winter die Top-Schlittschuhbahn von Budapest – bietet die Vajdahunyad-Burg eine märchenhafte Kulisse. Das künstliche Gebilde wurde zur Millenniumsausstellung 1896 aus Holz erbaut und ist ein Mix aus diversen Baustilen der ungarischen Geschichte von Mittelalter bis Rokoko. Da sich die Burg als der Publikumsrenner erwies, beschloss man, sie aus Stein nachzubauen. Architektonisch besonders sehenswert sind die gotischen Säle im ›mittelalterlichen‹ Teil, Vorbild war die Burg Hunyad in Siebenbürgen. In den beiden Hauptgebäuden ist das Ungarische Landwirtschaftsmuseum untergebracht und im Innenhof finden im Sommer lauschige Open-Air-Konzerte statt.

Flanieren zwischen Elefanten und Jugendstil

Schon das kunstvolle Elefantentor am Eingang macht unmissverständlich klar: Der Budapester Zoo (Budapesti Állatkert) präsentiert nicht nur Tiere, sondern bietet auch sehenswerte Kunstdenkmäler. Zur Gründung 1866 stiftete Kaiser Franz Joseph 34 Tiere, seine Gattin Sisi steuerte die erste Giraffe bei. Heute leben mehrere 1000 Tiere und rund 1000 Arten auf dem Gelände. Anfang des 20. Jh. wurde der Zoo unter der Leitung von Károly Kós und Dezső Zrumeczky völlig neu gestaltet. Kós verwirklichte dabei das Vogel-, Affen- und Fasanenhaus in dem für ihn typischen transsylvanischen Stil. Das märchenhafte Elefantenhaus steuerte Kornél Neuschloss-Knüsli im Jugendstil bei. Der exotische Pavillon wirkt wie ein verspielter orientalischer Palast und ist eines der schönsten Jugendstilzeugnisse in Budapest. Auch das Palmenhaus ist eine Jugendstilaugenweide.

Seit Jahren wird der Zoo Stück für Stück saniert. 2014 wurde der ehemalige Vergnügungspark in das Gelände integriert und soll bis 2021 mit Erweiterungsbauten, u. a. einem ›Biodome‹, komplett umgestaltet werden. Das denkmalgeschützte Karussell von 1906 und die hölzerne Achterbahn von 1922 bleiben jedoch erhalten. Unmittelbarer Nachbar des Zoos ist der Hauptstädtische Großzirkus (Fővárosi Nagycirkusz) mit jährlich drei abwechslungsreichen Programmen.

Im Winter werden die Schlittschuhe ausgepackt und auf dem Eis vor der Märchenkulisse am Stadtwäldchen-See kunstvolle Kreise gezogen.

GESAMTKUNSTWERK SZÉCHENYI-HEILBAD

Was kann schöner sein, als an einem kalten Wintermorgen draußen in einem palastartigen Innenhof in 37 °C warmem Wasser zu entspannen und abzuschalten? Der ganz in gelb gehaltene Badepalast des Széchenyi-Heilbads macht's möglich. Der wunderbare Badetempel wurde Anfang des 20. Jh. errichtet. Er wird aus 1250 m Tiefe mit bis zu 77 °C warmem Thermalwasser versorgt – aber keine Angst: Für die Verwendung im Becken wird es natürlich auf erträgliche Temperaturen gebracht. Besonders beliebt ist das Bad bei Schachspielern, die im warmen Thermalbecken scheinbar endlos durchhalten.
Zum medizinischen Angebot gehören selbstverständlich auch Massagen – das Széchenyi verspricht Wellness pur. Bemerkenswert ist auch der herrliche Jugendstileingang am Kós Károly sétány mit fantastischen Kuppelfresken und einem Brunnen.

Kaffeehäuser und Konditoreien
Literatur und süße Lust

**Zu Beginn des 20. Jh. gab es in Budapest nicht weniger als 500 Kaffee-
häuser. Literaten und Künstler trafen sich hier. Seit einigen Jahren erleben die Kaffeehäuser eine kleine Renaissance. Schon immer beliebt
waren die himmlischen Süßwaren der Budapester Konditoreidynas-
tien. Hier findet sich für jeden Geschmack das Richtige – doch
Achtung: Die Kuchentheken können schnell süchtig machen!**

In den aufgeheizten Zeiten nationalistischen Hochgefühls gärte Mitte
des 19. Jh. in den Pester Kaffeehäusern die revolutionäre Stimmung.
Legendär war das Café Pilvax an der Ecke Pilvax köz/Kamermayer
Károly tér. Hier soll Sándor Petőfi im März 1848 die Massen für die
Revolution gegen die Habsburger begeistert haben.

Später verloren die Kaffeehäuser in Budapest an politischer Bedeutung. Nun trafen sich Schriftsteller, Journalisten und die Bohème in
ihnen, um über Gott und die Welt zu plaudern oder an einem neuen
Werk zu arbeiten. Für manche Literaten waren die Cafés Arbeits- und
Wohnzimmer zugleich. Sie ließen sich sogar die Post in ihr Stammcafé
liefern, da sie ohnehin nur selten zu Hause anzutreffen waren.

Genießen und entspannen im Kaffeehaus

Zu den berühmtesten Literatencafés der vorletzten Jahrhundert-
wende gehörte neben dem Café New York das Café Centrál, das seit
seiner Wiedereröffnung 2000 ein kleines Revival der Budapester
Kaffeehauskultur eingeläutet hat. Der hohe Saal und die großen
Fenster vermitteln ein Gefühl von Weitläufigkeit, ja Weltoffenheit. In
dem 1887 eröffneten Haus wurden wichtige Literaturzeitschriften
gegründet und Schriftsteller wie Sándor Márai gingen ein und aus.

Der Kamermayer Károly tér ist einer der schönsten Plätze der Innenstadt. Wo sich einst im Café Pilvax die Gemüter erhitzten, lädt heute
vis-à-vis das moderne Gerlóczy zu einer Pause ein. In dem stilvollen
Café-Restaurant geht es eher beschaulich zu, morgens erinnern die
leckeren Croissants ein wenig an Paris. Mittags und abends gibt es
ansprechende Bistroküche, dazu werden Käse- und Salamispezialitä-
ten serviert. Das Gerlóczy ist ein Lichtblick in der Innenstadt!

*Einst traf sich die High Society im Café
Gerbeaud und die Kuchentheke wurde
hoch gelobt. Heute ist die Auswahl klein
und die Preise sind hoch – aber das Café
ist noch immer eine Augenweide.*

Konditorendynastien

Budapest ist die Stadt der Konditoreien. Sie bieten cremige und fruchtige Torten und verwöhnen in ihren Cukrászdák das Publikum mit
süßen Kreationen jeder Art. Sehr erfolgreich ist die Familie Szamos,
die am Vörösmarty tér in einer ehemaligen Bank die elegante Filiale
Szamos Gourmet Ház betreibt. Traditionsreich ist auch das berühmte
Café Gerbeaud am Vörösmarty tér. Einst ging hier die High Society ein
und aus, und die heutigen Kuchenpreise sind inzwischen ebenfalls
wieder überaus gesalzen. Viel entspannter und einladender geht es
an der belebten Kossuth Lajos utca hinter hohen Fensterscheiben in
der Auguszt Cukrászda zu. Die Konditorenfamilie Auguszt ist bereits
seit 1870 in mittlerweile fünfter Generation in dem Geschäft.

*Schicht um Schicht
ein Kunstwerk, fast zu
schade zum Anbeißen:
Gerbeaud-Schnitte*

Das Burgviertel

Durchs Mittelalter schlendern

Welch ein Gegensatz: Rund um die königliche Matthiaskirche und die verspielte Fischerbastei tummeln sich zu jeder Tageszeit große Touristenscharen. Doch wenige Meter weiter herrscht in den historischen Gassen des Burgviertels barocke Idylle pur. Einige schöne Cafés und Restaurants laden zum Verweilen ein.

Mit dem Bau der königlichen Residenz auf dem Burgberg oberhalb der Donau entstand ab Mitte des 13. Jh. im Bereich nördlich des Dísz tér (Paradeplatz) auch eine Bürgerstadt. Ungarn, Deutsche, Italiener und Juden kamen nach Buda. 1541 machten die Osmanen die Stadt zum Sitz eines Paschas. Nach dem barocken Wiederaufbau waren von 1867 bis zum Zweiten Weltkrieg hier etliche Ministerien und Botschaften ansässig. Nach dem Krieg wurden die meisten dann nach Pest verlegt, viele Häuser sind weiter privat bewohnt.

Unterwelt und Biedermeier-Café

Vom Dísz tér führen in nördlicher Richtung alle Wege durch die Bürgerstadt zur Matthiaskirche. Am schönsten ist der Spaziergang durch

Die Fischerbastei ist eine richtige Verwandlungskünstlerin – je nach Perspektive. Von unten beeindruckt sie als hoch aufragende Bastion, von Nahem wirkt sie fast disneymäßig. Besonders schön aber ist sie abends, wenn sie in ein romantisches Licht gesetzt wird.

die barocke Úri utca (Herrengasse), vorbei am Eingang zum unterirdischen Labyrinth, einem weitverzweigten Gangsystem quasi im Keller des Burgviertels. Nach einer Stippvesite des Labyrinths lohnt in der Szentháromság utca eine Kaffeepause in der stimmungsvollen Ruszwurm Cukrászda: Das kleine gemütliche Wohnzimmercafé im Biedermeier-Stil wurde 1827 gegründet – und ist das älteste in Ungarn!

Königliche Matthiaskirche

Nun laufen Sie direkt auf die bedeutendste Sehenswürdigkeit des Burgviertels zu, die Matthiaskirche. Nach der umfassenden Renovierung leuchten die bunten Zsolnay-Dachziegel wieder und das Wappentier von Namensgeber Matthias Corvinus, d. h. ›der Rabe‹, kündet von der königlichen Verbindung. Ursprünglich war das Gotteshaus als ›Liebfrauenkirche‹ geistlicher Mittelpunkt der starken deutschen Gemeinde in Buda, später war es als Moschee dem osmanischen Sultan Süleiman gewidmet, bevor es in die Hände der Jesuiten gelangte und schließlich Ende des 18. Jh. zur Pfarrkirche wurde. Am 8. Juni 1867 schlug die vielleicht größte Stunde der Matthiaskirche, als Kaiser Franz Joseph und Kaiserin Elisabeth (›Sisi‹) im Rahmen des österreichisch-ungarischen Ausgleichs feierlich als König und Königin von Ungarn gekrönt wurden.

Bitte Platz nehmen! Für eine kurze Pause, bevor Sie den Turm besteigen. Die filigrane Außenfassade der Matthiaskirche erstrahlt seit ihrer Renovierung wieder im alten Glanz.

Romantische Fischerbastei

Als Pendent zur Matthiaskirche beauftragten die Stadtväter Frigyes Schulek 1895, zur Donauseite noch ein weiteres Bauwerk zu errichten, das an das 1000-jährige Jubiläum der magyarischen Landnahme im Karpatenbecken erinnern sollte. Schulek löste die Aufgabe mit der verspielt romantischen Fischerbastei. Die sieben Türmchen symbolisieren die Magyaren-Stämme, der Name der Bastei verweist auf die Fischer, die einst diesen Abschnitt der Burgmauer verteidigen sollten. Das Ganze hat etwas Märchenhaftes, besonders am Abend, wenn alles festlich angestrahlt ist. Und von hier oben genießt man einen herrlichen Panoramablick über die Donau hinüber zum Parlament.

Am Horizont die Budaer Berge

Nun geht es in die schmalen Gassen des Burgviertels. Die Táncsics Mihály utca ist besonders malerisch und abwechslungsreich: Mit der Nr. 7 sticht rechts das herrschaftliche Erdődy-Palais mit dem Musikhistorischen Museum hervor. Gelegentlich gibt es hier unter der Woche frühabends Konzerte. In Nr. 26 sind links die Reste eines mittelalterlichen jüdischen Gebetshauses zu bewundern. Alte jüdische Grabplatten und Reste hebräischer Deckeninschriften verweisen auf das ehemalige Judenviertel, das sich hier befand. Am Bécsi kapu tér erreichen Sie schließlich das Wiener Tor.

Die vielleicht stimmungsvollste Gasse ist die Úri utca, die vom Kapisztrán tér nach Süden abzweigt. Historische Stadtpaläste und mittelalterliche Baureste sorgen für ein idyllisches Flair. Eine Besonderheit sind die gotischen Sitznischen, die z. B. in den Tordurchgängen von Nr. 32 und 40 zu erkennen sind. Zum Abschluss des kleinen Spaziergangs geht es durch die Szentháromság utca rechts zur Wallpromenade Tóth Árpád sétány. Mit dem herrlichen Blick in die Budaer Berge gelangen Sie zurück zum Dísz tér.

> DIESE STADT LÄSST JEDEN EIN LIED ANSTIMMEN. DIE BUDA EINRAHMENDEN BERGE, DIE WOGEN DER DONAU, DIE PLÄTZE UND STRASSEN SIND SO STIMMUNGSVOLL, DASS SIE SCHIER MUSIZIEREN. ICH LIEBE DIESE STADT!
>
> José Carreras

Zu jeder vollen Stunde ›plätschert‹ aus dem Spielbrunnen auf der Margareteninsel auch Musik.

II

Pausieren in Budapest

Wer äußere und innere Ruhe sucht, kann sie, wenn er Zeit mitbringt, im Japanischen Garten tatsächlich finden.

BIO AUF DEM PRACHTBOULEVARD

Ecocafé
Im zweiten Teil der Andrássy út sind Cafés und Restaurants rar gesät. Umso willkommener ist das sonnendurchflutete und freundliche Ecocafé mit seiner lockeren Atmosphäre. Im Angebot stehen leckere Vollkorn-Sandwiches, Bio-Croissants, fair gehandelter Biokaffee, Chai, frisch gepresster Orangensaft und sogar vegane Pralinen. Kein Wunder, dass das Café sehr populär ist und es tagsüber manchmal schwer ist, einen Sitzplatz zu ergattern.
Andrássy út 68, www.ecocafe.hu

UNGARISCHE TRADITIONSKÜCHE

Hungarikum Bisztró
Das adrette Hungarikum bringt traditionelle ungarische Gastlichkeit zurück in die Leopoldstadt. Auf der Speisekarte stehen Gerichte wie Gulaschsuppe, Krautrouladen und fleischhaltige wie süße Palatschinken sowie Schomlauer Nockerln (Somlói galuska). Eine Spezialität ist auch Kronstädter Geschnetzeltes (Brassói aprópecsenye). Steindl Imre utca 13, www.hungarikumbisztro.hu

HINEIN INS GRÜNE

Parks
Wer in Budapest auf der Suche nach schönen Grünanlagen und Parks ist, besucht vor allem das Stadtwäldchen, die Margareteninsel oder macht sich gleich auf den Weg in die Budaer Berge. Hier kann man einfach nur die Natur genießen und sich perfekt von der Hektik der Großstadt erholen.

MAL KURZ DURCHATMEN

Kleinere Grünanlagen in der Innenstadt
Eine erholsame kleine Oase in Budapests Innenstadt ist der von Prachtbauten umgebene, parkähnliche Szabadság tér in der Leopoldstadt. Auf den überbauten Ruinen eines alten römischen Kastells hingegen sitzt man entspannt im Schatten der Innerstädtischen Pfarrkiche (Március 15. tér) – ideal für eine Besichtigungspause. Und der Károlyi kert ist ein verstecktes Grünjuwel mitten in der südlichen Innenstadt von Pest (zwischen Egyetem tér, Károlyi utca und Magyar utca).

WOHLIGES BADEVERGNÜGEN

Wellness im Thermalbad
Entspannung pur, aber auch die Möglichkeit, die Budapester bei ihrem Badevergnügen kennenzulernen, bietet ein Besuch im 450 Jahre alten osmanischen Rudas-Heilbad, im großartigen Jugendstiltempel des Gellért-Heilbads und im palastartigen Széchenyi-Heilbad. Hier lässt sich der Stress des Alltags im heißen, mineralreichen Thermalwasser komplett vergessen. Ein weiteres original türkisches Bad aus dem 16. Jh. ist das Király-Heilbad in der Budaer Wasserstadt unweit der Metro-Station Batthyány tér. Hier gibt es nur gemischtgeschlechtliche Badetage mit Badekleidung. Etwas nördlich ist das Lukács-Heilbad, das ebenfalls aus Thermalquellen gespeist wird. Die Dankestafeln an den Außenwänden gehen auf zufriedene Kurgäste zurück, die sich hier verwöhnen ließen. Beide Bäder sind mit Tram 19 und 41 am Budaer Donauufer leicht zu erreichen. Ein Bad der anderen Art befindet sich auf der Margareteninsel, wo im Sommer das weitläufige Freibad Palatinus Strandfürdő seine Pforten öffnet.
www.spasbudapest.com,

Im Trend: Apartments

Gulasch allein macht nicht glücklich

An der Donau kann man schön und stilvoll übernachten – vielleicht nicht unbedingt mit Blick auf den Fluss, aber selbst das lässt sich arrangieren. Die ungarische Hauptstadt hat zahllose Unterkünfte für jeden Geldbeutel. Das Angebot reicht von luxuriösen Fünf-Sterne-Häusern über komfortable Mittelklassehotels und Pensionen bis zu preisgünstigen Apartments, Privatzimmern und Hostels.

Wie auch in anderen Großstädten geht der Trend in Budapest immer stärker zu Ferienwohnungen. Diese finden sich zumeist in den zentralen Lagen innerhalb des Großen Rings in Pest. Hotels können auch weiter außerhalb liegen.

   Vor allem in der Nebensaison (Oktober bis März) lassen sich gute Deals erzielen, ansonsten lohnt eine frühzeitige Onlinerecherche. Betten in den zahlreichen Hostels gibt es ab 10 €. Apartments sind ab 30 € (ohne Frühstück) zu bekommen. Bei Pensionen gelten 40–75 € als Norm, in Mittelklassehotels 70–140 € und 5-Sterne-Hotels beginnen bei ca. 150 €. Die Preise werden vielfach in Euro berechnet. Zur Formel 1 im Sommer ist Budapest quasi ausgebucht und es werden Zuschläge erhoben. Das gilt auch für Silvester.
Hinweis: Man sollte darauf achten, ob die angegebenen Preise bereits die Mehrwertsteuer (ÁFA), Tourismusabgabe (IFA) und das Frühstück enthalten.

Die Zeiten, als am Donauufer nur ungarische Hausmannskost im Mittelpunkt stand, sind schon lange vorbei. Die Gastroszene hat sich in Budapest enorm entwickelt und ist internationaler geworden.

Natürlich gibt es noch immer günstige Traditionslokale, die herzhafte ungarische Spezialitäten anbieten. Doch durch die lebendigen Szenetreffs, die eleganten Nobelrestaurants und die hervorragenden Lokale mit internationaler und vegetarischer Küche haben sie starke Konkurrenz bekommen.

   Immer mehr hauptstädtische Köche sind experimentierfreudig geworden, ihre Kreationen genügen anspruchsvollsten Gaumen und gewinnen regelmäßig Michelin-Sterne. Ein relativ neuer Trend für die traditionell eher fleischlastig essenden Ungarn ist die wachsende Beliebtheit vegetarischer und veganer Angebote. Ein großes Thema der letzten Jahre ist die Wiederentdeckung ungarischer Weine, die im Ausland zu Unrecht kaum bekannt sind. Wie wäre es mit einem guten Tropfen Erlauer Stierblut (*Egri*), einem Blaufränkischen (*kékfrankos*), einem Blaustengler (*kéknyelű*) oder einem Lämmerschwanz (*juhfark*)? Und last but not least sind die prall gefüllten Kuchentheken der exzellenten Konditorei-Cafés eine echte Versuchung. Die Budapester haben einen sehr süßen Zahn.

Lánchíd 19: Design-Hotel mit einem der seltenen, fantastischen Ausblicke auf die Donau

Leicht und frisch kann die ungarische Küche auch: Dessert mit Topfen (Quark).

Im Kaufrausch

Als größte Stadt Ostmitteleuropas genießt Budapest den Ruf einer vielseitigen Einkaufsstadt. Vor wenigen Jahren war noch befürchtet worden, dass die zahllosen Einkaufszentren die Innenstadt ›austrocknen‹, doch das ist glücklicherweise nicht eingetreten. Viele kleine Fachgeschäfte bedienen eine Kundschaft, die noch Handarbeit und Qualität schätzt.

Beliebt sind z. B. Budapester Schuhe. International noch wenig bekannt ist die sehr quirlige und junge einheimische Designerszene an der Donau. Nachwuchstalente kreieren ansprechende und anspruchsvolle Mode auch aus natürlichen Materialien und verkaufen sie auch gleich vor Ort. Diese Designerläden und -boutiquen finden sich eher in den Nebengassen der Innenstadt oder rund um das alte jüdische Viertel.

Ein Erlebnis für Shoppingfreunde sind natürlich die großen und kleinen Markthallen rund um den Innenstadtkern. Vor allem die Zentrale Markthalle ist ein kulinarisches Fest für die Sinne. Viele Delikatessen – wie die Wintersalami, die hervorragenden Weine, der hochprozentige Schnaps *(pálinka)* oder aber auch der Magenbitter Unicum – sind beliebte Mitbringsel. Wesentlich teurer und fragiler ist das kunstvoll gefertigte Porzellan der Firmen Herend und Zsolnay, das schon bei den Habsburgern sehr populär war.

Immer in Fahrt

Ungarns Hauptstadt verfügt über eine sehr lebendige Kultur- und Nightlifeszene, wie man es von einer Metropole dieser Größenordnung erwarten darf. Von der prächtigen Staatsoper bis zur funkigen Disco gibt es ein reichhaltiges Angebot: Ob Theater, Kino, Livemusik, Szenetreffpunkte oder ein Abend in einer gemütlichen Kneipe – Sie haben die Qual der Wahl.

In vielen Kneipen und Cafés wird auch Livemusik geboten. Sehr beliebt ist in Budapest Jazz, der z. T. in Clubs, aber auch in Kneipen und Bars gespielt wird. Intensiv verankert ist dank der Budapest Klezmer Band mittlerweile wieder die jüdische Klezmer-Musik. Im Sommer kommt an der frischen Luft und auf hochkarätigen Festivals regelmäßig alles von Klassik über Klezmer und Jazz bis zu Rock und Heavy Metal auf die Bühne. Wichtige Veranstaltungsorte im Sommer sind die Vajdahunyad-Burg und der Zoo sowie die Óbudaer Insel für das Sziget Festival.

Ein Wermutstropfen für Nachtschwärmer: In den Budapester Innenstadtbereichen müssen die Außenterrassen vieler Cafés um 24 Uhr schließen. Im Sommer zieht das ausgehfreudige Publikum dann weiter zu den ›Ruinenkneipen‹, den Hotspots am Donauufer oder in einen der zahlreichen Clubs, die wesentlich länger offen haben und die Nacht zum Tag machen.

Schönes Mitbringsel: Ob scharf oder süß, Pulver oder Paste, Paprika gehört einfach zu Ungarn dazu.

Kellerkneipe oder Biergarten? Das Pótkulcs, der »Ersatzschlüssel«, bietet beides.

Wandern in Edinburgh

Die Altstadt von Edinburgh

Vulkankegel und grüne Täler

Nur 251 m ist er hoch, Edinburghs Hausberg Arthur's Seat. Aber der Blick von hier oben ist einfach fantastisch! An vielen Punkten lässt sich die beeindruckende Skyline der Altstadt genießen. Vom Calton Hill aus erkennt man besonders gut, wie sich die Old Town einem Reptilrücken gleich gen Westen zum Edinburgh Castle hin erhebt. Machen Sie es wie die Edinburgher: Setzen Sie sich einfach ins Gras und bewundern Sie die Aussicht! Oder entspannen Sie sich auf dem Water of Leith Walkway, der sich wie ein grünes Band durch die Stadt windet. Und dann atmen Sie tief durch im botanischen Garten!

Blick auf Edinburgh Castle bei Nacht

Circus Lane im Stadtteil Stockbridge

Edinburghs Panorama

Das ist Edinburgh

Edwins Burg, Athen des Nordens, Auld Reekie – Edinburgh hat über die Jahrhunderte viele Beinamen erhalten, mal mit mehr Berechtigung, mal mit weniger. Doch eines ist die Halb-Millionen-Metropole unbestritten: Schottlands Hauptstadt mit dem Anspruch, das Land zu repräsentieren. Nach langer politischer Abstinenz ist Edinburgh durch das 1999 wiedereröffnete Parlament zu Beginn des 21. Jh. zunehmend selbstbewusst und befindet sich derzeit wie das gesamte Land in einer Phase des Umbruchs und der Neubestimmung.

Filmreife Schaubühne

Wenn man mit dem Flughafenbus oder der Tram zur Princes Street gelangt, fallen sie sofort ins Auge: Panoramen, so überwältigend wie überraschend. Hinunter wandert der Blick in die Princes Street Gardens und wieder hinauf zu den Gebäuden des Burgbergs, die wie eine Stadtmauer wirken. Von der George Street in der New Town schweift der Blick über die schnurgerade Schneise der Dundas Street zum blaugrau schimmernden Wasser des Firth of Forth, abwärts wie in den Straßen von San Francisco.

Hoch schwingen sich die Brücken über tiefe Täler, hoch türmen sich Stockwerke um mittelalterliche *closes*, hoch recken sich die Klippen der Salisbury Crags über das weiße Zeltdach von Dynamic Earth. Es ist, als posierten die eleganten georgianischen Fassaden, neogotischen Turmsymphonien und Festungsmauern auf ewig für ein Fotoshooting.

Schottland im Brennglas

Aufgrund seiner zentralen politischen und kulturellen Bedeutung präsentiert Edinburgh das kleine Land im Norden der britischen Inseln wie durch ein Brennglas: Das Parlament verschafft der Stadt auf politischer Ebene inzwischen auch internationale Aufmerksamkeit, die Queen residiert in Schottland gleich nebenan im Holyrood-Palast, während das Nationalmuseum und die Nationalgalerien exquisite Museumsadressen sind.

Boomtown nach schwierigen Zeiten

In den 1970er- und 1980er-Jahren dämmerte Edinburgh ein wenig vor sich hin, doch spätestens die

Alljährlich wird das keltische Beltane-Feuerfest zelebriert.

Stockbridge ist angesagt, immer mehr Lokale und kleine Läden eröffnen hier.

Wiedereröffnung des Parlaments hat der schottischen Hauptstadt neues Leben eingehaucht. Seither hat sich viel getan: Am unteren Ende der Royal Mile entstand ein neues Parlaments- und Medienviertel, und auf den Hafenbrachen von Leith brach ein Bauboom aus. Den Aufschwung konnte auch die Banken- und Finanzkrise von 2008/09 nicht mehr stoppen. Und das, obwohl seither die Royal Bank of Scotland nicht mehr privat, sondern mehrheitlich in Staatsbesitz ist. Der Traum eines eigenständigen schottischen Bankensektors, der die Unabhängigkeit finanzieren könnte, platzte damals ganz abrupt. Aber noch immer sind Banken und Versicherungen der größte Arbeitgeber der Stadt.

Haggis und Zitronengras

Die Entwicklung auf dem kulinarischen Sektor in den letzten 30 Jahren ist atemberaubend. Ob in stylishen Bars oder Gourmettempeln der Innenstadt oder in maritim-trendigen Bistros in Leith – neben der internationalen Fusion-Küche feiert eine modern interpretierte schottische Küche große Erfolge. Sehr beliebt sind das heimische Angusrind, Lammfleisch aus den Borders oder Meeresfrüchte von der Westküste. Auch selbst gebrautes Craft Beer wird immer beliebter und schottischer Whisky ist ohnehin ein weltweit bekanntes Qualitätsprodukt.

Eine Frage des Stils

Niemand wird in Edinburgh einen Kulturschock erleben. Aber ein paar Punkte sollten Sie beachten: Ganz oben steht die Erkenntnis, dass Schotten keine Engländer sind und partout nicht mit ihren Nachbarn verwechselt werden wollen. Maximal sehen sich die Schotten als Briten, und selbst dieses Wir-Gefühl hat in den letzten Jahren deutlich abgenommen. *Queueing* aber – also Schlangestehen – ist an Bushaltestellen noch immer populär, da alle vorne beim Fahrer nacheinander einsteigen müssen. Übrigens ist es nicht zuletzt der eng getaktete Busverkehr, der die Stadt am Laufen hält. In der Unterkunft, im Museum oder auch im Pub wird man gerne in Small Talk verwickelt, da die Schotten allgemein sehr freundlich sind. Ein paar enthusiastische Worte über Edinburgh und Schottland und schon sind Sie mitten im Gespräch.

1. TOUR

2. TOUR

3. TOUR

Flanieren durch Edinburgh

Vom Calton Hill aus erkennt man besonders gut, wie sich die Old Town gen Westen zum Edinburgh Castle hin erhebt.

1. *TOUR*

Highlands in der Stadt –
Arthur's Seat und Duddingston

Eine kleine Bergbesteigung gefällig? Es lohnt sich, denn vom 251 m hohen Arthur's Seat ist der Blick auf die Stadt fantastisch.

2. *TOUR*

Immer dem Bach nach –
Water of Leith Walkway

Nordwestlich der New Town verbindet der Water of Leith Walkway den herrlichen botanischen Garten mit den Urban Villages Stockbridge und Dean Village.

3. *TOUR*

Den Puls der Stadt spüren –
Castlehill und Lawnmarket

Tauchen Sie in das bunte Treiben der Altstadt mit ihren dunklen Gassen und pittoresken Hinterhöfen. Und probieren Sie den Whisky in The Scotch Whisky Experience!

Arthur's Seat und Duddingston
Highlands in der Stadt

Nur 251 m hoch, aber kahl, zerklüftet und romantisch wie die schottischen Highlands ist Edinburghs Hausberg. Es lohnt sich nicht nur wegen des Ausblicks, der sich von ihm bietet, kurzfristig festeres Schuhwerk anzuziehen. In Duddingston wartet nämlich auch noch ein Dorfidyll mit einem wunderbaren Garten.

Der Edinburgher Hausberg ist von beinahe jedem Punkt der Stadt aus zu sehen. Der vor 350 Mio. Jahren erloschene Vulkan liegt inmitten des Holyrood Park, eines ehemaligen königlichen Jagdgebiets. Das ganze Bergareal ist von breiteren und schmaleren Trampelpfaden durchzogen, auf denen man gut nach Sicht wandern kann.

Auf geschmolzener Lava

Vom Eingang des Parlaments geht es am unbemannten Holyrood Lodge Information Centre vorbei über den Horse Wynd zum Kreisverkehr am Fuß des Berges. Dort biegt man nach links auf den Queen's Drive ein, der Arthur's Seat einmal komplett umrundet. Schräg rechts führt ein zunächst geteerter Weg bergan, der bald in einen Wanderweg übergeht. Das erste Ziel ist die spärliche Ruine von St. Anthony's Chapel. Weiter in Richtung Süden wird der Weg nun ein wenig steiler, wendet sich ein Stück nach links und erreicht ein kleines Plateau. Von dort wandert man nach rechts, hinauf zum Gipfel von Arthur's Seat. Der Rundumblick auf Stadt und Land ist phänomenal, auch wenn der Berg nur etwas mehr als 250 m aufragt.

Eine kleine Bergbesteigung gefällig? Dann tun Sie es diesen Gipfelstürmern gleich und erklimmen Sie Arthur's Seat.

Nach Duddingston

Hinunter geht es zunächst wieder zum Plateau, dann aber geradeaus weiter hinab zum Dunsapie Loch. Rechts über den Queen's Drive und dann links über Treppen hinunter führt der Weg ins pittoreske Dorf Duddingston. Sehenswert sind der älteste Pub Edinburghs, The Sheep Heid Inn, sowie die aus normannischer Zeit stammende Duddingston Kirk von 1124. Das eigentliche Highlight liegt aber versteckt auf der Rückseite der Kirche: Dr Neil's Garden ist ein malerisches Idyll, das von der Kirchenmauer hinab bis zum Vogelschutzgebiet des von Schilf eingerahmten Duddingston Loch reicht. Der Park wurde in den 1960er-Jahren in mühevoller Kleinarbeit von dem Ärztepaar Nancy und Andrew Neil angelegt.

Über die Radical Road

Nun geht es wieder zurück zum Queen's Drive hinauf und diesen dann links an einigen Klippen entlang bis zum Abzweig der Radical Road schräg rechts. Dieser Panoramaweg unterhalb der imposanten Salisbury Crags wurde in den 1820er-Jahren auf Initiative von Walter Scott von arbeitslosen, ›radikalen‹ Webern angelegt. Der Weg offenbart einen schönen Blick Richtung Altstadt und auf das ungewöhnliche Parlamentsgebäude.

Water of Leith Walkway

Immer dem Bach nach

Wie ein grünes Band windet sich der Bach Water of Leith nordwestlich der New Town durch ein tief eingeschnittenes Tal. Hier verbindet der Water of Leith Walkway den herrlichen botanischen Garten mit den Urban Villages Stockbridge und Dean Village.

Der schon 1670 gegründete Royal Botanic Garden Edinburgh ist ein 26 ha großer wunderbarer Rückzugsort zum Durchatmen. Zur Rechten des Osteingangs befinden sich die großartigen, aber kostenpflichtigen Glasshouses mit dem beeindruckenden Palmenhaus als Hauptattraktion. Im zentralen Bereich bietet die Wiese vor Inverleith House, das regelmäßig für zeitgenössische Wechselausstellungen genutzt

Freizeit in der Stadt – am Water of Leith in Dean Village

wird, einen herrlichen Blick über Edinburgh hinweg bis in die Pentland Hills. Unterhalb des Viewpoint erstreckt sich die dicht bewachsene Chinese Hillside. Im 2010 errichteten John Hope Gateway am Westeingang werden Ausstellungen zum Park gezeigt.

Quirliges Stockbridge und verstecktes Dean Village

Vom Westausgang geht es links den Arboretum Place hinunter, dann rechts in die Arboretum Avenue, noch mal rechts durch die St. Bernard's Row und links in die Deanhaugh Street im Herzen von Stockbridge. Dieser Vorort am Fluss gilt als eines der *urban villages*. Entlang der Hauptverkehrsader vom Royal Circus hinab durch die Deanhaugh Street und weiter über den Raeburn Place findet sich eine bunte und attraktive Mischung aus Szenecafés, Restaurants, kleinen Geschäften sowie einladenden Kneipen. Stockbridge ist in.
Weiter geht es durch die Saunders Street am Fluss entlang in einen grünen Tunnel, der das tief eingeschnittene Tal förmlich bedeckt. Eine kuriose Sehenswürdigkeit ist die antik wirkende Rotunde St. Bernard's Well. Der Legende nach wurde der mittelalterliche Ordensgründer Bernhard von Clairvaux hier durch das Wasser geheilt, im 18. Jh. gab es sogar Kurtourismus.

ÜBRIGENS

Regelmäßig jeden Sonntag findet in Stockbridge von 10–17 Uhr auf der südlichen Flussseite Ecke Saunders und Kerr Street ein kleiner beliebter Markt statt (www.stockbridge market.com).

Castlehill und Lawnmarket

Den Puls der Stadt spüren

Die Royal Mile bildet das Rückgrat der Altstadt zwischen dem Castle und dem Palace of Holyroodhouse. Während auf der Königlichen Meile und in den bunten Souvenirläden oftmals sehr reger Touristenverkehr herrscht, offenbaren die dunklen Gassen und stillen Hinterhöfe ein ganz anderes Bild der Altstadt.

Wo anders als direkt vor dem Edinburgh Castle sollte die Royal Mile beginnen? Die Esplanade ist im Sommer die große Bühne für das spektakuläre Royal Edinburgh Military Tattoo. Über die Straße Castlehill können Sie direkt in das bunte Treiben der Altstadt ›eintauchen‹.

Das Wasser des Lebens

… kann man in The Scotch Whisky Experience kennenlernen und kaufen. Die wenigsten der hier erhältlichen über 410 Sorten kosten allerdings 27 500 £. So viel zahlen Sie nämlich für den 50-jährigen Balvenie. Besuchern, die keine Zeit haben, jenseits von Edinburgh eine Brennerei zu besichtigen, wird mit einer kürzeren Silver Tour und einer ausführlicheren Gold Tour in einer Art Geisterbahn die Geschichte und die Produktion des Wassers des Lebens nähergebracht. Am Ende der Tour gibt es dann natürlich auch eine bzw. vier Kostproben.

Die abendlichen Lichter verleihen der Royal Mile zusätzliches Flair. Zwar haben Shops und Museen dann geschlossen, doch Restaurants und Pubs laden immer noch zur Einkehr ein.

Zwischen Realität und Illusion

Sie wollen mal von oben einen Blick auf die Royal Mile und die Stadt werfen? Dann ist die Dunkelkammer der Camera Obscura and World of Illusions schräg gegenüber dem Whisky-Zentrum genau richtig. Die ungewöhnliche Konstruktion hoch oben im Turm wurde 1853 von der Optikerin Maria Theresia Short entworfen und vermittelt durch die Bündelung des natürlichen Lichtes bei klarem Wetter einen erstaunlichen Weit-, aber auch einen guten Direktblick auf das Straßengeschehen unten. Dazu können sich Besucher in verschiedenen Ausstellungsbereichen an Zerrspiegeln, Hologrammen, Wärmedetektoren und elektromagnetischen Lichtspielen ergötzen.

Highlands und Hochhäuser

Mit der Industrialisierung wanderten immer mehr Highlander in die großen Städte Edinburgh und Glasgow ab. Viele von ihnen sprachen zunächst nur Gälisch und kein Englisch. Für sie gab es in der Mitte des 19. Jh. errichteten Tolbooth Kirk gälische Gottesdienste, was der Kirche den Spitznamen Highland Kirk einbrachte. Heutzutage dient die ehemalige Kirche unter dem Namen The Hub als Festivalzentrum mit nettem Café. Hier endet auch der Castlehill und der Lawnmarket beginnt.

Ein Abstecher durch die Minigasse Upper Bow zur Rechten führt zu einer Terrasse oberhalb der Victoria Street. Beim Blick auf diese Straße erkennen Sie sofort, dass Edinburgh schon früh eine echte Hochhaussiedlung war. An den steilen Hängen ragen Häuser mit sieben, acht, manchmal bis zu zehn Stockwerken auf.

Abstecher in die closes lohnen sich, auch für die interessanten ›Rückblicke‹ Richtung Royal Mile, hier vom Milne's Close aus auf den Lawnmarket.

Schöner wohnen im 17. Jh.

An der Royal Mile, am Lawnmarket, lebte im sechsstöckigen Gladstone's Land zu Beginn des 17. Jh. der wohlhabende Tuchhändler Thomas Gladstone. Er ließ das Haus umbauen und mit bemalten Holzdecken, geschnitzten Möbeln und behaglicher Küche einrichten. Aus dieser Zeit stammen auch die Arkaden über dem Bürgersteig. Verwaltet wird das historische Schmuckstück vom National Trust for Scotland. Der Lawnmarket war einst auch ein wichtiger Marktplatz für die Stadt. Heute tummeln sich hier die eher kitschigen Souvenirshops.

Hinterhofleben – einst ganz bestimmt nicht ›cosy‹

Rechts und links des Gladstone's Land führen schmale, dunkle Durchgänge weg vom quirligen Geschehen auf der Royal Mile. Diese in Edinburgh *closes* und *wynds* genannten Durchgänge waren einst voller Leben und dicht bevölkert, denn in der Old Town wohnte man aufgrund des starken Platzmangels quasi Schulter an Schulter mit den Nachbarn. Man kann sich heute kaum noch vorstellen, wie beengt und dunkel es in diesen Gassen zuging. Und wenn dann noch jemand »Gardyloo!« (»Achtung, Wasser!«) rief, musste man schleunigst zur Seite springen, weil von oben jemand sein dreckiges Abwasser mitten auf die Gasse schüttete. Das Leben in Auld Reekie war deshalb alles andere als *cosy* (gemütlich), geschweige denn romantisch, und die Altstadt galt im 19. Jh. teilweise als Slum.

ES GIBT KEINE STERNE, DIE SO LEUCHTEN WIE DIE STRASSENLAMPEN IN EDINBURGH. FALLS ICH DICH JEMALS VERGESSEN SOLLTE, AULD REEKIE, DANN SOLL MEINE RECHTE HAND IHRE SCHREIBKRAFT VERLIEREN.

Robert Louis Stevensons Liebeserklärung an seine damals oft in Kaminrauch gehüllte Heimatstadt

II

Pausieren in Edinburgh

Kleines Picknick am Scott Monument

Bei Wind und Wetter: Entspannung am Strand von Portobello

KUNSTCAFÉ MIT HOMEBAKING

Bon Papillon

Die Künstlerin Ingrid Nilsson und ihr Partner Stuart Allan haben 2011 in der nördlichen New Town ein reizendes kleines Kunstcafé eröffnet. An allen Wänden, inklusive denen der Toilette, hängen Kunstwerke. Im hinteren Teil befindet sich gleich das Atelier, sodass Besucher mitten im Geschehen sind. Für den kleinen Hunger gibt es von Stuart sehr leckere Gourmet-Scones (z. B. mit Blaubeeren), aber auch Suppe. Der Kaffee ist zudem Fairtrade – ein absolut rundes Konzept der beiden freundlichen Gastgeber!

15 Howe St., www.bonpapillon.com

SZENE-CAFÉ IN STOCKBRIDGE

The Pantry

Im bunten Szeneviertel Stockbridge lässt sich in diesem Café gut die Zeit verbringen. Das helle Pantry liegt am Rand des runden, parkähnlichen Circus Place und verfügt auch über einige Tische draußen an der Straße. Schon morgens gibt es Frühstücks-specials, später auch Lunch-Snacks sowie ganztags leckeren Kaffee und Kuchen. Nebenan ist die **Patisserie Florentin** eine weitere gute Adresse für einen süßen Snack.

1–2 North West Circus Pl., www.thepantry edinburgh.co.uk; Patisserie Florentin, 5 North West Circus Pl., www.patisserieflorentin.com

STERNEKÖCHE GANZ ENTSPANNT

Scran & Scallie

Die Sterneköche Tom Kitchin und Dominic Jack haben sich zusammenge-tan, um in Stockbridge ein entspann-tes »public house with dining« zu eröffnen. Dafür wurden am Rande des Szeneviertels zwei Häuser zusammen-gelegt und eine schottisch ange-hauchte Bistrokarte entworfen. Neben Pubklassikern wie Steak Pie auch Austern und vegetarische Gerichte. Die Preise sind vielleicht etwas höher als andernorts, doch das Konzept ist stimmig. Sa/So auch Frühstück.

1 Comely Bank Rd./Mary's Pl., www.scranandscallie.com

PARK MIT BURGBLICK

Princes Street Gardens

Das sollten Sie sich nicht entgehen lassen, wenn Ihnen die Füße vom Stadtrundgang wehtun. Gehen Sie einfach an der Princes Street in den angrenzenden Park, setzen Sie sich auf eine der endlos aufgereihten Sitzbänke und genießen Sie das einmalige Panorama mit den histori-schen Hochhäusern der Altstadt und dem steil aufragenden Edinburgh Castle als Blickfang. Schöner kann ein Park mitten im Stadtzentrum kaum gelegen sein – hier finden Sie im Getümmel Ruhe und Entspan-nung. Es gibt zudem im westlichen Teil eine Open-Air-Bühne, auf der im Sommer Konzerte stattfinden, und ein Café. Sehenswert ist die Blu-menuhr am Abzweig zum Mound.

Princes St., tagsüber frei zugänglich

CHILLEN IM UNIVIERTEL

The Meadows

Nicht mit einer Traumlage gesegnet wie die Princes Street Gardens, aber dafür größer und komplett flach sind die Meadows, eine riesige Rasen-fläche. Bei schönem Wetter wird hier Fußball gespielt, der Golfschläger ausgepackt oder einfach gepicknickt – die Studierenden der am Nordrand gelegenen Uni vertiefen sich auf der Wiese in ihre Bücher oder verbringen plaudernd mit Freunden die Zeit.

Zwischen Bruntsfield Pl. und Hope Park

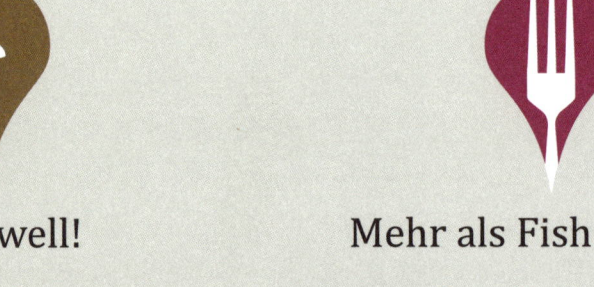

Sleep well!

So vielfältig wie die Stadt sind auch die Übernachtungsmöglichkeiten in der schottischen Hauptstadt: Von lebhaften Hostels mit internationaler Atmosphäre über eher traditionelle ›guest houses‹ bis zu netten Ferienwohnungen und topmodernen Designerhotels hinter schmucken Fassaden ist das Angebot auf (fast) jeden Geschmack und Geldbeutel zugeschnitten.

Natürlich haben auch in Edinburgh große Hotelketten einen hohen Marktanteil, es ist aber kein Problem, Unterkunft in privat geführten Häusern zu finden. Einzige Ausnahme ist der Festivalmonat August, wenn die Stadt oft ausgebucht ist und die Preise dramatisch in die Höhe gehen. Auch Silvester *(hogmanay)* ist als Reisezeit sehr populär.

Im Budgetbereich steht in Edinburgh eine breite Palette an Hostels zur Verfügung, die im Sommer durch leer stehende Studentenwohnheime ergänzt werden. Traditionelle *guest houses* können vom Charakter und der Größe her alles zwischen einer Pension und einem kleinen Hotel sein. Der Trend geht aber auch in Edinburgh immer stärker zu Ferienwohnungen oder Privatangeboten wie Airbnb.

Für ein Bett im Hostel müssen Sie 14–25 £ rechnen, für ein DZ mit Frühstück im *guest house* ab 70–75 £, Hotels kosten ab 100 £. Zimmer ohne Frühstück gibt es immer öfter, Zimmer mit/ohne eigenes Bad/WC sind als *en-suite/standard* gekennzeichnet.

Mehr als Fish 'n' Chips

Edinburghs Weltoffenheit spiegelt sich in der kulinarischen Vielfalt, die Gäste gastronomisch vom schottischen Hochland bis auf den indischen Subkontinent führt. Im Zentrum aber steht immer öfter moderne schottische Küche mit regionalen Zutaten, ob in lockeren Bistros oder luxuriösen Sternerestaurants.

Vorbei die Tage, in denen lauter schottische Dauerbrenner wie Fish 'n' Chips, fleischhaltige Pasteten und schon zum Frühstück fettige Würstchen auf den Tisch kamen. Heute wird vielerorts das heimische Lamm, Angusrind und Wild exzellent und kreativ zubereitet. Dazu kommen fangfrische Fische und Meeresfrüchte sowie leckerer Käse aus Farmhaus-Käsereien, der mit *oatcakes,* trockenen kleinen Hafermehlbiskuits, serviert wird. Die kulinarischen Ressourcen des Landes sind erstaunlich groß. Seit vielen Jahren gilt die indische Küche als hervorragende Ergänzung, die zudem für ihre vegetarische Vielfalt bekannt ist. Auch die vegane Küche ist in Edinburgh inzwischen fest verankert.

Die Qualitätsrevolution hat zudem die Getränke erreicht: Neben den ohnehin hochwertigen – und hochprozentigen – Single Malts haben immer mehr Craft-Biere aus Mikrobrauereien den Weg in die Restaurants und Pubs gefunden.

10 % *tip* sind üblich, es sei denn, es heißt explizit *service included.*

Castle Rock Hostel in der Edinburgher Altstadt

Bei Artisan Roast wird der Kaffee selbst geröstet.

Kilt ist Kult

Cheers!

Edinburgh ist ein buntes, meist nicht ganz billiges Shoppingpflaster. Während vor allem im oberen Teil der Royal Mile kitschige Souvenirläden dominieren, finden Sie an derem unteren Ende und in der New Town auch zahlreiche hervorragende regionale Qualitätsprodukte. Vielleicht möchten Sie sich ja einen Kilt schneidern lassen, um endlich zu erfahren, was sich darunter verbirgt?

Neben dem Kilt stehen drei Dinge fast synonym für Schottland: Wolle, Whisky und der Dudelsack. Dank Schottlands traditionsreicher und erstklassiger wollverarbeitender Industrie sind Pullover, farbenfrohe Schals oder Decken sehr gute Mitbringsel. Eine Besonderheit ist der hochwertige Harris Tweed von den Äußeren Hebriden. Natürlich können Sie auch Schottlands Exportschlager Nr. 1 – Whisky – in zahlreichen Fachgeschäften erwerben und sich dabei in Ruhe beraten lassen. Viel Übung – und vielleicht auch Ohrenstöpsel – erfordert hingegen das Spielen eines originalen Dudelsacks. Kulinarisch sind *shortbread, fudge, oatcakes,* aber auch Farmhaus-Käse, geräucherter Fisch sowie Chutneys, Orangenmarmelade und Honig interessante Optionen zum Mitnehmen.

Sehr angenehm ist, dass die großen Einkaufszentren am Stadtrand (z. B. Ocean Terminal in Leith) das Einkaufen in der Innenstadt noch nicht verdrängt haben.

Worauf haben Sie Lust – Kino oder Konzert, Tanzen oder Theater, Party oder Pub? Alles ist möglich und das eine muss das andere ja nicht ausschließen. Edinburgh ist auch abends eine sehr aktive Stadt. Neben dem ›klassischen‹ und dem ›traditionellen‹ Angebot hat sich die Unistadt mit Clubs und Discos auch auf junges Partypublikum eingestellt.

In den letzten Jahren haben kleine Brauereien mit eigenen Pubs das Angebot deutlich erweitert. Überall ist es Mode geworden, verstärkt Craft-Biere auszuschenken, die in Mini- oder Mikrobrauereien in ganz Schottland produziert werden. Diese handwerklich hergestellten Biere fallen zumeist schon durch ausgefallene Namen und Labels auf.

Typisch für Edinburgh ist das sehr gute Angebot an Livemusik. Im Zentrum gibt es Pubs mit Folkmusik, aber auch Jazz, Blues sowie Rock und Pop stehen auf dem Programm. Ein ganz besonderes Bonbon ist natürlich der Festivalmonat August, der eine Unmenge an Theater, Comedy, Straßenmusik etc. in die Stadt bringt – und zu *Hogmanay* (Silvester) feiert halb Edinburgh draußen auf der Straße.

Die Zeiten, wo es bereits um 23 Uhr eine Sperrstunde gab, sind lange vorbei. Viele Pubs haben heute zumindest bis Mitternacht und am Wochenende bis 1 Uhr geöffnet, danach übernehmen die Clubs die Szene.

Tartanstoffe werden auch in Edinburgh hergestellt.

Handwerklich gebrautes Bier gibt's bei BrewDog.

Durchfuttern in Florenz

Blick über die Florentiner Dächer auf Dom und Campanile

Stadt der (Küchen-)Künste

Die Renaissance-Stadt hält alte Traditionen aufrecht: In Oltrarno können Sie wunderbar flanieren und Kunsthandwerkern und Restauratoren über die Schulter schauen. Und noch eine Tradition möchte man in Florenz auf keinen Fall missen: die hohe Kunst des Kochens. Die toskanische Küche ist raffiniert und einfach zugleich. Zu genießen beim Mittagstisch in einem der kleinen Restaurants oder in der großen Halle des Mercato Centrale. Oder ganz einfach im Park: Das klassische Menü für draußen besteht aus toskanischem Brot, Schinken aus Siena, Casciotta-Käse, Pizza bianca, Oliven und Chianti. »Buon appetito!«

Besucherin vor einem Tondo von Michelangelo in den Uffizien

Der Arno

Das ist Florenz

Die Florentiner glauben, dass sie eleganter geklei-det sind als der Rest der Stiefelbevölkerung, dass sie das beste Italienisch sprechen und dass Florenz die schönste Stadt der Welt ist. Die anderen Italie-ner glauben, dass die Florentiner immer ein wenig zu arrogant sind, aber das Glück haben, in einer Stadt mit einzigartigen Kunstschätzen zu leben. Wie immer haben alle ein wenig recht.

Alltag in Florenz

Die Florentiner haben es nicht leicht mit ihrem Zen-trum, das immer mehr den Touristen und interna-tionalen Modeketten gehört. Die Mieten sind zu hoch für normale Familien, die meist in Oltrarno oder in den Außenbezirken wohnen. Viele arbeiten im Zentrum, fahren aber trotzdem mit dem Roller zum Mittagessen nach Hause. Denn beim Essen hält man auf Tradition und macht sich mittags eine *pasta* oder eine *minestra*. Wer nur eine kurze Pause hat, versucht ein warmes Gericht oder einen Salat in einem der zahlreichen und Mittagslokale zu er-gattern, die oft toskanische Küche bieten. Kulina-risch international und modern geht es im neuen

In-Viertel Borgo San Frediano und um die Piazza Santa Spirito in Oltrarno zu, wo junge Leute Lokale mit Ethno- oder Vegan-Küche betreiben.

Florentinisch oder Arabisch?

Die Florentiner haben das Recht, stolz auf ihre Sprache zu sein. Es ist die Sprache der toskanischen Dichter Dante, Petrarca und Boccaccio, die im 14. Jh. als Erste ihre Werke nicht auf Latein, sondern im gesprochenen Italienisch veröffentlichten. Dass es sich beim modernen Florentinisch allerdings um das einzig echte Hochitalienisch handelt, zweifelten schon viele an, auch der französische Schriftsteller Sten-dhal. In »Reise in Italien« schreibt er 1817: »Ich eilte ins Theater Hohomero – so spricht man hier das Wort Cocomero aus. Die viel gerühmte Florentiner Sprache hat mich furchtbar verletzt. Im ersten Mo-ment glaubte ich, man spräche Arabisch.«

Wirbel der Sinne

Dass die Florentiner das C wie ein H aussprechen, minderte aber nicht die Bewunderung des Dichters

*Der Platz vor dem Dom und dem Baptis-
terium gehört den Fußgängern, manchmal huschen auch Radfahrer vorbei.*

*Vom Palazzo Pitti aus schauten die
Medici über ihre Gärten hinüber aufs
andere Arno-Ufer.*

für die Kunstschätze der Stadt. Bei der Besichti-
gung der Fresken von Santa Croce befällt ihn ein
Wirbel der Sinne, der bis heute das ›Stendhalsche
Syndrom‹ genannt wird. Nicht alle Besucher nimmt
die Schönheit der florentinischen Kunst so mit,
aber die meisten kommen vor allem ihretwegen.
Nur hier begegnet man auf Schritt und Tritt der
Welt der Medici, den einzigartigen Malereien der
Renaissance-Künstler und imposanten Bauwerken.

Ausgeprägter Gemeinschaftssinn

Florenz ist nicht nur Sitz einer Stadtregierung, die
immer für ihre Unabhängigkeit gekämpft hat, sondern auch Hauptstadt einer Region, die in den Ohren der Deutschen einen besonderen Klang hat: die
Toskana – Land der sanften Hügel, der Pinien, des
Chianti und der Urlaubssehnsucht. Die Toskana steht
aber auch für eine lange politische Tradition der
Genossenschaften, die die Region und das Gemein-
wesen geprägt haben. Die Landwirte profitieren
wirtschaftlich bis heute davon. Das öffentliche Leben, soziale Strukturen, Verkehrsmittel und die Inte-
gration von Randgruppen funktionieren hier – und
in der benachbarten Emilia Romagna – besser als in
anderen italienischen Regionen. Florenz ist – wie die
Region Toskana – seit der Nachkriegszeit linksregiert
und eine der wohlhabendsten Städte Italiens.

Fahrrad und Motorino

Egal wo die Florentiner unterwegs sind, sie nehmen
dazu immer das *motorino*. Viele junge Leute haben
aber auch längst das Fahrrad als Fortbewegungs-
mittel entdeckt. Das Radwegenetz ist immerhin
schon fast 100 km lang. Zudem gibt es umwelt-
freundliche Elektrobusse.

Die Stadt schwitzt

Im Sommer, wenn die Temperaturen in der Stadt
auf 40 °C steigen, flüchten die Florentiner ans
Meer oder in die Sommerfrische. So sehr sie ihre
Stadt auch lieben, über das Klima wissen auch sie
nur wenig Gutes zu sagen. Im Winter ist es am
Arno-Ufer feucht und kalt, im Sommer schwül. Nur
selten kommt eine frische Brise auf – allenfalls in
den frühen Morgenstunden. Dann erlebt man die
schönsten Momente in Florenz.

1. TOUR

2. TOUR

3. TOUR

Flanieren durch Florenz

1. *TOUR*

Pane e vino – **Rund um den Mercato Centrale di San Lorenzo**

Wo die Florentiner seit über hundert Jahren einkaufen, wird heute an Ort und Stelle und im Ambiente einer historischen Markthalle gegessen.

2. *TOUR*

Auf dem höchsten Punkt runterkommen – **San Miniato al Monte und San Niccolò**

Auf dem Monte Miniato liegt Florenz dem Besucher zu Füßen.

3. *TOUR*

Schauen, kaufen, genießen – **Oltrarno**

Hier kann man wunderbar flanieren, Kunsthandwerkern über die Schulter schauen und sich an den Schaufenstern der Antiquitätenhändler die Nase plattdrücken.

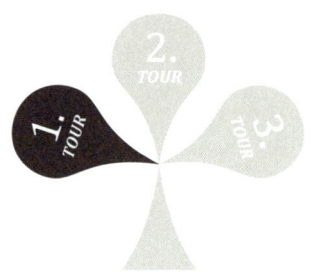

Rund um den Mercato Centrale di San Lorenzo

Pane e vino

Brot ist der Stoff, aus dem fast alle toskanischen Gerichte sind. Brot, oft das ungesalzene ›pane sciocco‹, kommt in die ›ribollita‹, die Gemüsesuppe, und in die ›pappa al pomodoro‹, die toskanische Tomatensuppe. Die Zutaten kaufen die Florentiner in der Markthalle bei San Lorenzo, wo sie sich auch zum Mittagessen einfinden.

Wo die Florentiner seit über hundert Jahren einkaufen, was sie zu Hause zum Kochen brauchen, wird heute auch an Ort und Stelle und im Ambiente einer historischen Markthalle gegessen.

Es spielt eigentlich keine Rolle, an welcher Seite man die große Halle des Mercato Centrale betritt. Überall steht man sofort vor verführerischen Köstlichkeiten: Fisch in riesiger Auswahl, eingelegte Oliven, Artischocken und Tomaten, Brot, Käse und Schinken aller Art. An den Theken, wo Parmigiano-Ecken ausliegen und wuchtige Schinkenhälften an der Decke hängen, sollten Sie stehen bleiben. Hier zeigen die Florentiner das Beste, was ihre Region zu bieten hat: Fenchelsalami *(finocchiona),* Schinken aus Siena *(cinta senese),* Wildschweinsalami *(salamini di cinghiale),* reifen Schafskäse *(pecorino)* mit und ohne Gewürze, Gemüsetorten aller Art *(torte rustiche)* und natürlich Olivenöl *extra vergine.* Am Strand von Nerbone gibt es auch die typisch florentinische Innereienküche wie das Brötchen mit *lampredotto* (Kutteln).

Schlemmertempel für Streetfood

Wenn Sie mit der Rolltreppe in den ersten Stock fahren, haben Sie die Qual der Wahl. Hier sitzt man mittags und abends in der großen Halle inmitten unzähliger Streetfood-Stände, die allerlei Spezialitäten servieren: Hamburger vom Chianina-Rind, frittierten Fisch, vegetarische und vegane Gerichte, sizilianische Küche, Pizza, italienisches Bier und toskanische Weine.

Deftig, aber raffiniert

Im Viertel San Lorenzo rund um die Markthalle können Sie wunderbar auf eine kulinarische Pirsch gehen. Es gibt viele Lokale, die gute toskanische Küche servieren. Diese hat den Vorteil, dass sie aus einfachen und preisgünstigen Zutaten wie Brot, Gemüse und Innereien zubereitet wird – und zugleich deftig und raffiniert ist.

Die Antipasti bestehen meist aus Gemüse *sott'olio* (in Olivenöl eingelegt), Salami, Schinken, *crostini* und *fettunta* (geröstetes Brot mit Olivenöl). Die typischen Gerichte des und ersten Gangs, dem *primo,* sind die *ribollita* (Gemüsesuppe, die aufgewärmt am besten schmeckt), *pappa al pomodoro* (Tomatensuppe mit Brot und Basilikum), *panzanella* (Tomatensalat mit Brot und Basilikum), *carabaccia* (Zwiebelsuppe) und *pappardelle sulla lepre* (Bandnudeln mit Hasenragout). Zum zweiten Gang, *secondo,* gibt es in guten Restaurants die klassischen Innereien mit Bohnen oder aber die *bistecca fiorentina,* ein Riesensteak, das – wenn es wirklich eine *fiorentina* sein will – vom toskanischen Chianina-Rind stammt und recht teuer ist. In vielen Lokalen steht auch Wild auf der Karte. Als typisches Dessert werden *vin santo* (Dessertwein), *castagnaccio* (Torte aus Kastanienmehl, Pinienkernen und Rosinen) oder *cantucci* (hartes Mandelgebäck zum Eintunken) serviert.

Mmh, der Mercato Centrale macht hungrig!

San Miniato al Monte und San Niccolò

Auf dem höchsten Punkt runterkommen

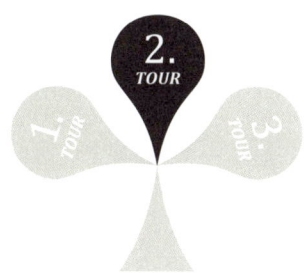

Ein Spaziergang auf den Hügel von San Miniato lohnt sich doppelt: Die romanische Grabkirche ist eine der prächtigsten von Florenz und der Blick auf die verwinkelten Gassen, Kuppeln und Türme der Stadt ein unvergesslicher Moment, vor allem im Abendlicht. Den passenden Sundowner dazu mixen die Kneipiers im Künstlerviertel San Niccolò. ▼

Wenn die Sonne nachmittags nicht mehr gnadenlos sticht, kann man einen gemächlichen Aufstieg zu San Miniato wagen. Von Santa Croce geht es über den Ponte alle Grazie, die Piazza dei Mozzi und links in die Via San Niccolò. Der Weg führt hinter der Porta San Miniato durch die Stadtmauer. Von hier steigt die Via del Monte alle Croci in die Höhe und mündet in die Viale Galileo Galilei. Mit jedem Schritt weitet sich der Panoramablick über die Stadt mit der großen Kuppel, den antiken Türmen und den toskanischen Hügeln im Hintergrund aus.

> DIE STADT FLORENZ IST EIN GANZES BILDERBUCH, WENN MAN NUR DARIN BLÄTTERN MAG.
>
> Hans Christian Andersen

Kopflos auf den Monte alle Croci

Am eindrucksvollsten ist der Blick, wenn Sie die letzte Stufen hinauf zu San Miniato al Monte erklommen haben: Hinter Ihnen schimmert weiß die Marmorfassade der Kirche, vor Ihnen breiten sich die terracottafarbenen Dächer der Stadt aus. Steht die Sonne schon tief, dann funkelt das Mosaik auf der Kirchenfassade golden. Der Legende zufolge wurde der Märtyrer Minias im Jahr 250 am Arno-Ufer enthauptet, setzte sich den Kopf wieder auf und erreichte den Berg, wo er starb und seine Grabkirche gebaut wurde. Nach dem Baptisterium ist San Miniato (1150–1207) das eindrucksvollste Beispiel der florentinischen Romanik. Besonders kostbar sind die Marmormosaiken (1207) des Fußbodens im Hauptschiff und das Christus-Mosaik im byzantinischen Stil in der Apsis. Ebenfalls eine Kostbarkeit ist die Cappella del Crocifisso von Michelozzo (1448) mit Keramikkacheln von Luca della Robbia. In der Krypta wird bei Sonnenuntergang die Vesper zelebriert, oft mit gregorianischen Gesängen. Links der Kirche liegt der Cimitero delle Porte Sante (um 1860), der Friedhof von San Miniato, mit seinen reich verzierten beeindruckenden Mausoleen. In schönster Lage fanden berühmte Florentiner ihre letzte Ruhe, u. a. die Familie des Weltentdeckers Amerigo Vespucci, der Schriftsteller Vasco Pratolini und Carlo Collodi, Autor von »Pinocchio«.

Auf dem Monte Miniato liegt Florenz dem Besucher zu Füßen. Das grandiose Panorama lässt die Mühen des Spaziergangs sofort vergessen.

Die Straße der Künstler

Beim Abstieg können Sie die mit Touristenbussen vollgestellte Piazzale Michelangelo umgehen und direkt die Via San Niccolò ansteuern. Hier grüßt man sich, die Atmosphäre ist familiär. Rechter Hand stoßen Sie auf die kleine Galerie von Giovanni de Gara. Im Schaufenster stehen seine Bücher aus Holz, die in Florenz längst zu Kultobjekten geworden sind. De Gara fertigt sie aus gebrauchten Holzstücken – sein Protest gegen Abholzung und Verschwendung.

Oltrarno

Schauen, kaufen, genießen

Am schönsten ist der Ausklang des Tages in Oltrarno zwischen San Frediano und Santo Spirito. Hier kann man wunderbar flanieren, Kunsthandwerkern bei ihrer Arbeit über die Schulter schauen und sich an den Schaufenstern der Antiquitätenhändler die Nase plattdrücken. Wenn die Werkstätten schließen, ist es Zeit für eine Kneipentour durch Santo Spirito, wo die florentinische Nacht am längsten ist.

Steht man auf der Piazza Tarquinio Tasso im Herzen des Viertels San Frediano, scheint Florenz eine ganz normale Stadt zu sein. Die *ragazzi* spielen Fußball, auf den Stühlen vor den gelben Häusern mit den hölzernen Fensterläden sitzen alte Männer und schauen ihnen zu. Zusammen mit den Vierteln Santo Spirito und San Niccolò bildet San Frediano den Stadtteil Oltrarno, d. h. das Gebiet auf der rechten Seite des Arno. Hier hatten sich die Handwerker angesiedelt, die die Paläste der Medici und anderer Patrizier gebaut und mit vergoldetem Holz und Teppichen eingerichtet haben. Einige der alten Handwerksfamilien sind bis heute geblieben. Neu hinzugekommen sind in den letzten Jahren hippe Musiklokale und junge Leute, die hier lieber leben als im touristischen Zentrum.

Rund um die Kirche Santo Spirito gibt es zahlreiche Einkehrmöglichkeiten – vor allem im Sommer einer der schönsten Orte der Stadt.

Kunsthandwerk hautnah ...

Valerio Romanellis Familie lebt seit dem 13. Jh. in San Frediano. Wenige Schritte von der Piazza Tasso entfernt arbeitet er in einer kleinen Bottega (Via del Leone 43), die er von seinem Vater übernommen hat. In der Werkstatt schwebt über allem ein goldener Glanz, denn Signor Romanelli überzieht Rahmen und Ikonen mit hauchdünnem Blattgold. Sein Instrument ist ein Pinsel, mit dem er die Blättchen blitzschnell andrückt und flach pinselt. Kein kostbares Gold soll vertan werden, ein Kästchen mit Goldblättern kostet immerhin 400 €.

Ein Handwerker, der auch geblieben ist, ist der Kupferstecher Gianni Raffaelli, der immer noch die alte Kunst der Aquatinta-Radierung pflegt. Dass die Kupferstecherkunst vor allem in Florenz lebendig gehalten wird, ist kein Zufall, denn hier entstand das erste Bild in dieser Technik. Raffaellis Bottega L'Ippogrifo (Via Santo Spirito 5r) liegt nur wenige Gehminuten von der Via Leone enfernt. Hier stehen die Kupferplatten, die Signor Raffaelli mit Wachs überzieht, um darin filigrane Motive zu ritzen. Zu seinen Lieblingsmotiven gehören die Ansichten seiner Stadt.

In Oltrarno werden noch heute alte Handwerkskünste gepflegt, etwa die Vergoldung von Bilderrahmen.

... und auf höchstem Niveau

Von der Piazza Santa Spirito sind es nur ein paar Schritte zur berühmten Antiquitätenstraße Via Maggio. In fast jedem der edel ausgestatteten Schaufenster sind antike Möbel, Spiegel, Keramik, Skulpturen und Gemälde ausgestellt. Hier gibt es nur das Beste und natürlich auch das Teuerste, was florentinische Antiquitätenhändler zu bieten haben. In der Via Maggio residierte der Hof der Medici, dementsprechend prachtvoll sind die Palazzi.

Und abends? Auf die Piazza natürlich!

Wenn die Geschäfte und Werkstätten schließen, sollten Sie sich zur Piazza Santo Spirito aufmachen, wo sich die Bars und Lokale auf eine lange Nacht vorbereiten. Es ist einer der wenigen Plätze der Stadt, wo man unter Bäumen sitzen kann. Jeden dritten Sonntag im Monat gibt es hier einen Biomarkt, auf dem auch Keramik, Holzgeräte und Handgefertigtes verkauft wird. Am Abend war die Piazza traditionell ein Treffpunkt der jungen alternativen Szene der Stadt. Heute teilen sie sich den Platz mit den Touristen. Er ist einer der besten Orte, einen Sommerabend in Florenz zu genießen. Häufig gibt es Konzerte, die vielen Lokale sind eigentlich immer voll.

Die Cabiria Winebar hält seit 20 Jahren die Stellung am Platz. Hier essen die Florentiner mittags Salat oder Gemüseeintopf,

STATT MOTORÖL FLIESST JETZT WEIN

Besonders trendy ist die Pastabar Tamerò, die in einer ehemaligen Autowerkstatt eingerichtet wurde. Entsprechend dem Vintage-Design ist auch die Atmosphäre ›very urban chic‹. Zum Wein oder Drink kann man sich am Buffet bedienen oder hausgemachte Pasta bestellen. Ab 23 Uhr wird aus dem Lokal ein Club mit Livemusik (Jazz, Funk, Soul, Electronic), Liveacts und Happenings.

abends gibt es zum Aperitif ein reichhaltiges Buffet, sogar mit Pasta und Fleischgerichten. Am Wochenende stehen wechselnde DJs am Mischpult. Gleich nebenan geht das Nachtleben in der Cocktailbar Volume weiter. Hier war früher eine Schreinerei untergebracht, die Werkzeuge und Drehbänke blieben stehen.

II

Pausieren in Florenz

Der Arno schenkt Momente der Erholung

Der Giardino delle Rose betört nicht nur mit dem Duft seiner Rosen.

MODERN

Caffè Amerini

Das mitten in der Shoppingmeile gelegene Café eignet sich bestens für ein Frühstück. An der Decke kann man mittelalterliche Fresken bewundern, ansonsten ist es sehr modern eingerichtet. Es gibt süßes Gebäck, aber auch immer frische *tramezzini* (dreieckige Weißbrotsandwiches mit verschiedensten Füllungen) und einen warmen Mittagstisch. Einfach auf das Gewünschte in der Vitrine tippen, dann bringt der Kellner alles an den Tisch.

Via della Vigna Nuova 61–63r

SCHWARZES GOLD

Cioccolateria Pasticceria Moltobene

Das Moltobene ist das unbestrittene Königreich der Schokolade. Sie wird als Getränk schwarz, heiß und mit Gebäck zum Eintunken serviert. Versuchen Sie unbedingt auch die Törtchen, natürlich alle mit Schokolade hergestellt. Das Café liegt versteckt inmitten des Touristenrummels nahe dem Domplatz.

Piazza Santa Elisabetta 2r

SEHR GEFRAGT

Osteria del Caffè Italiano

In der Osteria kann man nur ein Glas Wein als Sundowner trinken und schnell eine Pizza essen oder im Restaurant die typisch toskanische Küche kosten. Je nach Appetit und Budget bietet das Lokal drei unterschiedliche Ambiente und Preislagen. Derzeit eine der gefragten Adressen der Stadt. Ebenso bekannt: Kellner Pino, der seit Jahren einen reibungslosen Service garantiert.

Via dell'Isola delle Stinche 11–13r, www.caffeitaliano.it

SCHATTIGES WÄLDCHEN

Giardino Bardini

Ein englisches Wäldchen lädt an einem heißen Sommertag ein, im Schatten der Bäume zu sitzen. Die Anlage, einer der größten Gärten im Herzen von Florenz, gehörte einst dem Antiquar und Kunstsammler Stefano Bardini (1854–1922), der hier zahlreiche Statuen aus seiner Sammlung aufstellen ließ. Sehenswert ist die lange barocke Treppe, die zur Loggia Belvedere führt, wo sich ein ungewöhnlicher Blick auf die Stadt bietet. Im Garten wächst die typisch florentinische Iris, die seit Jahrhunderten in den *profumerie* verkauft wird. In der Anlage gibt es zwei Buchläden sowie ein Kaffeehaus und ein Restaurant.

Eingänge in der Via dei Bardi 1r und Costa San Giorgio, www.villabardini.it

FREIZEITPARK DER FLORENTINER

Le Cascine

In den Cascine findet jeder eine Möglichkeit zu entspannen. Der weitläufige Park liegt im Westen des Zentrums und erstreckt sich 3 km entlang dem Arno-Ufer. *Cascina* heißt Bauernhof und verweist auf die ursprüngliche Funktion der Grünanlage, wo einst die Bauern der Medici den Acker bestellten und Vieh hüteten. Heute tummeln sich hier die Florentiner, vor allem an sonnigen Wochenenden. Im Park gibt es ein Jogging-Wegenetz, das Schwimmbad Le Pavoniere mit Cocktailbar und Restaurant, eine Skater-Bahn, einen Tennisplatz und eine Pferderennbahn. Der Wochenmarkt der Cascine, der dienstags zwischen 7 und 14 Uhr abgehalten wird, ist der größte der Stadt.

Hauptzugang am Piazzale Vittorio Veneto

Es muss nicht immer ein Palazzo sein

»Wer schläft, fängt keine Fische«, sagt ein italienisches Sprichwort. Aber da es in Florenz Fisch vor allem im Restaurant und kaum noch im Arno gibt, kann einem das auch egal sein.

Aber gut und dabei nicht zu teuer zu schlafen, war hier bis vor zehn Jahren nicht so einfach. Durch den Boom der Privatvermietungen über Social Networks hat sich das geändert. Es gibt jetzt mehr und bessere Übernachtungsmöglichkeiten zu angemessenen Preisen. Der Trend geht zum Hostel: großzügig angelegte Häuser, oft in antiken Gemäuern, wo man sowohl in einem spartanischen 8-Bett-Zimmer als auch in einem komfortablen Doppelbett nächtigen kann. Manche Unterkünfte haben eine romantische Terrasse oder sogar einen Swimmingpool.

Eins ist sicher: Wer in Florenz etwas Besonderes sucht, findet es auch. Viele Hotels sind in alten Palazzi untergebracht, so etwa das Vier-Sterne-Haus Monna Lisa. Dort kann man in einem idyllischen Garten frühstücken und in der Bildergalerie die berümte Dame in vielen Variationen bewundern.

Egal ob man im Palast oder im Hostel unterkommt, man sollte sich immer vergewissern, ob das Frühstück im Preis inbegriffen ist – ansonsten empfiehlt sich: *Cappuccino* und *cornetto* in der nächsten Bar um die Ecke.

Eintopf gegen Hamburger & Co.

Wie in allen Touristenstädten, so lauert auch in Florenz an jeder Ecke ein Burger- oder Dönerladen. Doch die Stadtverwaltung hat den Fastfood-Ketten den Krieg erklärt: Die Gerichte dürfen nicht zu fetthaltig sein und auf der Speisekarte muss mindestens eine lokale Spezialität stehen.

Dass die gesunde Küche im Trend liegt, haben die jungen florentinischen Gastronomen allerdings schon vor ihrem Bürgermeister gemerkt. Neue Lokale bieten Burger mit Linsen oder Tintenfisch, vegetarische Risotti und natürlich toskanische Eintöpfe wie *ribollita* und *pappa al pomodoro* an. Die klassische *fiorentina*, ein Rindersteak, hat heutzutage schwer mit der Gemüsekonkurrenz zu kämpfen.

Die *osterie*, die früher einfache Essstuben waren, servieren Gerichte der traditionellen Küche in allen Preislagen, zum Teil in modernen Variationen, zum Teil aus biologischem Anbau. Bars, Bistrots und inzwischen auch einige Restaurants bieten am frühen Abend ein Getränk und freie Wahl am Buffet an. Auch viele Weinlokale reichen zum guten Schluck mehr als ein Stück Salami oder Käse. Und wenn Sie sich in einem feinen Restaurant eine typische Florentiner Mahlzeit mit *pasta e ceci* (Kichererbsen), *peposo* (Rindsgulasch) und süßen *cantucci* (Mandelgebäck) gönnen, haben Sie nur eine Qual: die Wahl!

Der Schlüssel zu einer entspannten Nacht

Kleine Häppchen schmecken zum Aperitif.

Große Vielfalt auf engstem Raum

Wer es darauf anlegt, kann in der eleganten Shoppingmeile um die Via Tornabuoni richtig viel Geld für einen Armani-Anzug, Ferragamo-Schuhe oder ein Kleid von Gucci ausgeben. Aber in Florenz gibt es nicht nur exklusives Design. Die Via dei Calzaiuoli ist ein Suk aus Boutiquen und Ladenketten aller Preisklassen sowie Tabak- und Souvenirgeschäften.

Die exklusive Location des Ponte Vecchio haben sich schon im 16. Jh. die Goldschmiede erobert. Die Lederwäscher und -gerber wohnten traditionell in der Gegend um die Piazza Santa Croce und dort findet man bis heute die meisten Ledergeschäfte. Auf der anderen Seite des Flusses hingegen gibt es die *botteghe* der Kunsthandwerker. Dazwischen überall jede Menge neue Vintage-Boutiquen und Läden, die mit leckerem Essen verführen.

Der Vorteil beim Shopping in Florenz: Im Gegensatz zu den großen Metropolen kann man alle Einkaufsstraßen und Geschäfte zu Fuß erreichen und zwischendurch die Tüten im Hotel abstellen. Meist geht man nicht länger als eine halbe Stunde, auch vom Zentrum nach Oltrarno. Wenn dann die Füße schmerzen, können Sie in einen der kleinen Elektrobusse steigen, die im Zentrum zirkulieren. Die wichtigsten Linien fahren auch nach Oltrarno bis zum Palazzo Pitti.

Tirare tardi

An warmen Sommerabenden ist jeder Platz der Stadt belagert, an jeder Ecke spielt die Musik und die Cafés sind brechend voll. Außerhalb der Saison hingegen wirkt die Stadt abends wie ausgestorben, sodass sich viele Touristen resigniert an ihre Hotelbar zurückziehen. Doch der Schein trügt.

Tirare tardi – spät nach Hause kommen – macht den Florentinern Spaß und sie haben dafür ihre einschlägigen Lokale: Kneipen, Discos und Bars. In den vergangenen Jahren mussten sie sich oft außerhalb des Zentrums vergnügen, weil vielerorts in der Innenstadt um ein Uhr Schluss war. Jetzt darf auch im *centro storico* je nach Konzession wieder lang gefeiert werden.

Die Stimmung steigt erst richtig nach Mitternacht. In den Musikclubs läuft Jazz, Swing, Blues, Funk, Rock und auch viel italienische Musik. Die Konzerte fangen meist erst nach 22 Uhr an, wenn man in aller Ruhe gegessen hat. In einigen Lokalen, vor allem mit Kulturprogramm, muss man noch die *tessere,* die Clubausweise, erstehen, die zwischen 5 € und 10 € kosten. Dieses System stammt aus der Zeit, als in Italien viele Clubs aus Steuergründen als Kulturvereine eingetragen waren. Die neueren Lokale hingegen bieten das volle Programm: Mittagstisch, Aperitif mit Buffet, Abendessen und Kulturveranstaltungen. ›Concept Bar‹ heißt jetzt das Motto.

Via Tornabuoni – die Florentiner Shoppingmeile

Tirare tardi – am Abend um die Häuser ziehen

Hygge
in Kopenhagen

Kopenhagens Nyhavn

Glücklichsein auf Dänisch

Ob hypermodern oder alten Traditionen verhaftet, Kopenhagen kann beides und kann vor allem eines: Hygge. Das ist: den Augenblick genießen, alles Negative hinter sich lassen, das Leben nehmen, wie es gerade daherkommt. Dänische Lebensart eben. Einfach eintauchen und sich treiben lassen!

Kongens Have neben Schloss Rosenborg

Mit dem Fahrrad ins Café

Die alte Börse

Das ist Kopenhagen

Kopenhagen ist eine der ältesten Hauptstädte der Welt – und eine der modernsten. Im Zentrum residiert eine 1000 Jahre alte Monarchie, am Rande entsteht eine Zukunftsstadt. Kopenhagen ist überschaubar, doch bei Kunst, Kultur und Lifestyle mit großen Metropolen auf Augenhöhe. Es kann volkstümlich sein, elegant, nordisch gelassen oder im Rhythmus neuer Trends bebend. Die Stadt ist Politik-, Kultur-, Medien-, Bildungs-, Justiz- und Wirtschaftszentrum Dänemarks, hat die größte Uni, die wichtigste Bibliothek, die einflussreichsten Medien, die bedeutendsten Museen, Theater und Musicalbühnen. Die neue Oper prägt die Hafensilhouette ähnlich markant wie das weltberühmte Pendant in Sydney. Die dortige Oper hat übrigens ein Kopenhagener entworfen, Jørn Utzon, der natürlich auch in seiner Heimatstadt Spuren hinterließ – Architektur und Design gehören zum Image der Stadt.

Fensterplatz zur Begrüßung

Die schönste Annäherung an die dänische Hauptstadt erlebt man am Morgen von der See her, wenn die alten Turmspitzen im Wettstreit mit den Glasfronten moderner Architektur in ersten Sonnenstrahlen aufglühen. Dieser Anblick ist den Passagieren der Kreuzfahrtschiffe vergönnt, die in Kopenhagen ihren wichtigsten Anlaufhafen in Nordeuropa haben. Wer mit dem Flieger einschwebt, erkennt ebenfalls, wie verzahnt Meer und Stadt sind, sieht Strände und jenen Sund, der quer durch die Stadt den Hafen formt. Highlight für alle am Fenster ist Øresundsforbindelsen mit der gigantischen Brücke, die Kopenhagen mit Malmö in Schweden zu einem der wirtschaftlich, intellektuell und kreativ stärksten Ballungszentren Europas verknüpft. Fast 4 Mio. Menschen leben auf beiden Seiten des Øresund, etwa 17 000 pendeln meist zwischen billigerem Wohnen in Schweden und gut bezahlten Jobs in Kopenhagen.

Über den Dingen

Zwei ungewöhnliche Türme erlauben Aussichten: Schwindelfreiheit verlangt der Hafenpanorama-Blick vom Turm der Vor Frelsers Kirke, zu dessen Spitze sich eine äußere Wendeltreppe hinaufwindet. Ein innerer Spiralgang führt auf den Run-

Ganz romantisch zeigt Kopenhagen seine maritime Seele in den Kanälen von Christianshavn, wo auch Freizeitskipper gern festmachen.

Ida Davidsen schmiert Smørrebrød in vierter Generation. Die Schnittchen-Dynastie verwöhnte schon Könige und Hollywoodstars und landete mit der Vielzahl ihrer Kreationen im Guinness-buch der Rekorde.

detårn, bis man mitten über dem Zentrum steht. Unten entdeckt man im Netz der Fußgängerzonen und Altstadtgassen internationale Haute Couture ebenso wie Designermode, die in der Stadt entsteht. Label wie ›Baum und Pferdgarten‹, ›Munthe‹, ›Stine Goya‹, ›Day Birger et Mikkelsen‹ verkaufen sich mit skandinavisch geprägtem, urbanem Stil auch in Paris, Moskau oder New York – alle haben in Kopenhagen Brandshops.

Der Hype ums Essen

Über keiner Stadt Skandinaviens leuchten so viele Michelin-Sterne – insgesamt 22 für 17 Restaurants in 2019. Nordisk Mad, die neue nordische Küche mit ihrem Dogma der lokalen Rohware, macht Kopenhagen zum Gourmet-Hotspot. Köche werden hofiert wie Popstars und zum Hype passen die Markthallen – Torvehallerne sind Kopenhagens laut pochendes, kulinarisches Herz. Pekuniärer Kontrast zu den gastronomischen Gipfeln: Copenhagens Street Food – Reffen bietet mit über 50 spannenden Multikulti-Imbiss-Containern einen Parforceritt durch die Küchen der Welt, cool am Hafen gelegen. Nach dem Essen dann irgendwo zum Jazz – Kopenhagen ist eine Hochburg für coole Musik!

Ganz der Süden

Nicht nur wegen der geografischen Lage gilt Kopenhagen als südlichste Hauptstadt Skandinaviens: An heißen Tagen und in lauen Nächten widerspricht es jedem Klischee vom kühlen Norden. Straßencafés füllen sich vom Frühstück bis zum nächtlichen Absacker, durch den Hafen paddeln Kajakfahrer oder SUP-Surfer, Bikini-Girls toben beim Wasserpolo, neugierig beäugt von coolen

Jungs, die sich auf Strandliegen räkeln. Nirgendwo wirkt Kopenhagen charmanter als am Stichkanal Nyhavn. Auf seiner Sonnenseite reihen sich Bars, Kneipen, Restaurants und letzte Relikte des alten Milieus zur längsten Theke der Stadt. Hier hört man alle Sprachen der Welt, aber auch viel Dänisch, denn die Kopenhagener überlassen ihre Stadt nirgendwo ganz den Besuchern, allenfalls ein paar Meter Promenade vor der kleinen Meerjungfrau. Die Lady mit scheuem Schulterblick und Fischschwanz ist Kopenhagens Wahrzeichen Nr. 1.

Flanieren durch Kopenhagen

An der Fußgängerzone Strædet

SHANDEL FRITZSCHE

1. TOUR

Abgrooven vor historischer Kulisse – **Snarens Kvarter**

Alte Gassen und Traditionen treffen in Snarens Kvarter auf junges Leben mit viel Jazz, Blues und Rock.

2. TOUR

Mit der Metro durch die Stadt tingeln – **Ørestad**

Diese Tour führt nach Ørestad, Klein-Dubai am Øresund. Hypermodern und umweltfreundlich.

3. TOUR

Auf Zeitreise gehen – **Flakfortet**

Selbst viele Dänen kennen Flakfortet nicht. Denn die Seefestung war lange Zeit Militärgebiet.

Snarens Kvarter

Abgrooven vor historischer Kulisse

Kopenhagens älteste Gassen treffen in Snarens Kvarter auf junges Leben mit viel Jazz, Blues und Rock. Und mitten durchs Viertel zieht sich Strædet, ein alternativer Bypass zur oft überlaufenen Einkaufsmeile Strøget – einladender, origineller, innovativer und pfiffiger.

Shopping-Bummlern präsentiert sich Strædet gern mit doppeltem Boden: Viele Häuser haben Läden ein paar Stufen hinauf im Hochparterre und hinunter im Keller. In Kopenhagens Keimzelle haben Mag- und Hyskenstræde ihre Namen von *mag* und *hüsken*, Bedürfnisanstalten des Mittelalters, die auf Holzbrücken in den damaligen alten Sund ragten – die Notdurft fiel nach unten: Auf dieser ›Grundlage‹ steht die älteste Häuserzeile Magstræde 17–19.

Immer wieder neu

Äußerlich zur historischen Kulisse passend, innerlich Kontrast, wuchs hier Huset aus einem 1970 besetzten Jugendzentrum zum vielseitigen Kulturhaus heran, mit exzentrischen Kulturevents und Konzerten jenseits des Mainstream, mit Cafés, Bars, Restaurant, Theatersaal und Programmkino. Huset erfindet sich dabei immer wieder neu: Zuletzt boomte sein Bastard Café als Club für Gesellschaftsspiele, während Retro-Automaten wie Flipper und Arcade-Spiele dem Namen der Bib Bib Bar alle Ehre machen – die 1980er lassen grüßen!

Husets Haupteingang schaut in Richtung Vandkunsten, einem quirligen Platz mit Kneipen, Cafés, Clubs. In der Mojo Bluesbar beweist sich Nacht für Nacht, dass Blues nicht nur Musik alter schwarzer Männer ist. Der Club hat bisher alle Rauchverbote ausgehebelt – Blues ohne Qualm geht nicht! Im Drop Inn ist die Musik rockiger und härter. Neben Bands mischen bekannte DJs das Traditionslokal auf, das aus einem Treff antifaschistischer Aktivisten in den 1930ern entstand. Wo so viel Musik ist, fehlt in Kopenhagen auch Jazz nie: Im La Fontaine hört man ihn an Wochenenden live, sonst ›aus der Dose‹.

Spielzeug für jedes Alter

Das La Fontaine liegt schon direkt an Strædet. Hier reihen sich Cafés und Restaurants aneinander, viele mit Tischen vor der Tür, und kleine Läden. Im schönsten Haus residiert Tortus, gegenüber im Kellerladen von Dansk Håndværk wartet Holzspielzeug des Designers Lars Jensen auf Kinderhände – vom Greifring bis zum Kranwagen schlicht und solide in der Form, aber knallbunt. Klassiker ist der Geburtstagszug: Für jedes Jahr wird ein Waggon angehängt, der eine Kerze trägt. Wieder auf der anderen Straßenseite belegt Crepö einen lang gestreckten Keller mit erschwinglichem Schmuck aus Edel- und Halbedelsteinen, darunter Bernstein mal konservativ, mal innovativ. Accessoires fürs Wohnen und ›Hyggen‹ im nordischen Design von Keramik bis Ökolammfellen steuert die kleine Kellerboutique Finurli bei.

Vor Hoppes Café & Bar sitzt man mitten im Strædet-Leben.

WIE STETS NACH DREISSIG TAGEN BRICHT EINE NEUE WELT ENTZWEI. MICH HAT EIN MÄDCHEN HIER UMGARNT, EIN WUNDERWEIB! – VORBEI! VORBEI! NUN SITZ ICH STILL IM WAGEN. JEDOCH ICH WILL NICHT KLAGEN. VOR TASCHENDIEBEN WIRD GEWARNT. LEBE WOHL, DU SCHÖNES KOPENHAGEN.

Joachim Ringelnatz: Ab Kopenhagen

Ørestad

Mit der Metro durch die Stadt tingeln

2. TOUR

Müde Beine? Quengelnde Kinder? Dann in die Metro Richtung Vestamager. Kids staunen, wenn sie in den führerlosen Zügen hinter der Panoramascheibe sitzen, und Sie sehen Kopenhagens Zukunft: Ørestad – Klein-Dubai am Øresund.

Hypermodern und umweltfreundlich sind die Schlagworte: Bis 2030 soll Ørestad fertig sein, eine 310 ha große Stadtlandschaft mit Parks, Seen und künstlichen Kanälen, die urbanes Leben mit kreativen Arbeitsplätzen vereint. Schon aus der Mitte der 1990er stammt ein Grundplan für Ørestad, Daniel Libeskind steuerte dann den Masterplan für ›Downtown Ørestad‹ bei, das Zentrum. Und die Chance, sich mit spektakulären Projekten auf dieser architektonischen Spielwiese zu profilieren, nutzten junge dänische Architekten, allen voran Bjarke Ingels, dessen Architekturbüro BIG heute ein Global Player der Branche ist.

Bildung trifft Kultur

Aus der Innenstadt kommend wird die Metro auf Höhe der Universität von einer Untergrund- zur Hochbahn. Auffälligstes Gebäude im

Am Øresund, gleich ›um die Ecke‹ der Zukunftsstadt, gibt es zwei Meeresschwimmbäder, die klassische Helgoland Søbadeanstalt und hier das moderne, architektonisch extravagante Kastrup Søbad.

Ganz schön zackig die Balkone der VM Husene in Ørestad – ob sie auch gesellig sind?

Mit Kindern moderne Architektur erkunden? So verrückt ist die Idee nicht: Gehen Sie ganz im Süden von Ørestad über die letzten künstlichen Seen hinaus. Da können Kids auf dem Natur-Art-Abenteuer-Spiel-platz ›Himmelshøj‹ toben, den Alfio Bonanno, ein bekannter Land-Art-Künstler, gestaltete. Hinterher gibt's im Traktørstedet Vestamager ein deftiges Frokost, das man auch gern auf eine der Picknickbänke mitnehmen darf (Granatvej 9, www.traktørstedetvestamager.dk).

Bereich der Universität ist das kreisrunde Studentenwohnheim Tiet-genskollegiet. Außen holzverkleidete Trutzburg, innen ein Hof für alle Bewohner – die Architekten nahmen die Tulou-Häuser in der chinesi-schen Provinz Fujian zum Vorbild. Der blau schimmernde Kubus neben der Metrotrasse ist das vom französischen Architekten Jean Nouvel entworfene Konzerthuset des Dänischen Rundfunks, Teil des Medien-parks DR Byen. Die transparente Fassade dient oft als Leinwand für Licht- und Bildprojektionen und im Inneren ›schwebt‹ förmlich ein 1800-Plätze-Konzertsaal.

Spektakulär wohnen und lernen

An der Metrostation Bella Center ist Kopenhagens Messezentrum er-reicht. Überragt wird es von Skandinaviens größtem Hotel: 812 Zimmer in zwei 76-m-Türmen, die sich oben voneinander wegdrehen – das Bel-la Sky Copenhagen ist doppelt so ›schief‹ wie der Turm von Pisa. Dann passiert die Metro zwei viel prämierte Wohnkomplexe, die Bjarke Ingels Ruhm begründeten: VM Bjerget mit 80 Luxuswohnungen, verteilt über zehn Etagen, alle mit kleinen Dachterrassen und angeordnet wie ein Bergdorf. Den ›Berg‹ darunter bildet ein Parkhaus. VM Husene nebenan haben einen Grundriss wie ein flach gedrücktes V und ein flach ge-drücktes M. Diese Kombination soll allen 221 Wohnungen optimal Licht und Aussichten geben. Markenzeichen sind weit aus der Glasfront des V-Hauses ragende, dreieckige Stahlbalkone.

Die nahe Reformschule Ørestad Gymnasium ist eher innen unge-wöhnlich als äußerlich spektakulär: Um eine über alle Etagen bis zum Dach schwingende Treppe ziehen sich offene Lern-, Relax- und Kreativzonen – Klassenräume gibt es nicht mehr.

Die große Acht

An einer Kette kleiner, künstlicher Seen endet die neue Welt. In Form einer gigantischen Acht stößt 8TALLET ans Ufer mit fast 500 Wohnun-gen unter seinem begrünten Dach, an dessen Rand ein ›Klippenweg‹ mit Panoramablick um den ganzen Bau führt. Von der Terrasse des Café 8TALLET kann man bei Bruschetta oder Smørrebrød die unver-baubare Aussicht auf das Naturschutz- und Freizeitgebiet Kalvebod Fælled genießen. Gehen Sie einmal hinüber in diese andere Welt und schauen Sie von dort auf Ørestad: Ist das eine Zukunft, in der Sie leben möchten?

Flakfortet

Auf Zeitreise gehen

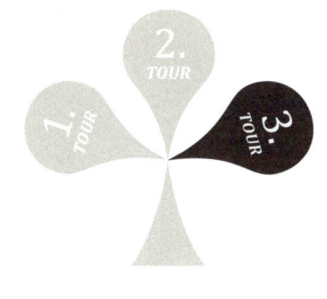

Es ist einer dieser Orte ohne rennende Zeit, wo man die Füße hochlegt, die hektische Welt am Horizont wahrnimmt, aber selbst nicht mehr Teilnehmer dieser Hatz ist. Die 45 Minuten vom menschenüberfluteten Nyhavn bis zum Kai der alten Seefestung sind ein Sprung in eine andere Dimension.

Kaum zu glauben, aber selbst viele Dänen kennen Flakfortet nicht, die junge Insel mit militärischer Vergangenheit vor ihrer Hauptstadt. Schon die Ausfahrt aus dem Hafen vorbei an Schauspielhaus, Oper, Meerjungfrau und Trekroner ist Sightseeing pur. Auf dem Meer dann grandiose Ausblicke auf die dänische ebenso wie auf die schwedische Küste mit Skandinaviens höchstem Wolkenkratzer, dem auffälligen Turning Torso von Malmö, auf die monumentale Øresund-Brücke, auf Middelgrunden-Windpark und auf den Schiffsverkehr in einer der meistbefahrenen Meerengen der Welt.

Mit 340 m Länge kann Flakfortet gerade noch den größten Kreuzfahrtschiffen Paroli bieten, wenn sie an der Insel vorbeiziehen. Bei der Höhe ist Flakfortet hingegen chancenlos: Nur 21 m ragt es aus den Wellen.

HERRENPROGRAMM GEFÄLLIG?

Wenn die Lust auf Stadt und Shoppen abflaut: Der Øresund vor Kopenhagen ist bekannt für gutes Dorschangeln, aber je nach Saison beißen auch Hering, Makrele, Flunder und Scholle an. Fast täglich starten Schiffe von Spar Shipping ab Lautrupskaj im Kalkbrænderihavnen.

Helmuth, der Zurückgebliebene

Angelegt wurde die Seefestung von 1910 bis 1914 als Teil eines Befestigungsrings zum Schutz Kopenhagens auf einer künstlichen Insel. Das *flak* im Namen stammt nicht von Flugabwehrkanonen, sondern vom dänischen Wort für einen Sandgrund im Meer – auf so einem Flak entstand die Anlage. Militärisch erlebte sie nur eine unblutige Besetzung durch deutsche Truppen im Zweiten Weltkrieg. Führungen zeigen in den Katakomben Räume, die die Deutschen einrichteten und die nach Kriegsende niemand mehr nutzte. Lediglich der Zahn der Zeit hat den Pritschen zugesetzt. Einen Kameraden ließen die Besatzer bei ihrer überstürzten Abreise 1945 aber zurück. Seitdem spukt Helmuth als von Heimweh geplagter, aber ganz verträglicher Geist durch die alten Gänge.

Die M/S Langø ist eine solide Fähre, die schon auf dem Nordatlantik im Einsatz war. Jetzt fährt sie im Sommer regelmäßig vom Nyhavn zur Festungsinsel Flakfortet und legt hier gerade an.

II

Pausieren in Kopenhagen

Das Café Glyptoteket

Kopenhagen kann auch Badeort: Kalvebod Bølge für Sonnenbader und Flaneure liegt vor Glaspalästen von Banken und Versicherungen am Hafenufer.

AUCH WASCHEN KANN MAN DREIMAL

The Laundromat Cafe
Namhafte Zeitungen berichteten über das Café mit isländischen Wurzeln, in dem man nebenbei Wäsche waschen und Bücher lesen oder kaufen kann. Die Kaffees sind spitze, auf der Speisekarte stehen gutes Frühstück, Sandwiches, Gourmetburger und Salate.
Elemegade 15, Århusgade 38, Gammel Kongevej 96, www.thelaundromatcafe.com

SHOPPINGPAUSE BIS ABSACKER

Hoppes Café og Bar
Hier sitzt man egal zu welcher Zeit am besten an einem der Fenster mit Blick auf das Strædet-Leben. Sonntags kann man sich bei einem Brunchbuffet gut von den Anstrengungen des Wochenendes erholen.
Læderstræde 11A, www.cafehoppes.dk

ESSEN MIT AUSSICHT

Toldboden/Havnegrill
Modern-maritime Küche – Spezialität Edel-Fish 'n' Chips – mit perfektem Blick auf den Hafen

sowohl von den Indoor- wie von den sommerlichen Outdoorplätzen. Die Rohwaren sind meist bio und von lokalen Produzenten, viel Gemüse stammt sogar aus eigener Landwirtschaft. Am Wochenende gibt's gern Musik, live oder vom DJ.
Nordre Toldbod 24, www.toldboden.com

KRAFT TANKEN UNTER DER PLATANE

Gråbrødretorv
Bei Sonne kann es auf dem Pflaster des schönsten Innenstadtplatzes zwar schon mal eng werden, aber wer ein Fleckchen auf einer der Bänke um den dicken Stamm der Platane bekommt, die hier Schatten spendet, dem sind Momente der Entspannung und Ruhe sicher. Von der überquellenden Strøget gibt es sogar den ›Geheimgang‹ Kringlegangen neben der Helligåndskirke durch den Hof des Hauses an der Valkendorfsgade 32 direkt zum ›Platz der Grauen Brüder‹ – Franziskaner hatten hier vom 13. bis ins 16. Jh. ein Kloster. Von dem sind noch Fundamente in der Kellerbar Peder Oxes Vinkælder erhalten, ansonsten umringen Bürgerhäuser aus dem 18. und 19. Jh. den Platz, die meisten mit Restaurants im Parterre.

CHILLEN UND CRUISEN

Ørstedsparken
Dieses kleine Idyll ist von lauten Straßen umrahmt, beherbergt in seinem Zentrum aber einen von einer nostalgischen Brücke überspannten See. Das größte Denkmal im Park erinnert an Namensgeber Hans Christian Ørsted, der als Vater der modernen Physik gilt. Ørstedsparken hat sich kaum verändert, seit er angelegt wurde, wohl aber das Publikum: Früher flanierte hier das aufstrebende Bürgertum, heute gilt der Park nach Einbruch der Dunkelheit als schwule Cruising-Zone.

HAFENPROMENADE 2.0

Kalvebod Bølge
Zu Fuß läuft man gerade einmal 10 Min. vom Rathausplatz bis zur Hafenpromenade, wo sich Sonnenanbeter, Skater, Hafenbader und Kajakfahrer einfinden. Design trifft hier alte Bautechnik: Die über das Wasser geschwungene Promenade ruht auf fast 300 Eichenpfählen, die in den Hafengrund gerammt wurden! Hier starten auch Kajaktouren Richtung Hafen.

Der Staat schläft mit

Design, Plüsch, Luxus oder Funktionalität im Schiffs-kabinenstil – Kopenhagen hat alles, nur ziemlich teu-er: Der Staat schläft mit 25 % Mehrwertsteuer in je-dem Bett! Ist nichts los, bieten indes selbst Tophotels Zimmer online zu Tagespreisen kaum teurer als ein-fache Touristenhotels.

So kann allerdings dasselbe Zimmer an drei aufein-anderfolgenden Tagen unterschiedlich viel kosten und mal ist das Frühstück in einem Onlinetarif ent-halten, mal nicht. Übersichtlichkeit sieht anders aus. In der Regel gilt: Werktags sind Zimmer teurer als an Wochenenden, am billigsten von Sonntag auf Montag. Während der dänischen Ferien senken Businesshotels die Preise, Anfang Juni oder Ende August ist dasselbe Zimmer oft teurer als im Juli.

Nur wohnen, aber günstig?! In preiswerten Ho-tels wird gern am Personal gespart, seltener an Komfort und Design: die Zimmer geschmackvoll, aber kein Mitarbeiter weit und breit, Check-in und Check-out erfolgen am Selfservice-Terminal.

Hostels und Jugendherbergen (DanHostel) sind mit munteren Lounges, Bars und vielen Einzel- wie Doppelzimmern – häufig mit Bad/WC – coole Alter-nativen für jede Altersgruppe, wirklich günstig aber nur bei Mehrbettzimmern. B&Bs findet man u. a. auf zwei lokalen Portalen: www.bedandbreakfast.dk und www.net-bb.dk.

Kopenhagens kleinstes Hotel hat wenigstens einen festen Preis für sein einziges Zimmer.

Im Norden viel Neues

Vor ein paar Jahren machte Aamanns Deli & Take Away das alte ›smørrebrød‹ der bürgerlichen Küche salonfähig für die New Nordic Cuisine: Es war die geglückte Fusion zweier kulinarischer ›Urknalle‹ mit Wurzeln in Kopenhagen.

Um 1880 wurden erste *smørrebrød* geschmiert, Hochadel der Butterschnitte. Meist zum *frokost* (Mittagessen) wird auf einer zarten Scheibe Brot ein kulinarischer Aufbau in Szene gesetzt – ein, zwei oder drei Lagen Aufschnitt, Fisch, Krabben, Hummer, Fleisch, exzellenter heimischer Kaviar, viel Grünes, frischer Spargel, Mariniertes und Fermentiertes, viel-leicht ein Gürkchen, etwas Remoulade oder *sky*, wie die Dänen ihren geliebten Zieraspik nennen.

2004 verfassten dann in Dänemarks Hauptstadt zwölf skandinavische Chefköche das ›New Nordic Food Manifesto‹. Treibende Kräfte waren die Kopen-hagener Koch-Aktivisten Claus Meyer und René Redzepi, Chef im legendären NOMA. Der folgende Hype brachte die dänische Küche auf Augenhöhe mit französischer oder italienischer Kochkunst. Man huldigt der Heimat: Ökofleisch, Wild, Fisch, Schalen-tiere, Wildkräuter, Pilze und die Vielfalt der Beeren möglichst aus der Region und nachhaltig produziert. Redzepi ist mit seinem NOMA noch einen Schritt weiter gegangen: Sterneküche trifft Urban Far-ming – Gourmetrestaurant mit Bauernhof.

Näher am Wasser kann man nicht sitzen als im Green Island of Copenhagen.

Hygge und Heringe

Edelsouvenirs von Royal Copenhagen oder Georg Jensen erhält man nicht nur in deren Flagship-Stores am Amagertorv, sondern oft in normalen Haushaltswarenläden, die immer gut sortiert sind mit Produkten des Danish Design.

Vieles, was für dänische ›Hygge‹ steht, gibt es günstig bei Design-Discountern wie Søstrene Grene oder Flying Tiger Copenhagen, aber dann kaum ›made in Danmark‹. In anderen Preissphären bewegen sich Klassiker des Möbeldesigns, selbst gebraucht können sie fünfstellige Eurobeträge kosten, sind aber damit oft noch billiger als südlich der Grenze.

Frauen wie Männer mögen die auf elegante Art legere Mode dänischer Labels. Auch Secondhand-Chic ist populär oder Abgedrehtes der aktuellsten Retrowelle. Überhaupt sind Altes und Gebrauchtes ein Renner und im sonst so hochpreisigen Dänemark nicht einmal teuer.

Marinierte oder eingelegte Heringe, Krabben, grobe Leberpastete oder Jogurt im Literpack nahmen schon Generationen von Dänemarkreisenden mit nach Hause. Inzwischen ist der Hype um Nordic Cooking mit hochwertigen Rohwaren vom handgesiedeten Læsø-Salz über Bornholmer Rapsöl bis zu Schokoladenspezialitäten kleinster Manufakturen oder Johan Bülows Designer-Lakritz im Einzelhandel angekommen.

Stilikone Maxjenny Forlund liebt Farben.

Will in keine Schublade – das Nachtleben

Restaurants, in denen nachts getanzt wird, eine Weinbar, die Kopenhagens bestes Bier zapft, kaum ein ›spillested‹ mit Livebühne, in dem nicht auch DJs auflegen, und Cafés, in denen alles gern getrunken wird außer Kaffee – die Grenzen sind fließend, das Angebot der Nacht breit und vielfältig. Kopenhagener Lebensart bewahrt gern auch Traditionelles und so zitieren Kneipen und Cafés praktisch jede Dekade des 20. und 21. Jahrhunderts.

Open-Air-Konzerte in Parks, auf Plätzen oder an Stränden wie im Amager Strandpark gehören zum Sommer. Völlig ins Swingen gerät die Stadt beim Jazzfestival Anfang Juli.

Und was trinkt man? Bier – dänisch *øl* und wie das Schmiermittel gesprochen – ist Alltagsgetränk, aber statt früher dominierender Flaschenbiere läuft zunehmend Fassbier – *fadøl* – durch die Kehlen, gern Craft-Bier kleiner Brauereien aus dem In- wie Ausland. Sie sind so angesagt, dass der einheimische Biergigant Carlsberg kräftig schlucken musste und jetzt aus seiner ›Husbryggeriet Jacobsen‹ selbst ständig neue Designerbiere auf den Markt wirft. Auch Cocktails sind beliebt und zum Essen wird immer mehr Wein getrunken. Billig ist Alkoholisches in Kneipen und Bars aber selten, allenfalls zur Happy Hour.

Das Festival im Sommer trägt viel zum Ruf Kopenhagens als Jazzhochburg bei.

Radeln in Leipzig

Das Neue Rathaus von 1905, erbaut im Stil des Historismus

Vom Blau und vom Grün

Das Wort von der ›Wasserstadt‹ Leipzig klingt erst einmal
fremd, wird aber schnell augenfällig: Leipzig hat mehr Brücken
als Venedig oder Hamburg. Und auch wenn es nicht am Meer
liegt, so sorgen Flüsse und Seen für ein riesiges Angebot
an Freizeit- und Erholungsmöglichkeiten. Ach ja, und dann
wäre da noch der Urwald! Wie ein grünes Band zieht sich der
Auwald von Leipzigs Nordwesten nach Süden, ein einzigartiges
Biotop für seltene Tiere und Pflanzen. Also Drahtesel satteln,
Schuhe schnüren oder das Boot zu Wasser lassen – Leipzigs
grüne Lunge ruft!

*Überraschende Perspektiven auf die
Stadt vom Wasser aus*

Zahlreiche alternative Stadtgarten-
projekte zeugen von der Wandlungs-
fähigkeit des Leipziger Gärtnerwillens,
wie hier in Lindenau.

Panorama von Leipzig

Das ist Leipzig

Leipzig ist nicht die Hauptstadt von Sachsen – auch wenn die meisten seiner Bewohner sicher sagen würden, es sei zumindest die ›heimliche‹ … Zum großen Glück für viele Leipziger war es aber eben nie die ›echte‹, denn dadurch ist sie bis heute eine quirlige Bürgerstadt, wie sie im Buche steht – regiert von Bürgern für Bürger. So hat sich ein ganz eigenes städtisches Selbstbewusstsein herausgebildet, das sich selbst zu DDR-Zeiten, als eine bürgerliche politische Einstellung geradezu verpönt war, behaupten konnte. In der Stadt gibt es keine Residenz und keine Adelspaläste, dafür zahlreiche herrschaftlich anmutende Kaufmannshäuser, die auch heute noch durch Größe und Schönheit beeindrucken.

Wenn Sie sich nun fragen, wofür Leipzig eigentlich steht und in der Welt bekannt und berühmt ist, so gibt es einige mögliche Antworten:

Historisch – Völkerschlacht und Wende

Richtig große Weltgeschichte wurde in Leipzig nur zweimal geschrieben: Zunächst im Jahr 1813, als die Truppen Napoleons und seiner Verbündeten durch die Allianz von Preußen, Russen, Österreichern und anderen das erste Mal wirklich niederschmetternd geschlagen wurden. Für Napoleon war das der Anfang vom Ende.

Und genauso war Leipzig 176 Jahre später der Ort, an dem der Anfang vom Ende der DDR eingeläutet wurde. Als am 9. Oktober 1989 – nur zwei Tage nach den Jubelfeiern zum 40. Geburtstag der Republik in Berlin – unglaubliche 70 000 Menschen bei den damals fast schon zur gefährlichen Routine gewordenen Montagsdemonstrationen auf die Straße gingen. Spätestens hier wurde klar, dass Veränderungen hermussten, und Leipzig gerierte sich als ›Heldenstadt‹ mit neuem Mythos.

Geschäftlich – Handel und Wandel in Leipzig

Leipzig wurde an der Kreuzung zweier wichtiger Handelsstraßen gegründet. Die ›Via Regia‹ – die Königsstraße – und die ›Via Imperii‹ – die Reichsstraße – durchmaßen Europa in ost-westlicher und nord-südlicher Richtung. So ermöglichten sie den Handel mit der gesamten damals bekannten Welt.

Nach Stilllegung der Baumwollspinnerei Anfang der 1990er-Jahre zogen hier junge Künstler mit ihren Ateliers ein.

Einer der bei Alt und Jung beliebtesten Plätze zum Chillen und Spielen in der Innenstadt ist das Grün zwischen Markt-platz und Thomaskirche.

Mit der Verleihung des Stadtrechts 1165 ließ Leipzig sich gleichzeitig auch das Marktrecht zusichern. 1497 wurde daraus das Reichsmesseprivileg, und Ende des 19. Jh. hielt man hier die erste Mustermesse der Welt ab. Dieser ›Erfindung‹ verdankt die Leipziger Messe übrigens ihr Symbol, das doppelte M, das für ›Muster-Messe‹ steht. Heute muss sich die Leipziger Messe als eine unter vielen im harten Geschäft des freien Marktes behaupten.

Musisch – Musik und Malerei

Leipzig kann auf eine ganz außerordentliche Musiktradition zurückblicken. Große Namen wie Bach, Mendelssohn und Wagner geben der Stadt per se ein gewisses Flair und die dazugehörigen Festivals sorgen für gute Stimmung und reichlichen Publikumsverkehr. Altehrwürdige Institutionen wie Thomanerchor (1212), Gewandhausorchester (1743 als ältestes bürgerliches Konzertorchester im deutschsprachigen Raum gegründet), Oper (1693 als drittes bürgerliches Musiktheater in Europa nach Venedig und Hamburg eröffnet) und Musikhochschule tun ihr Übriges. Aber Leipzig ruht sich nicht auf der Tradition aus, sondern bleibt mit Jazztagen, Wave-Gotik-Treffen, Straßenmusik- oder auch dem A-capella-Festival mitten im zeitgenössischen musikalischen Leben der Welt aktiv.

Spätestens seit der ›Neuen Leipziger Schule‹ mit ihren inzwischen weltberühmten Künstlern mischt Leipzig auch im Bereich der Malerei kräftig frische Farbe auf der Weltkunstpalette an.

Und sonst?

Leipzig hat sich inzwischen mit Unternehmensniederlassungen von Porsche, BMW, DHL und anderen als wichtiger Industriestandort Mitteldeutschlands etabliert. Im Bereich der Wissenschaft ist die Stadt mit ihrer 1409 als ›Alma mater Lipsiensis‹ gegründeten Universität, aber auch mit den sieben außeruniversitären Hochschulen und zahlreichen Forschungseinrichtungen gut aufgestellt. Und Leipzig ist viel grüner, als die meisten denken! Dank des größten innerstädtischen Auwaldgebiets Deutschlands hat die Stadt ein ganz besonderes Flair und mit dem teilweise noch entstehenden Neuseenland weitere Erholungsmöglichkeiten geschaffen.

Flanieren durch Leipzig

Das Barfußgässchen

1. *TOUR*

**Kaffeehäuser der City –
Genießen auf Sächsisch**

Für ein ›Scheelchen Heeßen‹ lässt der Leipziger gern mal alles stehen und liegen. Kein Wunder, in der Stadt steht das älteste Kaffeehaus Deutschlands.

2. *TOUR*

Alte Fabriken, neues Leben – Plagwitz

Nirgendwo sonst ist die Fluss- und Brückendichte in Leipzig höher als im ehemaligen Industrieviertel Plagwitz und in den angrenzenden Stadtteilen.

3. *TOUR*

**Mit dem Rad ins Grüne –
Durch den Auwald**

Wie ein grünes Band erstreckt sich der Stadtwald über mehr als 35 km von Nordwesten nach Süden quer durch die Stadt.

Kaffeehäuser der City
Genießen auf Sächsisch

Haben Sie auch schon mal etwas von den Kaffeesachsen gehört? Das sind die Leipziger. Für ein ›Scheelchen Heeßen‹, wie sie eine Tasse Kaffee nennen, lassen sie auch gern mal alles stehen und liegen. Kein Wunder, dass sich in der Stadt das älteste Kaffeehaus Deutschlands und ein eigens für den Kaffee eingerichtetes Museum befinden.

Wer Kaffee und Kuchen liebt, der ist in Sachsen hochwillkommen und wird schnell als Seelenverwandter akzeptiert und aufgenommen. Man mag hier Gemütlichkeit und gutes Essen, aber ganz besonders mag man beides zusammen bei Kaffee und Kuchen.

Als die Preußen im Siebenjährigen Krieg (1756–63) die Sachsen besiegt und ihrem Heer einverleibt hatten, sollen diese sich empört haben, dass man bei den Preußen nur Kaffeeersatz aus Zichorien ausschenkte. Ihr Aufschrei »Ohne Gaffee gö'mer nich gämpfn!« kam damit einer Befehlsverweigerung gleich, aber er hatte zur Folge, dass auch im preußischen Heer ordentlicher Kaffee eingeführt wurde.

Zum Arabischen Coffe Baum

Start ist am bis heute ältesten Kaffeehaus Deutschlands Zum Arabischen Coffe Baum 1. Der seltsame Name stammt aus der Zeit des

Im Café Riquet genießen Sie hervorragende Torten und Kuchen sowie Kaffee jeglicher Couleur und bekommen obendrein noch die originale Jugendstilausstattung und im 1. Stock einen tollen Blick auf den Marktplatz geboten.

Umbaus der Schankstuben zu Beginn des 18. Jh. und bezieht sich auf das außergewöhnliche Hauszeichen über dem Eingangsportal. Die barocke Bildhauerarbeit zeigt einen Orientalen, der einem Putto ›ä Scheelchen Heeßen‹ reicht. Sie symbolisiert die Geschichte des Kaffees als Kulturgeschenk des Orients an den Okzident. Leider sind sowohl Café, Restaurant und auch das Museum im »Kaffeebaum« derzeit geschlossen, da dringende Sanierungsmaßnahmen und ein Betreiberwechsel eine komplette Schließung erforderlich gemacht haben. Sie können also nur die Fassade betrachten und sich auf ein späteres Wiederkommen hierher freuen.

Die Qual der Wahl

Zum Glück gibt es ja in Leipzig mehr als genug Ausweichmöglichkeiten, die eventuell nicht ganz so geschichtsträchtig aber dafür durchaus auch abwechslungsreich mit der Kaffeehaustradition der Sachsen (ver)locken. Da ist es eher die Qual der Wahl, die Ihnen die Entscheidung schwer macht. Mein Tipp ist hier: planen Sie einfach genug Zeit ein und probieren' Sie einfach alle bzw. so viele Sie mögen.

Wenn sie vom Kaffeebaum aus die Klostergasse durchschlendern, gelangen Sie hinter dem polygonalen Chorabschluss der Thomaskirche zum Café Kandler im Teehaus. Hier bekommen Sie die leckersten Lerchen der Stadt serviert und neben einem reichhaltigen Kaffeeangebot haben Sie obendrein die Auswahl zwischen mehr als 80 verschiedenen Teesorten. Sozusagen die Enklave für Teegenießer im Land der Kaffee

Ein paar Schritte weiter am Thomaskirchhof befindet sich im Haus des Bachmuseums das Café Gloria direkt neben dem Bachstübel. Neben der Aura des Traditionsortes, der an den Komponisten der Kaffeekantate erinnert, bekommen Sie hier die High-End-Variante modernen Kaffeegenusses mit frisch gerösteten Bohnen aus der ›Siebträgermaschine‹, natürlich erlesenen Kuchenkreationen sowie ein sehr sympathisches Frühstücksangebot.

Jugendstil meets Asiatika

Auf dem Weg zum Café Riquet können Sie gern auch noch einen Abstecher zum Café Richter machen. Sie folgen dazu einfach der Burggasse in Richtung Neues Rathaus. Nachdem Sie den Burgplatz überquert haben gelangen Sie durch die Schlossgasse direkt zum Café Richter. Beim Betreten des Cafés überwältigt einen erst einmal die original erhaltene Einrichtung von 1901. Aber auch der Kaffee und die leckeren Spezereien können begeistern.

Zurück zum Marktplatz und von hier aus hinein ins Salzgässchen, das nach den Kriegszerstörungen von 1943 eher wie ein kleiner Platz als wie eine Gasse wirkt, sehen Sie bereits ein auffälliges Jugendstilgebäude, dass Sie begeistern wird. Das Riquethaus wurde 1908/09 durch Paul Lange für die Firma Riquet & Co. errichtet. Architektonische Details weisen darauf hin, dass das Unternehmen Handel mit Waren aus Ostasien betrieb: Eine kleine Pagode bekrönt das Ecktürmchen, darunter zeigen bunte Mosaike Drachen, Kimono und blühende Kirschzweige. Die beiden Elefantenköpfe über dem Portal sind indische Elefanten – erkennbar an den ›kleinen‹ Ohren –, zusammen mit dem Namenszug bildeten sie das Firmenlogo der Riquets.

> REICHTUM, WISSENSCHAFT, TALENTE, BESITZTÜMER ALLER ART GEBEN DEM ORT EINE FÜLLE, DIE EIN FREMDER, WENN ER ES VERSTEHT, SEHR WOHL GENIESSEN UND NUTZEN KANN.
>
> Johann Wolfgang von Goethe über Leipzig

Leipziger Lerche – Innen süß, außen knusprig sollte dieses traditionelle Marzipangebäck sein, von einem Leipziger Zuckerbäcker – ganz öko – im 18. Jh. als Ersatz für echte Lerchen erfunden.

Die Buntgarnwerke

Plagwitz
Alte Fabriken, neues Leben

Nirgendwo sonst ist die Fluss- und Brückendichte in Leipzig höher als im ehemaligen Industrieviertel Plagwitz und in den angrenzenden Stadtteilen. Das erstaunlich grüne Idyll lässt sich bei einer Bootstour auf dem oder zu Fuß am weit verzweigten Wassersystem entlang erkunden.

Bevor die Tour startet, kommen Sie an der Straßenbahnhaltestelle Klingerweg am Denkmal eines stattlichen Mannes vorbei. Als Karl Heine 1888 starb, hatte er Leipzig stärker geprägt als irgendeine andere Person jener Zeit. Seine geniale unternehmerische Idee bestand darin, das stadtnahe, sumpfige Areal östlich und westlich des Auwaldes billig aufzukaufen, durch Entwässerungsschleusen, Flussbegradigungen und Teilungswehre trockenzulegen und durch geschickte Verkaufsverträge in kürzester Zeit bebauen zu lassen. Er selbst legte Straßen, Brücken und in Plagwitz einen Kanal und Eisenbahngleise an, die eine hervorragende Infrastruktur für Industrie, aber auch zum Wohnen schufen.

Gondelfahrt gefällig?

Wenn Sie von der nächsten Haltestelle Holbeinstraße die Könneritzstraße zurück zur Könneritzbrücke gehen, kommen Sie direkt an der Italiensehnsucht weckenden Karl-Heine-Villa vorbei, die der Gründer und Pionier seinerzeit für sich erbauen ließ. Doch schon bald wird der Blick von der eindrucksvollen Stahlkonstruktion der Brücke angezogen. Rechts und links der Straße erheben sich die Gebäude des Versandhauses Mey & Edlich. In der Nonnenstraße passieren Sie die ersten schönen Wohnhäuser des Quartiers. Bei Haus Nr. 11 lockt der Hinterhof nicht nur wegen der lauschigen Harmonie. Im italienischen Lokal Da Vito lässt es sich schlemmen und man kann in echt venezianischen Gondeln eine Fahrt auf der Weißen Elster wagen – vom Wasser aus sieht die Stadt gleich anders aus. Weiter in der Nonnenstraße erblicken Sie schon die gewaltigen Fassaden der ehemaligen Buntgarnwerke. Gegründet 1887, wurden hier Kammgarne gesponnen, eingefärbt und weltweit verkauft. So entstand in mehreren Bauphasen Europas größter Industriekomplex der Gründerzeit.

Schlendernd, radelnd oder paddelnd

Die von Karl Heine seinerzeit installierten Gleisanlagen sind inzwischen weitestgehend zu einem Fuß- und Radwegenetz am Wasser rückgebaut worden. Besonders schön gestaltet sich das Stück zwischen den Buntgarnwerken und dem Stelzenhaus – idyllischer kann ein Industriequartier kaum sein. Schon von Weitem sichtbar, thront die frühere Wellblechverzinkerei auf über 100 Betonpfeilern eindrucksvoll über dem Kanal. Kurz vorher können Sie über eine Brücke in Leichtbauweise ans südliche Ufer wechseln und gelangen so in den Stadtteilpark Plagwitz.

Wenn Sie mit dem Boot auf dem Karl-Heine-Kanal unterwegs sind, legen Sie doch einfach unter der Ultraleichtkonstruktion des modernen Karl-Heine-Bogens an und machen einen kleinen Zwischenstopp mit Ausflug in den Stadtteilpark, die Verladestation oder das Restaurant Stelzenhaus!

Durch den Auwald

Mit dem Rad ins Grüne

Urwald in der Großstadt? In Leipzig gibt es auch das: Wie ein grünes Band erstreckt sich der Stadtwald über mehr als 35 km von Nordwesten nach Süden quer durch die Stadt. Kommen Sie mit und machen Sie zu Fuß oder auf einer Fahrradtour tolle Entdeckungen!

Schloss Lützschena ist ein guter Einstieg in den Auwald. Der neogotische Schlossbau selbst ist nur für Veranstaltungen geöffnet, zum Schloss gehört eine Zucht von Alpakas. Vorbei an der Auwaldstation, die mit einer kleinen Ausstellung dem Besucher die Natur nahebringt, erreichen Sie den wundervollen zum Schloss gehörenden Landschaftspark.

Beliebter See mit Badeverbot – wie geht das?

Nur wenige Kilometer östlich entlang der Luppe befindet sich der durch Kiesabbau entstandene Auensee. Er ist nicht so sehr wegen seines Wassers beliebt – hier herrscht absolutes Badeverbot –, sondern vor allem als Naherholungsgebiet mit einer ganzen Reihe von Unterhaltungsmöglichkeiten wie einer Parkeisenbahn, einem Bootsverleih, Restaurant, Campingplatz und dem Haus Auensee, einem beliebten Veranstaltungsort für Rockkonzerte.

Sport, Rummel und Gärtnern

Folgen Sie weiter dem Weg entlang der Luppe, passieren Sie das Sportforum mit der Red Bull Arena. Am gegenüberliegenden Ufer gastiert zeitweilig die Kleinmesse. Etwas weiter südlich – wieder auf der anderen Seite des Elsterbeckens – befindet sich hinter den Universitätsgebäuden die nach ihrem geistigen Vater Dr. Moritz Schreber benannte erste Kleingartenanlage mit dem Kleingärtnermuseum. Im dazugehörigen Restaurant können Sie zünftig einkehren.

Wie kommen Blumenrabatten und Auwald zusammen?

Noch etwas weiter erreichen Sie den Clara-Zetkin-Park. Hier zeigt sich die Blumenpracht der Dahlienterrasse, und es gibt einen tollen großen Spielplatz. Auf der nahe gelegenen Parkbühne spielen ab und zu Rockbands, das Glashaus bietet gute Küche in Pavillon und Biergarten. Auf der südlich anschließenden Pferderennbahn im Scheibenholz finden einmal im Monat Rennen statt.

Ein Stück Wildnis in der Stadt

Vorbei am botanischen Lehrgarten gelangen Sie nun in den teilweise verwunschen wirkenden südlichen Auwald. Über gut beschilderte Wege radeln Sie bis zum Wildpark und wenn Sie noch Energie haben weiter bis zum Cospudener See. Dort bietet sich Erholung pur! Auf dem Weg dahin können Sie die für den Auwald typischen Flussläufe und Tümpel sowie seltene Tiere und Pflanzen bestaunen.

Der Auwald ist die Heimat von mehr als 20 Baum-, ca. 400 Insekten- und 110 Vogel- und Säugetierarten.

F
FLORA & FAUNA

Im Auwald gibt es Tiere und Pflanzen, die generell oder in dieser Form und Menge sonst nirgendwo vorkommen, wie die beinahe ausgestorbene Rotbauchunke oder das Leipziger Buschwindröschen, das hier eine weltweit einmalige Bastardform zwischen Buschwindröschen und gelbem Windröschen herausgebildet hat: die *Anemone lipsiensis*.

Pausieren in Leipzig

Flüsse und Seen sorgen in und um Leipzig für ein riesiges Angebot an Freizeit- und Erholungsmöglichkeiten.

Die zahlreichen Grünanlagen der Stadt laden ein, die Seele baumeln zu lassen.

SÄCHSISCHE KAFFEELEIDENSCHAFT

Café Albert

Sie müssen sich bei den albertinischen Wettinern nicht zwingend auskennen, wollen Sie hier Station machen, aber vielleicht wäre sogar der sächsische König ganz gern hier eingekehrt. Das gemütliche Eckcafé trägt wie die nahe gelegene Brücke über den Karl-Heine-Kanal seinen Namen – und königlich köstlich sind die Kuchen und Muffins allemal!
Karl-Heine-Straße 74, www.cafealbert.de

Café Corso

Urgemütlich ist dieses kleine Café – und seit 1912 für seine Baumkuchen, Stollen und Leipziger Lerchen berühmt. Vor einigen Jahren leider aus der unmittelbaren Innenstadt herausgezogen, lässt es sich dennoch sehr gut zu Fuß erreichen und genießt bei den Leipzigern vor allem vorweihnachtlichen Kultstatus.
Brüderstraße 6, www.corsoela.de

ALTES MESSEHOF-FLAIR

Barthels Hof

Im barocken ›Durchhof‹ des letzten noch erhaltenen Warenmessehauses in Leipzig befindet sich das Restaurant mit frischer sächsischer Küche. In früheren Zeiten konnte man einfach mit den Pferdewagen hineinfahren, dann die Waren abladen und auf der anderen Seite wieder raus. Ein Restaurant hat es hier schon immer gegeben. Heute präsentiert es eigene Klassiker wie ›Stadtstreichers Schnorrerkruste‹, aber auch ›Mampfe ohne Fleesch‹ für Vegetarier.
Hainstraße 1, www.barthels-hof.de

PACK DIE BADEHOSE EIN …

Cospudener See

›Cossi‹ wird er liebevoll von den Einheimischen genannt. Am Nordufer lockt weißer Sandstrand mit Imbissbuden und Bars. Von hier aus offenbart sich ein wunderbarer Blick in Richtung Süden. Nur schwer lässt sich die frühere Ödnis des ehemaligen Tagebaus vor der Renaturierung erahnen. Der See im Süden von Leipzig ist bequem zu umrunden (knapp 10 km). Ob zu Fuß, per Rad oder Inliner bleibt dabei jedem selbst überlassen … Am Südostufer befindet sich Pier 1 mit Café, Restaurant, Tauchschule, Kitesurf-Station, Sauna, Segelhafen etc. Am Südwestufer erhebt sich auf der Bistumshöhe ein Aussichtsturm, zu dessen Füßen ein netter Crêpes-Stand Süßes bis Herzhaftes anbietet. Vom Turm aus haben Sie einen guten Ausblick auf den Zwenkauer See im Süden, den Markkleeberger See im Osten und den Freizeitpark Belantis.

PATCHWORK IN GRÜN

Clara-Zetkin-Park

Dieses Konglomerat aus mehreren kleineren Parks wurde zu DDR-Zeiten eingerichtet. Es liegt eingebettet in den Leipziger Auwald. Direkt neben dem Clara-Zetkin-Park schließt sich der Johanna-Park an.

Johanna-Park

Die Namensgeberin war die Tochter des reichen Leipziger Bankiers Wilhelm Seyfferth. Sie war unglücklich in einen jungen Mann verliebt, denn ihr Vater hatte längst einen anderen Bräutigam für sie ausgewählt und beharrte auf seiner Wahl. Als seine Tochter an der Tragik dieser Liebe zerbrach, überschrieb der Vater 1881 der Stadt den von Lenné angelegten Park unter der Bedingung, dass er für immer nach seiner Tochter benannt bleibe. Besonders schön ist die kleine Teichanlage mit den beiden hölzernen Bogenbrücken mit direktem Blick auf das Neue Rathaus.

Ein Eldorado für Gäste

Angesichts der Vielzahl unterschiedlichster Unterkünfte sollten Sie sich unbedingt vorher Gedanken darüber machen, wie und vor allem wo Sie wohnen wollen.

In Leipzig gibt es – außer bei Groß-Events wie dem Wave-Gotik-Treffen an Pfingsten – trotz ständig steigender Gäste- und Übernachtungszahlen immer noch einen enormen Überhang an Gästebetten. Daher lohnt es sich fast immer und insbesondere bei längeren Aufenthalten, nach Preisnachlässen zu fragen. Außerdem gibt es besonders günstige Komplettpakete von diversen Reiseveranstaltern, Hotels und der Leipzig Tourismus und Marketing GmbH mit Aktivitäten wie Stadtrundfahrten und Museumsbesuchen.

Wenn Sie als Gruppe oder Familie kommen und vielleicht sogar eine Wohnung mieten möchten, sind Sie auf www.zimmer-in-leipzig.de richtig. Hier erhalten Sie zwar in der Regel nicht allzu viele Informationen über die angebotenen (Ferien-)Wohnungen, können aber per E-Mail die eigenen Wünsche präzise formulieren und aus den erhaltenen Vorschlägen dann das passende Angebot aussuchen.Natürlich gibt es für Leipzig auch die klassischen Buchungsportale:
Airbnb, www.airbnb.de/s/leipzig
Wimdu, www.wimdu.de/leipzig
Mitwohnzentrale, www.mwz-leipzig.de

Kulinarisches Allerlei

Wenn es Sie nach Leipziger Allerlei gelüstet, sollten Sie im Mai herkommen. Nur wenn der Spargel reif ist, kann es mit Flusskrebsen, Morcheln und frischem Saisongemüse als wirkliches Leipziger Allerlei nach Original-Rezept zubereitet werden.

Fast ebenso berühmt, aber um einiges süßer sind die Leipziger Lerchen. Bis 1876 ernährten sich die Leipziger vielfach von den Singvögeln – gebraten, gekocht oder gedünstet –, sie galten als Delikatesse. Als ein Hagelschlag die Vogelbrut plötzlich vernichtete, sorgten schlaue Konditoren für Ersatz aus Mürbeteig und Marzipan.

Außerdem gibt es inzwischen Bach-Würfel (aus Kaffee-Nuss-Trüffel, Marzipan und dunkler Schokolade), die Bachpfeiffen (hauptsächlich aus Kaffeecreme), den Bach-Kaffee, die Bachtorte und sogar Bachtaler – die Analogie zur Mozartkugel.

Im Bereich der Getränke steht natürlich der Kaffee ganz oben auf der Lieblingsliste der Leipziger, und dazu ein schönes Stück Kuchen. Und dann gibt es noch zwei weitere echte Spezialitäten der Stadt: zum einen die Gose, ein obergäriges Bier, das in etwa mit der Berliner Weißen vergleichbar ist, und den Allasch, für den es keinerlei Referenzgetränk gibt. Echter Leipziger Allasch ist ein Kümmellikör, den Sie am besten eisgekühlt oder in Mix-Drinks probieren sollten.

Die Meisterzimmer in der Spinnerei sind etwas Besonderes!

Leipziger Allerlei echt original!

Historisch-moderne City und Lebenskünstler drumherum

Die Leipziger Innenstadt ist zur Freude entschlossener ›Shopper‹ überschaubar. Fast alle Läden, Kaufhäuser und Galerien sind bequem zu Fuß zu erreichen. Im Unterschied zu modernen Shoppingmalls haben Sie hier nicht nur alles dicht beieinander, sondern auch im schicksten, frisch sanierten historischen Gebäudeensemble untergebracht. Um die Attraktivität der Innenstadt weiter zu steigern, haben sich vor einigen Jahren Händler, Gastronomen und Hoteliers in einem Verein zusammengeschlossen.

Wenn die Innenstadt auch unbestritten das Einkaufszentrum Nummer eins der Stadt ist, so lohnt es sich aber vor allem für Entdeckungsfreudige, auch die abwechslungsreichen, ein wenig alternativeren Einkaufmöglichkeiten außerhalb des Zentrums zu (be-)suchen. Wenn Sie abseits vom Mainstreamkommerz stöbern wollen, bummeln Sie am besten auf der Karl-Liebknecht-Straße im Süden, der Könneritz- und der Karl-Heine-Straße im Westen sowie der Waldstraße im Nordwesten.

In all diesen Straßen und ihren kleinen Seitenstraßen haben sich kreative Handwerks- und Lebenskünstler niedergelassen und bieten oft in Eigenproduktion entstandene Waren an.

»Kein Bier schmeckt besser als das letzte!«

Diesen Satz können Sie in Leipzig so lange wahr sein lassen, wie Sie möchten, denn es gibt offiziell keine Sperrstunde. Die meisten Kneipen schließen, wenn niemand mehr bestellt oder nur noch zu wenige (unlustige) Gäste da sind.

Die erste von den offiziellen dreieinhalb Kneipenmeilen Leipzigs ist der Drallewatsch direkt in der Leipziger Innenstadt. Sächsisch »auf den Drallewatsch gehen« bedeutet so viel wie »um die Häuser ziehen«, »etwas erleben«. Bis mindestens 1 Uhr morgens steppt in den aus dem Boden geschossenen Lokalen auch unter der Woche der Bär. Besonders gilt dies im Barfußgässchen am sogenannten Bermudadreieck, wo Nämliches sich mit der Kloster- und der Fleischergasse kreuzt.

Auf Höhe der Thomaskirche geht der Drallewatsch beinahe nahtlos in die ›Schauspielmeile‹ rund um die Gottschedstraße über. Hier geht es nun vermeintlich etwas intellektueller und kreativer zu als in der Innenstadt.

Weiter nach Süden schließen sich die halbe Meile in der Münzgasse und die ›Südmeile‹ auf der Karl-Liebknecht-Straße an. Hier reihen sich individuelle Bars, Cafés und kleine Kneipen aneinander, die nahe Hochschule für Technik, Wirtschaft und Kultur sorgt für studentisches Klientel.

Pussy Galore bietet klare Linien.

Die Karl-Liebknecht-Straße lebt auch nachts und draußen.

Dörfliches Idyll in Luxemburg

Weinberge im Moseltal

Une petite pause

»D'Stad«, wie die Luxemburger ihre Hauptstadt nennen, ist das Herz des Landes. Tiefe Schluchten, von den Flüssen Alzette und Pétrusse in das Felsenplateau gekerbt, durchziehen die Stadt, bieten Besuchern packende Aussichten und »une petite pause«. Enge Altstadtgassen und Einkaufsstraßen verführen zu Bummel und Shopping, ruhige Plätze und Cafés zum Verweilen. Wuchtige Festungsreste und moderne Neubauten, Fast Food und Grande Cuisine, Hektik und Beschaulichkeit liegen hier dicht beieinander – europäisches Flair mit einer Prise Provinz.

Gestatten, Madame: MUDAM!

Blick vom Bockfelsen auf das Alzette-Tal
mit der Abtei Neumünster

Luxemburg liegt Ihnen
zu Füßen.

Das ist Luxemburg

Stellen Sie sich vor, Sie schlagen die Speisekarte auf und entdecken das Menü ›Luxemburg‹. Als Aperitif und Entree gibt es das hügelige Ösling mit seinen gewundenen Tälern in Luxemburgs Norden und die Kleine Luxemburger Schweiz. Mit Gesteinsformen und Grotten, die so bizarr sind wie ihre Namen Piteschkummer, Geyerslay oder Hohllay. Hier lässt es sich prima wandern. Das Hauptgericht: Luxemburg-Stadt, Herz des Landes, weltstädtisch und doch auch einen Hauch provinziell. Zum Dessert dann die Mosel mit ihren gemütlichen Winzerdörfern. Und zum Abschluss noch als Espresso das Gutland und die Minett, das herbe Land der roten Erde. Bei diesem Menü brauchen Sie nicht lange zu überlegen, damit treffen Sie eine gute Wahl – *voilà, bon appétit!*

Das Letzte seiner Art

Luxemburg ist das letzte von einst zwölf europäischen Großherzogtümern. Die Großherzogs, wie die Luxemburger liebevoll ihre Herrscherfamilie nennen, sind Großherzog Henri, Großherzogin Maria Teresa und ihre fünf Kinder, Prinzessin Alexandra, Prinz Louis, Prinz Félix, Erbgroßherzog Guillaume und Prinz Sébastien. Großherzog Henri ist der neunte im Amt, wobei die ersten drei, die Könige der Niederlande, Wilhelm I.–III., gewissermaßen nur nebenher Großherzöge waren. Residenz ist das Palais Grand-Ducal, dessen Lage im Herzen der Stadt Luxemburg die Nähe zur Bevölkerung ausdrückt. Ist dort die Flagge gehisst, ist der Großherzog zugegen.

Goldrausch in Luxemburg

Einst eines der ärmsten Länder, setzte im 20. Jh. ein Wirtschaftswunder ein, das den Zwergstaat zu einem der reichsten Länder der Welt machte. Der Reichtum beruhte auf der Entdeckung eisenhaltiger Erzvorkommen im Süden des Landes. Das ›rote Gold‹ zog Tausende Gastarbeiter aus ganz Europa an. Viele blieben, auch als in den 1970er-Jahren die Schwerindustrie zum Erliegen kam. Angesichts des drohenden Ausbleibens der Finanzen hatte der luxemburgische Staat jedoch schon frühzeitig auf ein anderes Zugpferd gesetzt und besonders günstige Bedingungen für Banken geschaffen. Worauf sich in kurzer Zeit über 200 Banken und Tausende Holdings in der Kapitale niederließen.

Warum nicht erst die Kunst im Musée d'Art Moderne Grand-Duc Jean (MUDAM) genießen und dann an Ort und Stelle ein leckeres Gericht?

Die hiesigen Anbieter von Fleisch, Gemüse und Zutaten halten die Qualitätsmesslatte hoch.

Lëtzebuergesch

Wenn Sie gar nichts mehr verstehen, dann spricht Ihr Gegenüber Lëtzebuergesch, erst seit 1984 offizielle Landessprache. Man ist stolz, über eine eigene Sprache zu verfügen, und sieht sich gegenüber den Belgiern im Vorteil, die so was ja nicht haben. Heißt nicht, sie könnten nichts anderes. Denn dem Luxemburger wird eine beneidenswerte Mehrsprachigkeit gleichsam in die Wiege gelegt. Bereits in der Grundschule lernen die Dreikäsehochs Deutsch und Französisch, später kommen Englisch und oft eine weitere Fremdsprache hinzu.

À la française, ja, aber à la portugaise?

Mittags geht in Luxemburg ähnlich wie in Frankreich bei Banken, Post, Behörden und in Büros gar nichts mehr. Dann wird es in den Cafés, Bistros und Restaurants ganz eng, und nur wer den Mittagspäuslern ein paar Minuten zuvorkommt oder reserviert hat, kriegt dort noch einen Platz. Wundern Sie sich nicht, wenn die Speisekarte auf Französisch ist und der Ober nur Französisch spricht. Denn viele, die in Restaurants bedienen, kommen aus dem südlichen Nachbarland. Oder sie sprechen eine noch südländischere Sprache. Etwa in den portugiesischen Restaurants in Bonneweg, einem Stadtteil von Luxemburg-Stadt, und in Larochette, wo fast die Hälfte der Einwohner aus Portugiesen besteht.

Von Grün bis Rot

Klar doch, die gibt es hier auch, die politischen Schattierungen. Doch spannender sind die Farben, wenn es ums Land geht. Grün – das ist der Norden. Mit großen Wäldern, Flüssen, Seen, Schluchten,

Felsen. Das ist Natur pur, wie in den Naturparks Öewersauer und Our und im Müllerthal, Paradiese für naturnahe Freizeit. Rot – das ist der Südwesten des Landes, ist die Minett. Rot von Eisenerz, das hier lange abgebaut wurde. Hochöfen und alte Erzbahnen sind längst als industrielles Erbe zu Besucherattraktionen geworden. Und schon vermischen sich Rot und Grün, die Natur greift mit langen Fingern in das einst nackte, entblößte Land der roten Erde und überzieht die alte Industriebrache mit grünem Samt.

1. TOUR
2. TOUR
3. TOUR

Flanieren durch Luxemburg

Wuchtige Festungsreste und moderne
Neubauten, Fast Food und Grande
Cuisine, Hektik und Beschaulichkeit liegen hier dicht beieinander –
europäisches Flair mit lokaler Identität.

1. *TOUR*

1000 Jahre in einem Spaziergang –
Der Wenzel-Rundweg

Mächtige Wehrmauern, Kasematten, Zitadellen – die Festung Luxemburg galt einst als starke Bastion. Ein Schlenker in die Geschichte der Stadt und ein Spaziergang auf dem schönsten Balkon Europas.

2. *TOUR*

Kunstbegegnungen –
Auf dem Kirchberg

Das Kirchberg-Plateau ist urbane Spielwiese namhafter Spitzenarchitekten und hochklassiger zeitgenössischer Künstler.

3. *TOUR*

Rasten, schauen, staunen –
Inmitten der Hauptstadt

Kleine Häuser und verwunschene Terrassengärten mit bunten Blumen und Kräutern reihen sich entlang der Alzette.

Der Wenzel-Rundweg

1000 Jahre in einem Spaziergang

Mächtige Wehrmauern, Kasematten, Zitadellen – die Festung Luxemburg galt einst als die stärkste Bastion Europas. Den Nukleus dieses ›Gibraltar des Nordens‹ und damit der Stadt legte ein gewisser Graf Siegfried vor mehr als 1000 Jahren mit dem Bau einer kleinen Burg auf einem Felssporn hoch über der Alzette.

Als Startpunkt für einen Tauchgang in die wechselvolle Historie Luxemburgs empfiehlt sich der Bockfelsen mit den Bock-Kasematten, wo die ›Stad‹ am ältesten ist. Auf der Suche nach einem geeigneten Flecken für eine sichere Residenz war der Ardennergraf Siegfried Mitte des 10. Jh. auf diesen Felsen gestoßen. Von seiner Lützelburg zeugt heute das Monument du Millénaire – freigelegte Mauern der ursprünglichen Festung. Ein Gang führt Sie hinunter in die 1644 von den Spaniern zur Verteidigung angelegten und 1714 von österreichischen Bergspezialisten erweiterten Bock-Kasematten, ein verwirrendes Labyrinth aus in den Fels gehauenen Gängen und Galerien. In den Gewölben konnten sich Tausende Soldaten samt ihrer Pferde verschanzen, für den Fall einer Belagerung wurden Unmengen an Kriegszeug gehortet. Es gab Küchen, Bäckereien und Schlachtereien.

Einst Kloster, später Männergefängnis, heute lebendiges Kulturzentrum: Die Abtei Neumünster blickt auf eine wechselvolle Geschichte zurück.

Unterirdisches Labyrinth aus in den Fels gehauenen Gängen und Galerien: Die Bock-Kasematten wurden 1714 gebaut und dienten im Zweiten Weltkrieg als Luftschutzbunker.

Europas schönster Balkon

Über die Schlossbrücke kommen Sie zur Corniche, dem ›schönsten Balkon Europas‹. Der im 17. Jh. angelegte Wehrgang bietet eine herrliche Sicht auf das Tal der Alzette mit der Unterstadt Grund, auf die Abtei Neumünster, die Wenzelsmauer und das gegenüberliegende Rham-Plateau. Dort, wo die Corniche über die Rue Large führt, verlässt sie den gekennzeichneten Rundweg und gleitet durch das Grundtor unter ihr hindurch in einer Linkswende talwärts zum ›Stierchen‹, einer malerischen Brücke über die Alzette. Rechts klebten im Tutesall 5 einst Häftlinge Tüten: Er gehört zur ehemaligen Abtei Neumünster, die von 1869 bis 1984 als Männergefängnis diente und heute das lebendige Kulturzentrum Abbaye de Neumünster beherbergt.

Vom Fluss zum Monument

Jenseits der Alzette geht es auf der von Wenzel II. angelegten Wehrmauer weiter. Diese hatte 15 Tore und 37 Türme, von denen nur zwei die Schleifung der Festung von 1867 überstanden. Der nächste größere ist der Jakobsturm.

Auf dem Rham-Plateau hatte der Festungsbauer König Ludwigs XIV., Vauban, Kasernen erbaut. Bis zu 1760 Soldaten waren dort stationiert. Es gab zu wenig Betten und so teilten sich jeweils drei Mann eines: Einer hielt sich im Dienst auf, der zweite in Bereitschaft und der dritte konnte zu dieser Zeit schlafen und das Bett nutzen. Die Plateauvorderseite bietet schöne Blicke auf den Felsen mit der gewaltigen Heilig-Geist-Zitadelle von 1884. Eine gewundene Treppe führt nun in das Tal der Alzette, die auf dem Wehrgang ›Maierschen‹ überquert wird. Von der Rue Saint Ulric geht ein schmaler Durchgang an den Fluss, an dem Reste der 1731 von einfallsreichen Militärs erbauten Grund-Schleuse zu sehen sind. Am Flussufer entlang erreicht man eine Brücke und fährt mit dem Lift hinauf zum Heilig-Geist-Plateau und dem Justizviertel mit stattlichen Bauwerken und weitläufigen Plätzen. Nahe dem diesseitigen Brückenkopf des Viaduc Passerelle, auf dem Kanonenhügel, erreichen Sie zum Abschluss das Monument de la Solidarité Nationale. Vor dem modernen Monument brennt die ewige Flamme zum Gedenken an die Toten des Zweiten Weltkriegs.

Durchgang verboten, zumindest für Unbefugte und zumindest im Mittelalter. Der Jakobsturm war gleich vierfach gesichert: durch drei Tore und ein Fallgitter. Bei Tag war von Passierenden am Porthus, einem Häuschen vor dem Tor, Wegegeld zu entrichten.

Auf dem Kirchberg
Kunstbegegnungen

Domizil von Euro und Eurokraten, Freizeit-, Shopping- und Kulturstätten aus Glas, Stahl und Beton und überall faszinierende Kunstwerke – das Kirchberg-Plateau entpuppt sich als urbane Spielwiese namhafter Spitzenarchitekten und hochklassiger zeitgenössischer Künstler.

Auffällig markiert die 20 m hohe, rostige Stahlskulptur »Exchange« von Richard Serra mitten auf einem Verkehrskreisel die Zufahrt zur Stadt. Im Parc du Klosegrënnchen beeindrucken Bertrand Neys wuchtige Granitschale »Coquille« und »L'Arbre à rêves« von Paul Majerus, im Park der Banque Générale du Luxembourg Jean Dubuffets weiße Figurengruppe »Elément d'architecture contorsionniste IV«. Vor der Dekabank wartet im grauen Business-Outfit »Der Lange Banker«. Farbenfroh hingegen leuchtet Giovanni Teconis »La Grande fleur qui marche« wie eine Blume auf zwei Beinen.

Schrottwolken und Muschelschalen

Mit der an eine Wolke aus Schrott erinnernden Plastik »Sarreguemines« setzt Frank Stella den luxemburgischen Stahlkochern ein Denkmal. Vor dem Eingang der von Glaskegeln überkrönten Deutschen Bank entsteigt Markus Lüpertz' »Clitunno« den Fluten, das Foyer dominiert der gewaltige – neun Meter hohe, fünf Tonnen schwere – »Delphi heliotrop« von A. R. Penck.

Vorbei an einer Skulptur ohne Titel (Ulrich Rückriem) erreichen Sie den Parc Central. Ein Hügel mit Paul Majerus' »Branche à rêves« bietet eine schöne Aussicht auf den Park und den Sport- und Kulturkomplex d'Coque mit seinen Dachkonstruktionen in Form riesiger Muschelschalen. Vorbei am Kyosk, einem raffiniert gestalteten Betonklotz von Polaris Architects, geht es zur Philharmonie (Christian de Portzamparc), die mit ihrer linsenförmigen Gestalt einen Kontrapunkt zu den kantig aufsteigenden, turmartigen Hochhäusern bildet, die gleich einem Tor das Ende der Roten Brücke flankieren.

Moderne trifft Tradition

Die zeitgenössische Architektur des Musée d'Art Moderne Grand-Duc Jean (Ieoh Ming Pei) verschmilzt mit der des Fort Thüngen (1732). Die wuchtigen Pulvertürme Trois Glands (Drei Eicheln) bilden den Rahmen für das lange Zeit umstrittene Musée Dräi Eechelen. Hier dreht sich alles um den Bau von Festungen, wobei Luxemburg, das ›Gibraltar des Nordens‹, im Mittelpunkt steht. Weitere Kunstwerke am Weg: »Stuhl«, (Magdalena Jetelova), »Kopf« (Jeannot Bewing), »Non-Violence« (Carl F. Reuterswärd; Revolver mit Knoten im Lauf, das Original befindet sich vor dem UNO-Gebäude in New York) und Marta Pans »Trois Îles«, dreieckige Edelstahl-Inseln, die wie Eisberge aus einem künstlichen See ragen. Ein Stück weiter beeindrucken die glatten Rundungen von Lucien Wercolliers »Africaine«.

Langer Lulatsch mit großen Latschen: Der leicht überdimensionierte Herr Banker, kreiert von der Berliner Künstlergruppe Inges Idee, bringt es nicht nur auf modelhaft lange Beine, sondern auch auf eine veritable Schuhgröße – nämlich 96!

Inmitten der Hauptstadt

Rasten, schauen, staunen

Im Tal der Alzette liegt der Stadtteil Grund, hier ist die Hauptstadt Dorf und Festung zugleich geblieben. Entlang der Alzette kuscheln sich die kleinen Häuschen aneinander. In ihnen wohnten nacheinander Festungsbauer, Müller, Wollschläger, Gerber und Färber. Dann folgten die Mönche aus der Abtei Neumünster, nach dem Zweiten Weltkrieg kamen Gastarbeiter aus Italien und Portugal und heute leben hier betuchte Oberstädter.

Wer nur mal kurz reinschnuppern will in den Grund, der biegt hinter der Brücke nach links ab in die Rue Munster. Im vorderen Teil des alten Abteikomplexes ist heute das sehenswerte Musée National d'Histoire Naturelle untergebracht.

Zurück ins Mittelalter: Am Stierchen zieht nicht nur der Abteikomplex die Blicke auf sich, sondern auch der mächtige Bockfelsen und die Festungsmauern, über die noch die Häuser der Altstadt lugen. Dazu gesellen sich kleine, verwunschene Terrassengärten mit bunten Blumen und Kräutern. Ein Ort zum Rasten, Schauen, Staunen.

Flanieren durch die Abtei

Hinter dem Natur- und Geschichtstempel stößt man auf die Kirche St-Jean Baptiste, die drei flämische Barockaltäre und eine kostbare schwarze Madonna aus dem 14. Jh. beherbergt. Die schwarze Madonna stand früher in der Pestkapelle der Franziskanerkirche, ihre dunkle Hautfarbe geht zurück auf die Zeit, als man sie gegen den ›Schwarzen Tod‹ anrief. Die Kirche grenzt an das Kulturzentrum Abbaye de Neumünster, ein weiteres Beispiel gelungener Renovierung alter Bausubstanz in der Stadt. Hier finden Ausstellungen, Konzerte und Seminare statt. Sie können aber auch einfach zwang- und kostenlos durch die schönen Räume der alten Abtei flanieren, sich umschauen und die Ruhe genießen.

KEIN RINDVIEH IM DORFIDYLL

Über den großen Platz geht es zum Stierchen, der Steinbrücke, deren Name nichts mit einem männlichen Rindvieh zu tun hat, dessen Herkunft den Sprachwissenschaftlern aber trotzdem viele Rätsel aufgibt. Sie müssen auch gar nicht miträtseln, genießen Sie einfach diesen Ort. Denn dies ist einer der schönsten und romantischsten Plätze der Stadt, wo noch spürbar ein Hauch von Mittelalter weht.

II

Pausieren in Luxemburg

Alte Stadt, ganz jung

Lady in Pink: Seit 2015 sitzt Melusina, Graf Siegfrieds Nixe, an der Alzette vis-à-vis der Abtei Neumünster.

CONFISERIE

Namur

Ob zum Küchlein, heißer Schokolade oder zum Frühstück mit leckeren Croissants – hier sind Sie richtig.

27, rue des Capucins, www.namur.lu

BURGER UND JUKEBOX

Memphis Coffee

Musik aus den 50ern kommt aus der Jukebox, aus der Küche werden Burger wie ›Sloopy Joe‹, ›Rocky‹, ›Crazy Memphis‹ und ›New Orleans‹ oder das ›BLT-Sandwich‹ serviert – und Steaks. Alles nix für Vegetarier! Und schon gar nicht für Veganer!

233, rue de Beggen,
www.memphis-coffee.com

KUNST UND KULINARISCHES

MUDAM Café 3

Im Café des Museums wird kulinarische Kunst zelebriert. Mittags gibt es Köstliches aus regionalen Produkten und lokale Spezialitäten, auch vegetarische und vegane Speisen.

3, Park Dräi Eechelen,
www.mudam.lu/de/le-musee/boutique-cafe

NATUR TRIFFT KUNST

Parc Tony Neuman

Im Stadtteil Limpertsberg finden Sie diesen schön angelegten Park, der mit Pflanzenreichtum und elegant angelegten Wegen punktet und zudem ein Kunsterlebnis in Gestalt einer Skulpturensammlung bietet. Einige Exemplare stammen von namhaften Luxemburger Künstlern.

Avenue de la Faïencerie

ECHTE NAHERHOLUNG

Parc Merl-Belair

Wenn Sie sich von einer Shoppingtour erholen möchten, brauchen Sie gar nicht weit aus dem Stadtzentrum herauszulaufen, denn der hübsche Park mit Weiher liegt ganz in der Nähe und lädt mit Bänken zu einer wohlverdienten Rast ein.

bd. Pierre Dupong

IM REICH DER BÄUME

Arboretum

Nicht nur gestresste Mitarbeiter der europäischen Institutionen können hier eine Pause machen. Auch Besucher finden auf ca. 30 ha ein wahres Baum- und Strauchparadies vor. Wenn Sie mögen und auf der nächsten Party mit Ihrem Wissen glänzen möchten, führen Sie sich ruhig die botanischen Namen zu Gemüte, denn die stehen auch auf den Schildern. Oder aber Sie versenken sich einfach nur in den Anblick der zahlreichen Bäume und lassen sich auf deren Ruhe und Erhabenheit ein. Das Arboretum erstreckt sich gleich über drei Parks: den Parc du Klosegrënnchen, den Parc Central und den Park Réimerwee.

Europaviertel Kirchberg

QUELL DER RUHE

Quirinuskapelle

Sie mögen es ein klein bisschen verwunschen? Dann sollten Sie sich ins Tal der Pétrusse begeben, in das sich die steinerne Kapelle seit dem 11. Jh. schmiegt. Und schmiegen ist hier ganz im wörtlichen Sinn gemeint: Die Kapelle wurde zum Teil in den Fels gehauen. Das Wasser sprudelnden Quelle soll heilkräftige Wirkung haben. Ob es stimmt, sei dahingestellt, aber schön ist es an der Quirinusquelle allemal.

Rue Saint Quirin

*Trendiger Szenetreff: das ehemalige
Gelände der Brauerei Mousel & Clausen*

Schäfchen zählen

Nur historisch-gediegene Herbergen in der alten Stadt, um das müde Haupt zu betten?

Weit gefehlt. Die Bankenmetropole wartet – natürlich – mit Luxusetablissements der ganz gehobenen Klasse für den ebenso gehobenen Geldbeutel auf. Aber auch modernes Design, zweckmäßige Pragmatik und ländlich angehauchte Behaglichkeit sind zu haben – und das zu bezahlbaren Preisen.

Kunstvoll übernachten im modern-stylishen Hotel Simoncini

Gebratene Hähnchen

Nein, die fliegen Ihnen auch in Luxemburg nicht einfach so in den Mund.

Dennoch darf die Hauptstadt sich brüsten, ein kulinarisches Schlaraffenland zu sein, in dem sich – kreativ umgesetzt und häufig auch noch in Bioqualität aus regionalen Betrieben – auf den Tellern der gutbürgerlichen Restaurants deutsche Deftigkeit und Fülle mit französischem Raffinement paaren.

Shopping-rausch

Das Angebot an Ladengeschäften in der Stadt ist ausgesprochen reichhaltig und bietet für jeden Geschmack und für kleine und große Geldbeutel etwas.

Nutzen Sie also die Gelegenheit und machen Sie einen Bummel durch die Shoppingvielfalt der Hauptstadt. Von elegant bis hip, von exklusiv bis Trödel – was auch immer Sie begehren, die Wahrscheinlichkeit ist groß, dass Sie es bekommen.

Kneipenhopping gefällig?

Dazu lädt eine Vielzahl von Cafés, Bars, Bistros, Clubs und Discos ein für Tagträumer und Bummler durch die Nacht.

In der Altstadt kann man zu Fuß bequem von einem Lokal zum nächsten wechseln und schauen, wo es einem am besten gefällt. Sie sind eher der Typ fürs Gediegene? Kein Problem, Theater und Philharmonie halten für Kunst- und Kulturbeflissene ein entsprechendes Programm bereit.

Rekordverdächtig in puncto Wein und zudem gemütlich: das Chiggeri

Kunstsinniges zum Kauf im MUDAM, dem Musée d'Art Moderne

Erste Adresse für den abendlichen Auslauf: die Rives de Clausen

4,5 km Grün in Münster

Kreativkai im Hafen am
Dortmund-Ems-Kanal

Lustwandeln unter Linden

Einst sollten hier die ›störenden‹ Radfahrer aus dem Straßenverkehr verschwinden. Heute ist der grüne Gürtel rund um die
Altstadt eine der wichtigsten autofreien Verkehrsadern von
Münster. Genießen Sie einen ausgedehnten Bummel oder
eine Radtour über die 4,5 km lange Allee im Schatten von
2000 mächtigen Linden.

*Sieben Kilometer vom Zentrum entfernt
und Romantik pur: Hof zur Linde*

Der St.-Paulus-Dom im Abendlicht

*Detail der astrono-
mischen Uhr am Dom*

Das ist Münster

Die Münsteraner sind Lob gewohnt. Die Stadt gilt als Klimahauptstadt, sogar als »lebenswerteste Stadt der Welt«. Die 310 000 Einwohner freuen sich über den Mix aus historischer Postkartenidylle und zeitgenössischen Akzenten, aus studentischer Dynamik und Traditionsbewusstsein, aus großstädtischem City-Leben und ländlicher Umgebung. Trotz des enormen Wachstums bleibt die Stadt weiterhin ›im Grünen‹. Selbst zu Fuß ist man von der Altstadt schnell am Aasee. Und auch die grüne Parklandschaft des Münsterlandes und die Wasserburgen sind nicht weit weg.

Uni und Studentenleben

Münster ist eine junge Stadt mit rund 60 000 Studierenden an der Westfälischen Wilhelms-Universität und den acht weiteren Hochschulen. Allein die WWU bietet ihren 45 000 Studierenden mehr als 280 Studiengänge. Weil es in Münster keinen zentralen Campus gibt, verteilen sich die Lehr- und Forschungsgebäude vom Domplatz aus vor allem im Westen der Stadt. Ohne Studenten wäre Münster heute gar nicht mehr vorstellbar.

Fahrradhauptstadt

Schon die Zahlen an sich sind beeindruckend: Die Münsteraner besitzen rund eine halbe Million Drahtesel und sind um die 400 000 Mal pro Tag auf ihrer ›Leeze‹ in der Stadt unterwegs. Damit hat die Fortbewegung auf dem Fahrrad den größten Anteil am städtischen Verkehr. Es gibt sogar drei Fahrradparkhäuser. Besonderes Highlight ist für Radfahrer die schöne Promenade rund um die Altstadt, wo es allerdings schon mal voll werden kann. Und ausgezeichnet wurde Münster ebenfalls mehrfach: zur fahrradfreundlichsten Stadt Deutschlands.

Wilsberg, Tatort und Co.

Auch in Film und Fernsehen müssen die Protagonisten natürlich aufs Rad, um authentisch zu bleiben. Privatdetektiv Georg Wilsberg und Hauptkommissar Frank Thiel klären regelmäßig mysteriöse oder skurrile Mordfälle auf. Bei ARD und ZDF gehören die beiden Krimireihen »Wilsberg« und »Tatort« zu den beliebtesten Sendungen und haben Münster im Fernsehen einen Stammplatz verschafft.

Genießen Sie einen Bummel oder eine Radtour auf dem 4,5 km langen Promenadenring im Schatten von 2000 mächtigen Linden.

Im hinteren Teil des Hafens bleiben die alten Speicher erhalten. Und das ist auch gut so.

Skulpturen-Metropole

Seit 1977 finden alle zehn Jahre internationale Skulpturenausstellungen statt. Diese Großevents haben die Stadt verändert, denn die Künstler dürfen sich bei den »Skulptur Projekten Münster« den Ort ihrer Installation selbst aussuchen. Nicht wenige rückten Gebäude wie den Zwinger, eine ehemalige Tankstelle oder sogar eine Toilette in ein neues Licht. Mittlerweile haben renommierte Bildhauer wie Eduardo Chillida, Henry Moore und Ilya Kabakov in Münster ihre Arbeiten dauerhaft hinterlassen.

Wiedertäufer

Hoch am Turm der Lambertikirche hängen noch immer die drei Käfige, in denen 1536 die Leichen von Jan van Leiden, Bernd Knipperdollinck und Bernd Krechting zur Abschreckung ausgestellt wurden. Was war im so katholischen Münster geschehen? Aufgerüttelt vom wortgewaltigen Prediger Bernhard Rothmann setzte sich hier 1532/33 die Reformation durch, was auch Bischof Franz von Waldeck vertraglich zunächst akzeptierte. Doch innerhalb eines Jahres radikalisierten sich Rothmann und die Bürgerschaft weiter, bis 1534 die Täufer die Mehrheit im Rat errangen. Der holländische Prophet Jan Matthys sah in Münster das »Neue Jerusalem«, es kam zu Bilderstürmen, Andersgläubige wurden vertrieben. Nach Matthys Tod machte sich Jan Bockelson, genannt Jan van Leiden, zum König des Täuferreichs. Er setzte seine Herrschaft rigoros durch, doch 1535 konnte der Bischof die ausgehungerte Stadt schließlich durch Verrat erobern. Die drei führenden Wiedertäufer wurden am 22. Januar 1536 auf dem Prinzipalmarkt vor dem Rathaus zunächst gefoltert und dann hingerichtet.

Masematte

Münster hat eine sprachliche Besonderheit: In der zweiten Hälfte des 19. Jh. entwickelte sich in den Arbeiter- und Handwerkervierteln eine Subkultur mit eigener Geheimsprache: Masematte. Manche Wörter sind davon in den Alltagsgebrauch übergegangen: ›jovel‹ bedeutet gut, ›schovel‹ schlecht oder gemein. Am Wochenende gehen die Münsteraner ›schwofen‹ (tanzen) und gern nutzen sie ihre ›Leeze‹ (Fahrrad).

Das Münsteraner Schloss ist heute Sitz der Univerwaltung.

1.
TOUR

2.
TOUR

3.
TOUR

Flanieren durch Münster

1. *TOUR*

Studikneipen und Botanik –
Vom Dom zum Schloss

Das Kuhviertel ist die Ausgehmeile Münsters. Jenseits des Schlossplatzes zieht das barocke Schloss alle Blicke auf sich. Unbedingt anschauen: den botanischen Garten im Park.

2. *TOUR*

Grünes Juwel der Stadt – **Die Promenade**

Aus den ehemaligen Wallanlagen ist ein grünes Band rund um die Stadt gewachsen. Im Sommer verwandelt sich die Promenade häufig in einen Flohmarkt.

3. *TOUR*

›Pilgern‹ auf dem Prozessionsweg –
Zur Werse

Der schön angelegte Weg im Osten von Münster führt aus der Stadt hinaus zur malerischen Pleistermühle. Dort kann man zu einer erholsamen Kanutour starten.

Vom Dom zum Schloss

Studikneipen und Botanik

An der Westseite des Domplatzes beginnt das zentrale Universitätsviertel: Hörsaalgebäude, Wohnheime und Cafés bestimmen im Schatten der gotischen Überwasserkirche das Bild. Auch das daran anschließende Kuhviertel mit der Brauerei Pinkus eignet sich hervorragend für eine Pause mit Kaffee oder Bier. Als Schlusspunkt der Tour empfehlen sich Schloss und botanischer Garten.

Das Uniiviertel beginnt am westlichen Rand des Domplatzes: Das Fürstenberghaus (Nr. 20–22) beherbergt u. a. das Historische Seminar und im Erdgeschoss das Archäologische Museum. In einer so großen Universität wie in Münster kamen und gingen natürlich auch berühmte Studenten und Professoren. So hielt im Juni 1963 der spätere Papst Joseph Ratzinger als Ordinarius für Dogmatik und Dogmengeschichte just im Fürstenberghaus seine Antrittsvorlesung.

Univiertel am ›Fluss‹

Als einziger Rest des Jesuitenkollegs aus dem 16. Jh. blieb am Ufer der Aa die Petrikirche (1590–97) erhalten, die stilistisch spätgotische und

Postkartenidyll: die Kneipenmeile Kreuzstraße im Kuhviertel

Renaissanceelemente vereint. Heute dient sie der katholischen Studentengemeinde und dem Gymnasium Paulinum für ihre Gottesdienste.

Hier trifft man auch auf Münsters ›Fluss‹: Die kleine Aa ist im Stadtzentrum weitgehend in ein betoniertes Bett gezwängt und wird bei Wassermangel im Aasee zu einem kleinen Rinnsal. Jenseits der Aa erstrecken sich weitere zentrale Unigebäude: Geradeaus ist das Juridicum Heimat der Juristischen und Wirtschaftswissenschaftlichen Fakultäten. Schräg rechts verfügt die Universitäts- und Landesbibliothek als westfälische Zentralbibliothek unter ihren 2,7 Mio. Bänden über kostbare Wiegendrucke und Handschriften.

Sehr reizvoll ist das kleine Stück Fußgängerweg nach rechts an der Aa entlang, das auch durch den bischöflichen Garten führt. Der Pfad endet am Spiegelturm, wo man die Aa nach links überquert. In diesem Bereich wirkt die üppige Flussvegetation fast schon submediterran – und wird im Frühjahr am schnellsten bunt.

Überwasserkirche

Wuchtig und beeindruckend ragt die gotische Überwasserkirche empor, die auf fast 1000 Jahre Geschichte zurückschaut. 1040 wurde eine erste Kirche für ein adliges Damenstift im Beisein von König Heinrich III. geweiht. Da dieses Stift vom Dom aus auf der anderen Aa-Seite liegt, erhielt es bald den Namen ›Überwasser‹. Erst 100 Jahre später wurde es in die wachsende Stadt integriert. Die heutige Hallenkirche entstand im 14. Jh., 1773 wurde darin der Baumeister Johann Conrad Schlaun beerdigt. Auf dem Kirchplatz findet in der Adventszeit ein kleiner, aber sehr stimmungsvoller Weihnachtsmarkt statt.

Dreimal im Jahr steigt auf dem Schlossplatz der Send, der größte Kirmesrummel im Münsterland. Im Sommer gibt es vor dem Schloss außerdem ein Open-Air-Kino, Zirkus und das ›Turnier der Sieger‹ für Pferdefans oder alle, die es werden wollen.

Altbierbrauerei und Studikneipen

Vom Westeingang der Überwasserkirche geht es rechts zum lauschigen Rosenplatz am Zugang zum Kuhviertel. Hier befindet sich Münsters letzte Altbierbrauerei, Pinkus Müller von 1816. Schon auf dem Platz stehen Kneipentische, u. a. der Pinkus Müller Biergalerie. In der angrenzenden Kreuzstraße geht es dann in den bunt restaurierten kleinen Ackerbürger- und Handwerkerhäusern sehr gesellig zu. Hier sorgen die Pinkus Müller Altbierküche sowie urige Studikneipen wie die Cavete und Das Blaue Haus für Stimmung.

Schloss und fürstlicher Park

Westlich der Promenade zieht das ehemals fürstbischöfliche Schloss alle Blicke auf sich. Der Bau wurde 1767 von Johann Conrad Schlaun im Auftrag von Fürstbischof Maximilian Friedrich in Angriff genommen und die Mischung aus rotem Backstein und hellem Baumberger Sandstein trägt unverwechselbar seine Handschrift. Im 19. Jh. zog die preußische Provinzialverwaltung ein, 1945 wurde das Schloss weitgehend zerstört und nach dem Wiederaufbau zum Zentralgebäude der Universität. Auf der Rückseite erstreckt sich der wunderbare Park des Schlossgartens mit seinem alten Baumbestand. Schon 1803 wurde hier der botanische Garten gegründet, der sich mit seinen zehn Gewächshäusern und rund 8000 Pflanzenarten zu einem innerstädtischen Idyll entwickelt hat. Der 4,6 ha große Park wird von der Uni verwaltet und dient auch als Lehrgarten. Ein Ort der Ruhe!

Das Schloss

Die Promenade

Grünes Juwel der Stadt

Wie ein grünes Band zieht sich die 4,5 km lange Promenade rund um die Münsteraner Innenstadt. Einst befanden sich hier die mächtigen Wallanlagen, heute genießen Radfahrer und Spaziergänger die prächtige Lindenallee. Ein Rundgang beginnt am herrschaftlichen Schloss und führt u. a. zum Aasee, zum Museum für Lackkunst und zum Buddenturm. Im Sommer verwandelt sich die Promenade mehrfach in einen Flohmarkt.

Bis ins 18. Jh. war Münster eine stark befestigte Stadt, doch nach dem Siebenjährigen Krieg (1756–63) wurden die militärtechnisch überholten Befestigungsanlagen geschliffen, und niemand Geringeres als der Barockbaumeister Johann Conrad Schlaun ließ auf den äußeren Wallanlagen einen grünen Promenadengürtel rund um Münster anlegen. Er schenkte der Stadt damit eine ihrer schönsten Grünflächen, die mit rund 2000 Lindenbäumen eine vollständig geschlossene Allee bildet.

Alter Zoo und Aasee

Der Weg führt zunächst nach Süden über die Gerichtsstraße hinweg zum Ausfluss der Aa. Rechts befand sich auf dem Gelände der heutigen LBS bis 1973 der alte Zoo von Münster. Ein kleiner Abstecher führt rechts zu der versteckt liegenden romantischen Tuckesburg, die 1892 der Münsteraner Zoogründer Professor Landois für sich selbst errichtete. Jenseits der Himmelreichallee liegt der 1887 eröffnete parkähnliche Zentralfriedhof. Nun geht es über einen sehr schönen, höhergelegenen Teil der Promenade unter dichten Bäumen weiter. Alternativ gelangt man am Ufer der Aa mit einem kleinen Schlenker auch direkt zum Aasee.

Feilschen gehört zum guten Ton auf dem Promenaden-Flohmarkt.

Baum-Tunnel

An der Windthorststraße lohnt rechts ein Blick in das Museum für Lackkunst in der stattlichen Villa Bönninghausen. Die rund 2000 Stücke umfassende Sammlung der BASF Coatings AG zeigt auf zwei Stockwerken vor allem Stücke aus Ostasien und Europa. Der folgende Abschnitt der Promenade ist im Sommer so dicht begrünt, dass man sich in einem Tunnel wähnt.

Schlanker Turm auf Wiese

Eindrucksvolle mächtige Linden prägen auch die nördliche Promenade, welche die Altstadt vom schmucken Kreuzviertel trennt. An der Kreuzung mit der Nordstraße ist der auffällige Buddenturm aus dem 12. Jh. das letzte Relikt der ersten mittelalterlichen Stadtmauer. Der schlanke Turm blieb als einziger erhalten und steht heute frei auf einer Wiese. Dahinter erstrecken sich zur Linken die Gassen des Kuhviertels mit seinen zahlreichen und beliebten Restaurants und Studentenkneipen. Ein letztes Stück herrlicher Promenadenallee führt dann schließlich zurück zum zentralen Schlossplatz.

H
HÄNDLER

Der attraktive Flohmarkt steigt an der Promenade an jedem 3. Samstag im Monat von Mai bis September. Er erstreckt sich vom Schlossplatz bis zur Himmelreichallee und zum Stadtgraben. Im nördlichen Bereich sind eher kommerzielle Händler zu finden, im südlichen Hobby-Händler und der Kinderflohmarkt.

Zur Werse

Pilgern auf dem Prozessionsweg

Der Osten von Münster ist entlang der aufgestauten Werse landschaftlich reizvoll und ein Idyll für Kanuten, Spaziergänger und Radfahrer. Der wunderbar angelegte Prozessionsweg führt aus der Stadt hinaus zur malerischen Pleistermühle. Dort kann man zu einer erholsamen Kanutour starten.

Diese 12 bzw. 18 km lange Tour lässt sich gut per Rad durchführen. Ausgangspunkt ist die Promenade in Höhe der Salzstraße. Von dort geht es über die Warendorfer Straße, dann über die Oststraße und den Mauritz-Steinpfad zur ersten Station.

Prozessionsweg

Die Pfarrkirche St. Mauritz wurde schon um 1070/80 vor den Toren von Münster gegründet. Das dazugehörige Stift wurde 1811 aufgelöst. Von der ursprünglich romanischen Kirche sind noch die beiden schlanken Osttürme erhalten, die damit zu den ältesten Bauresten Münsters zählen. Auch die Erphokapelle stammt aus dem 12. Jh. Der um 1470 errichtete Chor ist hingegen spätgotisch geprägt.

Am Friedhof vorbei ist beim Mauritz-Lindenweg der Beginn des Prozessionswegs erreicht. Er geht auf das Jahr 1609 zurück und wird bis heute für Wallfahrten nach Telgte genutzt. Die üppige Lindenallee ist eine der schönsten in Münster und führt schnurstracks zum Dortmund-Ems-Kanal, der in den nächsten Jahren ausgebaut werden soll.

Warum nicht mal Kanu?

Jenseits des Kanals wurde das Weiße Kreuz 1708 von Johann Wilhelm Gröninger geschaffen. Nun bestimmen Wald und Wiese das Bild, bevor es durch den Villenvorort St. Mauritz weiter geradeaus geht. Auf dem letzten Stück säumen inmitten grüner Felder hohe Bäume den Prozessionsweg, bis er an einer roten Wallfahrtskapelle (1897) endet. Ab hier führt der Pleistermühlenweg rechts nach 1 km zum malerischen Ensemble der Pleistermühle. Der Landgasthof sorgt für gute Verpflegung. Gleich nebenan ermöglicht eine Kanustation den Umstieg ins Boot, um die aufgestaute Werse in aller Ruhe zu erkunden.

Abkühlung gefällig?

Eine sehr schöne, 6 km lange Schleife führt am westlichen Werse-Ufer über den naturnahen Rad-/Fußweg nach Süden Richtung Stapelskotten. So gelangt man auch in einen verbliebenen Auwaldbereich, der unter Naturschutz steht. Am gegenüberliegenden Ostufer entstanden im Laufe der Zeit Ferienhäuser und das einladende Freibad Stapelskotten.

Am östlichen Werse-Ufer geht es zurück zur Pleistermühle und von dort über den Hinweg zurück in die Stadt.

Ideal für eine Kanutour: die Werse an der Pleistermühle

Einst Teil der mittelalterlichen Stadtmauer: der Buddenturm

II

Pausieren in Münster

Die Billardkugeln von Claes Oldenburg sind ein Wahrzeichen der Stadt geworden und Teil des Skulpturenparks am Aaseeufer

»O, schaurig ist's, übers Moor zu gehen«: das Venner Moor

SYMPATHISCHES ECKCAFÉ

Kaffeegiesserei

In dem trendigen Café nahe des Stadthafens wird auf Qualität geachtet: Neben Baguettes der Vollwertbäckerei Cibaria gibt es Leckeres aus der Hafenkäserei, vom Biohof Büning und Kuchen aus der Konditorei Issel.

Hansaring 14, www.kaffeegiesserei.de

WIE BEI OMA

Teilchen & Beschleuniger

Das urgemütliche Retro-Café östlich des Hauptbahnhofs hat in Münster die 1950er-Welle losgetreten. Leckeres Frühstück und selbst gebackene Kuchen (›Teilchen‹) sowie eine Kaffeemischung mit dem Namen ›Beschleuniger‹ sind die tragenden Säulen des stimmigen Konzepts.

Wolbecker Str. 55,
www.teilchenundbeschleuniger.de

URIGES FACHWERKHAUS

Drübbelken

Eine der stimmungsvollsten Gaststätten Münsters liegt in einer Seitengasse im Kuhviertel. Das Fachwerk wurde allerdings erst nach einem Brand in den 1960er-Jahren ›importiert‹. Im Obergeschoss wurde ein ›Kleiner Friedenssaal‹ nachgebaut. Die breit gefächerte Speisekarte hat einen westfälischen Einschlag und passt zur rustikalen Einrichtung.

Buddenstr. 14–15, www.druebbelken.de

SCHWIMMEN AN SEE UND PROMENADE

Hallenbad Mitte

An der südwestlichen Promenade ist das städtische Hallenbad gerade im Winter ein beliebter Treffpunkt. Die große Halle hat eine fantastische Fensterwand zur Promenade raus, es gibt zusätzlich ein Sprudel- und Kinderbecken sowie ein Solarium und einen Fitnessraum.

Badestr. 8, www.stadt-muenster.de/sportamt/baeder/hallenbad-mitte.html

See, Heide und Wald
Hiltruper See und Hohe Ward

Im äußersten Süden von Münster beginnt am 15 ha großen Hiltruper See das Waldgebiet der Hohen Ward. Zum Dortmund-Ems-Kanal sind es von der ehemaligen Sandgrube nur wenige Meter, das Freibad Hiltrup lockt im Sommer die Gäste an. Am See gibt es eine kleine Heidefläche und zu beiden Seiten der Eisenbahn lädt das Wasserschutzgebiet der Hohen Ward zum Spazieren, Radeln und Reiten ein.

Westfalenstraße/Zum Hiltruper See

DROSTENHOF UND TIERGARTEN

Wolbeck

Im Südosten von Münster verfügt Wolbeck über einen sehenswerten Drostenhof aus der Mitte des 16. Jh., in den sich der Münsteraner Fürstbischof während der Reformation zurückgezogen hatte. Während von der Burg nichts erhalten blieb, glänzt der Drostenhof im Renaissancestil noch heute. Südöstlich des Ortskerns steht der 288 ha große herrliche Mischwald des Wolbecker Tiergartens unter Naturschutz. Einst jagten hier die Fürstbischöfe, heute kann sich ein Teil als ›Naturwaldzelle‹ bzw. ›Wildnisgebiet‹ sogar ohne menschliche Bewirtschaftung entwickeln. Besonders idyllisch ist es in der Angel-Aue rund um das ehemalige fürstbischöfliche Jagdhaus (1712). Der NABU hat hier einen 6,2 km langen Lehrpfad eingerichtet und einen Faltplan dazu aufgelegt.

Drostenhof: Am Steintor 5

Westfälische Ruhe

Münster ist im Übernachtungssektor sehr gut aufgestellt. Es gibt viele Qualitätshäuser mit drei und vier Sternen, die entweder verkehrsgünstig zentral oder schön im Grünen liegen. Pensionen und B & Bs gibt es weniger, dafür zusätzlich ein komfortables Jugendgästehaus und zwei nette Hostels. Am Stadtrand locken zudem komfortable Landgasthöfe.

Trotz des großen Zimmerangebots sollte vor allem an Wochenenden rechtzeitig gebucht werden. Im Hostelbereich ist zudem der Semesteranfang im Herbst und im April Hochsaison.

Wer in Münster übernachten möchte, sollte im Vier-Sterne-Sektor mit 100–200 € pro Nacht im Doppelzimmer kalkulieren, wobei einige Häuser das Frühstück zusätzlich berechnen. Im Drei-Sterne-Bereich ist mit 75–150 € inkl. Frühstück zu rechnen. Oft variieren die Preise je nach Auslastung. Für Ferienwohnungen bezahlen zwei Personen 50–80 € (ohne Frühstück). Bei einem Kurzaufenthalt von ein bis zwei Nächten sind für manche Ferienwohnungen Zuschläge fällig. In den Hostels schlafen Einzelgäste in Mehrbettzimmern ab 17 €, DZ gibt es ab 50 € (ohne Frühstück). Seit 2016 kassiert Münster pro Übernachtung eine kommunale Beherbergungssteuer von 4,5 %.

Für Radfahrer gilt: Nur wenige Hotels bieten eigene Leihräder an.

Günstig schlafen in der Sleep Station

Von Westfalen in die Welt

Gastronomisch hat Münster aufgrund seiner recht unterschiedlichen Milieus sehr viel zu bieten: So finden sich in der Innenstadt zahlreiche Traditionslokale, die typisch westfälische Spezialitäten auf den Tisch bringen. Die regionale Küche erlebt wieder Hochkonjunktur und ist qualitativ sehr gut. Und natürlich gibt es hervorragende Restaurants mit Spezialitäten aus aller Welt sowie echte Gourmet-Tempel.

Vor allem durch die Studentenszene ist das Gastro-Angebot im Lauf der Zeit viel weltoffener, internationaler und moderner geworden. Hier haben sich gastronomische Parallelwelten mit reichlich Auswahl entwickelt. Auch in Münster sind z. B. Tapas-Bars im Trend, der Café-Sektor boomt und leckere vegetarische und vegane (Bio-)Gerichte finden sich auf vielen Speisezetteln.

Die Restaurants sind im Allgemeinen von 11.30–23/24 Uhr geöffnet. Manche Lokale schließen nachmittags und/oder am Sonntag. Einige gehobene Restaurants öffnen nur abends, Cafés auch schon morgens. Preislich gesehen liegen die Restaurants in Münster weit auseinander: In der Studentenszene kann man günstig zu Mittag essen, Cafés und Bistros liegen zumeist bei ca. 6–13 €, in der Mittelklasse sind rund 10–20 € angesagt, während im Gourmet-Bereich auch das Doppelte für ein Hauptgericht anfallen kann.

Pillewörmer sind zum Glück nicht etwa Regenwürmer, sondern Schinkenstreifen.

Shoppen mit Stil

Die Innenstadt von Münster ist die wichtigste Shoppingadresse für das ganze Münsterland. Vor allem samstags strömen viele Besucher in die Altstadt. Dementsprechend findet sich ein sehr breites Angebot, das viele Ansprüche abdeckt.

Vom Prinzipalmarkt über die Bogenstraße, den Roggenmarkt und den Spiekerhof säumen zum Teil sehr exklusive Mode- und Schmuckläden die seitlichen Bogengänge und machen diesen Straßenzug zu einer der teuersten Shoppingmeilen in Nordrhein-Westfalen. Aber natürlich finden sich auch kleine Fachgeschäfte und große Kaufhäuser.

Die bunten Wochenmärkte auf dem Domplatz und die Flohmärkte auf der Promenade sind über die Jahre selbst zu Touristenattraktionen geworden. Ein Bummel über den Wochenmarkt vermittelt viel vom Lebensgefühl in Münster und der Flohmarkt ist ein Paradies für Schnäppchenjäger. Dazu gibt es kleine Wochenmärkte in den Stadtvierteln und einen Biobauernmarkt ebenfalls auf dem Domplatz.

Ab Ende November verwandelt sich die Stadt in eine stimmungsvolle Bühne für die bunten Weihnachtsmärkte, die aus dem gesamten Umland und sogar den benachbarten Niederlanden Gäste anlocken. Die Märkte sind auf mehrere Plätze der Altstadt verteilt und bringen so ihren besonderen Charakter erst so richtig zur Geltung.

Picheln und schwofen

Wie bei einer großen Universitätsstadt nicht anders zu erwarten, ist das Unterhaltungsangebot in Münster schier unendlich und bietet für jeden Geschmack und Geldbeutel etwas. Neben den rustikalen westfälischen Traditionslokalen in der Altstadt finden sich moderne Bars sowie eine große Zahl an studentischen Cafés und Kneipen.

Mehrere Theater sorgen zudem für hochwertige Kulturangebote, und hervorragende Programmkinos zeigen mehr als nur Blockbuster-Filme. Dazu kommen zahlreiche Locations für Livemusik sowie Diskos für Nachtschwärmer – vor allem am Wochenende hat man die Qual der Wahl. Auch die schwul-lesbische Szene wird in Münster angesprochen. Aktuelle Infos dazu finden sich z. B. auf: www.kcm-muenster.de.

Was das Nightlife angeht, hat Münster eine gute Mischung aus Tradition und Moderne hinbekommen, die auf das ganze umliegende Münsterland ausstrahlt. ›Picheln‹ und ›schwofen‹ (Masematte für trinken und tanzen) ist in Münster sehr gut möglich. Zur Attraktivität trägt bei, dass es ein gut ausgebautes Nachtbusnetz in der Stadt und am Wochenende auch ins Umland gibt. In Münster selbst verkehren die Nachtbusse unter der Woche bis ca. 2 Uhr ab Hauptbahnhof, am Wochenende sogar rund um die Uhr.

Einfach erfrischend: Wochenmarkt auf dem Domplatz

Cavete: Münsters älteste Studikneipe

Unberührte Natur in Oslo

Nichts wie raus!

Strahlendes Wetter gehört in Oslo zum guten Leben dazu. Mit einem Jahresdurchschnitt von 1691 Sonnenstunden und 763 mm Niederschlag ist es hier wesentlich sonniger, als man aufgrund der nördlichen Lage vermuten würde. Doch Hochsommertage, die auch die Nächte mit einschließen, genießt man nur hier. Richtig dunkel wird es im Juni und Juli nämlich nicht in Norwegens Hauptstadt, dann steht die Sonne bis über 20 Stunden am Himmel. Kein Wunder, dass es die Bewohner bei den ersten Sonnenstrahlen nach draußen zieht!

Eine Welt mit zuckersüßen Holzhäusern aus dem frühen 18. Jh.

Die Stabkirche von Gol auf dem Gelände des Volkskundemuseums

Die Leuchtturminsel im Oslofjord beherbergt heute das Restaurant Dyna Fyr.

*Geometrie im
Osloer Rathaus*

Das ist Oslo

Man kommt nicht umhin, die beeindruckende Entwicklung dieser kleinen Hauptstadt zu bewundern. Oslo hatte es wahrlich nicht leicht. Immer wieder brannte es ab. Mitte des 14. Jh. wütete die Pest, der fast die Hälfte aller Einwohner zum Opfer fielen. Danach wurde das geschwächte Land von den Dänen regiert und damit wirtschaftlich, militärisch und kulturell abhängig. Die folgende Union mit Schweden garantierte den Norwegern zwar mehr Selbstbestimmung, die echte Unabhängigkeit erfolgte aber erst 1905. Zu diesem Zeitpunkt war Oslo bitterarm und in vielerlei Hinsicht unbedeutend. Die ersten Touristen reisten meist gleich weiter gen Norden, angezogen von spektakulären Fjorden und reichen Lachsflüssen. Für Oslo interessierte sich kaum jemand. Dann geschah das Wunder: 1969 wurden Ölfelder vor der Küste gefunden und seither schwimmt Norwegen quasi im Geld. Die Entwicklung vom armen Land der Bauern und Fischer zu einer reichen, sorgsam wirtschaftenden, friedliebenden Industrienation rief und ruft Bewunderung hervor. In Oslo wird der Friedensnobelpreis vergeben, das Land ist politisch involviert bei diversen Friedensprozessen, engagiert in der Entwick-lungshilfe, emanzipiert, egalitär, reich und sozial. So ist es kaum verwunderlich, dass Norwegen seit Jahren in der obersten Liga des Welt-Glücks-Reports der UN mitspielt. Die Menschen in Oslo wirken entspannt und zufrieden, sie bringt so leicht nichts aus der Ruhe. Das mag auch an der allgegenwärtigen Natur liegen, denn im geografischen Zentrum der Stadt rauschen die Wälder, vor dem Rathaus öffnet sich der Fjord – Oslo fällt als grünste Hauptstadt Europas aus jedem gewohnten Rahmen.

Outdoor-Paradies Oslo

Die Osloer sind Outdoor-Menschen, am Hafen hängen Angler erfolgreich die Rute in den Fjord und aus dem Fluss Akerselva werden zuhauf Forellen aus dem glasklaren Wasser gezogen. Bei den ersten Sonnenstrahlen strömen die Bewohner nach draußen, und plötzlich stehen auf den Gehwegen überall Stühle und Tische. Das erste im Freien genossene Bier wird wie ein schmerzlich vermisster Freund willkommen geheißen und trotz schwindelerregender Preise sogar regelmäßig in einem eigenen Artikel in der Zeitung zelebriert. Das entsprechende

Welche Hauptstadt verfügt schon über einen Badestrand mitten in der Stadt?

Vom Opernhaus hat man einen fantasti-schen Blick auf die ›Barcode‹-Gebäude.

Wetter gehört in Oslo zum guten Leben dazu. Mit einem Jahresdurchschnitt von 1691 Sonnenstunden und 763 mm Niederschlag ist es wesentlich sonniger und trockener, als man aufgrund der nördlichen Lage vermuten würde. München, zum Vergleich, kommt auf 1660 Stunden bei 855 mm Niederschlag. Doch Hochsommertage, die auch die Nächte mit einschließen, genießt man nur hier. Richtig dunkel wird es im Juni und Juli nämlich nicht in Oslo, dann steht die Sonne bis über 20 Stunden am Himmel. Sollte jetzt der Eindruck entstehen, dass Oslo etwas Ländliches, gar Bäuerliches hat, dann ist das richtig und doch so falsch.

Ambitionierte Architektur

Dieses Widerspruchs wird man sich vielleicht nirgends besser gewahr als auf Tjuvholmen und der Aker Brygge, wo das ehemalige Werftgelände zu einem einzigartigen Viertel im glas- und chromreichen Architekturstil unserer Zeit umgestaltet wurde und mit dem Barcode (Strichcode) eine beeindruckend ästhetische Skyline entstand – irgendwohin muss ja auch das ganze Geld aus der Öl- und Gasindustrie. So entwickelt sich aus einer bis dahin eher altbackenen und nur leidlich interessanten Stadt eine plötzlich international wahrgenommene Metropole: Gerade in den letzten Jahren wurden in der Hauptstadt keinerlei Mittel gescheut, die gesamte Front zum Oslofjord architektonisch umzustrukturieren. So hat sich Oslo ein ganz neues Gesicht als hochkarätige und moderne Kulturmetropole gegönnt, womit die norwegische Hauptstadt architektonisch nun auch Norwegens Entwicklung vom Bauernland zum Hightech-Staat, vom Aschenputtel Europas zu einer der reichsten Nationen der Erde widerspiegelt.

Cooler Cityblues

Vergangen sind auch die Zeiten, da hier gegen zehn Uhr abends die Bürgersteige hochgeklappt wurden. Vor 23 Uhr ist vielerorts nicht mal was los. Später dann und bis in die frühen Morgen dafür umso mehr, und mit geradezu exzessiver Hingabe wird hier, wo die größte Kneipendichte Skandinaviens herrscht, die Nacht durchgefeiert. Da finden sich einige der vielleicht kultigsten Bars und angesagtesten Clubs des ganzen Nordens.

Flanieren durch Oslo

2.
TOUR

1.
TOUR

3.
TOUR

Entlang der Metrolinien und in Grüner-
løkka haben Künstler wie Dolk und
Pøbel die Passaden und Mauern der
Stadt zu ihren Leinwänden gemacht.

1. *TOUR*

Vintage-Shopping und Kaffeekultur – **Grünerløkka**

Grünerløkka ist anders als der Rest von Oslo. Das Arbeiterquartier hat sich zum alternativen Künstler- und Kreativquartier gemausert. Und den besten Kaffee gibt es hier auch!

2. *TOUR*

Aufs grüne Dach der Stadt – **Holmenkollen**

Nichts wie rein in die Wanderschuhe, Badesachen nicht vergessen und ab in die U-Bahn, die hinaufsteigt auf den grünen Hausberg der Stadt.

3. *TOUR*

Wo der Julenisse wohnt – **Drøbak**

Das malerische Holzhausstädtchen im Süden der Metropole ist so entzückend, wie die Aussicht auf den Oslofjord mit all seinen stattlichen Schiffen beeindruckend ist.

Grünerløkka

Vintage-Shopping und Kaffeekultur

Grünerløkka ist anders als der Rest von Oslo. Das In-Viertel hat eine klassische Gentrifizierungs-›Karriere‹ hinter sich – vom schäbigen Arbeiterviertel zum alternativen Künstler- und Kreativquartier.

Erst kamen die Galerien und das Geld und mit ihnen stiegen die Mieten. Mittlerweile ist der Stadtteil das Zuhause von Designern, jungen Familien und Hipstern, hat sich jedoch noch seinen Charme bewahrt und vereint auf besondere Art Elemente aus allen Abschnitten seiner Geschichte. Wer das trendige Grünerløkka erleben möchte, wie es seine Bewohner tun, der sollte sich in den vielen Secondhand-Läden individuelle Outfits zusammenstellen und zwischendurch die fantastische Baristakultur entdecken. Kaffee und Klamotten, Koffein und Konsum sind zwei wichtige Pfeiler des Viertels.

Shoppen jenseits vom Mainstream

Wer sich die Zeit nimmt und mal einen Blick darauf wirft, in was die Osloer so ihre Körper hüllen, dem wird auffallen, dass die Mehrheit als recht gut gekleidet durchgeht. Internationale Trends sind hier in Euro-

DIE MINDERHEIT HAT IMMER RECHT.

Henrik Ibsen, »Ein Volksfeind«

Chic, trendy, jung, aber auch oft kostspielig: Wer was Besonderes sucht, wird in Grünerløkka mit Sicherheit fündig.

pa mit als Erstes auf der Straße zu sehen. So schnell sich angesagte Stile durchsetzen, so konsequent tun sie es auch und führen unter Umständen zu einem geradezu einheitlichen Look, was u. a. daran liegt, dass hohe ›Schutzzölle‹ dafür sorgen, dass nur eine Handvoll skandinavischer Modeketten wie zum Beispiel H&M, Cubus und Bik Bok erschwinglich sind. Diese Läden kann Mann und Frau überall in der Stadt finden. Individualisten und Hipster suchen Besonderes, das nicht von der Stange kommt, in Grünerløkka. Hier haben sich viele kleine unabhängige Boutiquen niedergelassen. Im Markveien siedelten sich in den letzten Jahren eine ganze Reihe von Secondhand-Läden an, die leider meist nicht so günstig wie erwartet sind, aber dafür ein besonderes Einkaufserlebnis bieten.

Kultiges aus zweiter Hand

Das Ny York 2nd Hand am Ende des Markveien ist ein kleiner, bunter Laden, der zum Stöbern einlädt. Der Schwerpunkt liegt auf norwegischer Kleidung aus den 1980er- und 90er-Jahren und allerlei Klimbim wie Schuhen, Taschen und Schmuck. Schräg gegenüber liegt das Gatsby Brukt og Antik. In dem mit Gerümpel und Schätzen vollgestopften Trödelladen scheint es fast alles zu geben, vorausgesetzt man findet es: Möbel, Teeservice, Ölgemälde, Lampen, Schmuck ... Frøken Dianas Salonger liegt nur einen Steinwurf weiter auf dem Markveien. Der freundliche und überraschend geräumige Vintage-Conceptstore verkauft Gebrauchtes, aber auch Neues – eben was modebewusste Damen so in den 1960ern, 1970ern und später trugen und tragen.

Jünger ist das Zielpublikum im Robot, dem vielleicht stylischten und nichtsdestotrotz äußerst sympathischen Laden. Auch hier findet sich eine gute Auswahl an importiertem *preloved vintage*, Taschen und vielen Sonnenbrillen mit guter Musik im Hintergrund. Am Olaf Ryes plass lädt Fretex Unika, einer der Secondhand-Läden der Heilsarmee, zum Stöbern ein. Das Velouria Vintage in der Parallelstraße Thorvald Meyers gate bietet eine beträchtliche Menge an T-Shirts mit unterschiedlichsten Motiven von (Rock-)Bands bis zu 1990er-Jahre-Fernsehshows. Aber auch andere Männer- und Frauenkleidung warten auf eng behängten Stangen darauf, entdeckt zu werden.

Macht einfach Spaß: stöbern und Neues entdecken in Grünerløkka.

Bester Kaffee Oslos

So ein Einkaufsbummel kann müde machen, doch in Oslo und insbesondere in Grünerløkka kommt man nicht weit, bevor einem ein Schild im Schaufenster Abhilfe in Form von exzellentem Kaffee verspricht. Das Viertel ist der richtige Ort, um nach den Besten der Stadt zu suchen. Heißer Anwärter ist Tim Wendelboe, der World Barista Champion war und andere beeindruckende Titel innehält. Ebenso ausgezeichnet im wahrsten Sinne des Wortes ist sein gleichnamiges Café/Shop/Mikrorösterei in der Grüners gate, das meistens voll und somit etwas beengt ist. Und doch kommen Leute aus ganz Oslo für eine Tasse des Wachmachers hierher. Auch Supreme Roastworks AS im nördlichen Grünerløkka ist mit Preisen geehrt und gilt als führend auf dem Gebiet Kaffee und guten Service. Wer von beiden nun den besten Kaffee der Stadt (Welt?) serviert, hat der kritische Genießer zu entscheiden, und auch wem die feinsten Geschmacksnuancen nicht so wichtig sind, wird die Hingabe der Röster und Baristas zu schätzen wissen.

M
MÄRKTE

Und sonntags?
Da geht man im Viertel zum Søndagsmarked på Blå (Brenneriveien, Blå), der sich als Floh- und auch Kunstmarkt versteht. Zur Adventszeit lohnt der Weihnachtsmarkt Julemarked på Blå den Besuch. Auf Oslos populärstem Flohmarkt Birkelund Marked dreht sich das Hauptgeschäft um Geschirr, Kleider, Bücher, Platten und Krimskrams. Und während die meisten Geschäfte sonntags zu haben, sind viele der Vintage-Läden geöffnet.

Man kann das gesamte Gebiet rings um den Holmenkollen auch hervorragend mit dem Fahrrad entdecken. Die rund 1200 km Wanderwege, die in der Marka einladen, können befahren werden. Ein *bysykkel* (City bike) muss man mitbringen.

Holmenkollen
Aufs grüne Dach der Stadt

Oslo fällt als grünste Metropole Europas aus jedem Rahmen. Wer ihr geografisches Zentrum sucht, gerät in rauschende Wälder, von 1200 km Wanderwegen erschlossen und mit 343 Seen gespickt. Also nichts wie rein in die Wanderschuhe, Badesachen nicht vergessen und ab in die U-Bahn, die innerhalb von 32 Minuten hinaufsteigt auf den grünen Hausberg der Stadt.

Dass Goethes Empfehlung, jede Stadt zunächst von oben kennenzulernen, Hand und Fuß hat, erkennt man bereits während der U-Bahn-Fahrt vom Bahnhof auf den 500 m höher gelegenen ›heiligen Skiberg‹: Nehmen zu Anfang noch edle Holzvillen den Blick gefangen, dann bald Fernsichten, die immer faszinierender werden, je höher es geht. Nach 25 Min. wird die Station Holmenkollen mit der Skisprungschanze erreicht, dann geht es weiter an Villenvierteln vorbei bis zur vorletzten Station, Voksenkollen.

Das ist die Höhe!

Genau 28 Höhenmeter trennen die Station von der nördlich gelegenen Tryvanns-Höhe (Tryvasshøgda), wohin man innerhalb von 10–15 Min. gelangt, wenn man dem Tryvannsveien folgt. Der 1962 erbaute, 118 m hoch aufragende Fernsehturm Tryvannstårnet weist die Richtung und bietet von seinem Fuß aus ein faszinierendes Panorama über die Nordmarka, Richtung Sørkedalen und über die in der Tiefe liegende Stadt.

Ins große Grün

Wem es angesichts der ausgedehnten Wälder rings umher in den Füßen juckt, der kann von hier aus schnell ins ausgedehnte Grün der Marka eintauchen. Populärster Ausgangspunkt für Waldspaziergänge von unterschiedlicher Länge ist die von der Tryvannshøgda nur etwa 2 km entfernte Berghütte Tryvannstua (im Juli geschl.). Der rustikale Blockbau wurde 1931 errichtet und ist die Verkörperung der norwegischen Hüttenromantik. Malerisch liegt sie beim Wiesenufer des von Wald umschlossenen Badesees Tryvann auf etwa 400 m Höhe. Im Sommer treffen sich hier Wanderer und Spaziergänger, im Winter Snowboarder und Skifahrer.

Panoramareiches Speisen

Aber auch ohne den Waldabstecher kommen die Füße auf dieser Tour zu ihrem Recht, nachdem man dem Weg Tryvannsveien vom Tryvannstårnet aus für etwa 600 m zurück Richtung Voksenkollen gefolgt ist, zweigt links der Weg Ovreseterveien ab, der wenig später am Wiesenufer des Øvresetertjern entlangführt. Dieser kleine See ist ein populärer Picknick- und Badeplatz, nur etwa 600 m von der U-Bahn-Endstation Frognerseteren entfernt. Ziel dieser stets bergab führenden Etappe ist der hölzerne Prachtbau des Frognerseteren Restaurant, das als das Nonplusultra für panoramareiches Speisen gilt.

»Über allen Wipfeln ist Ruh …«
Und wieder kommt einem oben am
Holmenkollen Goethe in den Sinn.

Drøbak

Wo der Julenisse wohnt

Das malerische Holzhausstädtchen im Süden der Metropole ist so entzückend, wie die Aussicht auf den Oslofjord mit all seinen stattlichen Schiffen beeindruckend ist. Da hier obendrein auch der norwegische Weihnachtsmann zu Hause ist, kommen nicht nur große, sondern auch kleine Besucher auf ihre Kosten.

Das 38 km südlich der Metropole gelegene und etwa 3000 Einwohner zählende Fjordstädtchen ist sowohl Sommeridylle schwerreicher Norweger als auch Kolonie angesehener Künstler. Außerdem und insbesondere ist Drøbak aber Wohnort des norwegischen Weihnachtsmannes *(julenisse)*. Treffpunkt im Ort ist der hübsche gepflasterte Marktplatz, Cafés und Restaurants bieten gepflegte Gastlichkeit und Kunstgewerbeläden sowie Galerien laden zum Shopping ein. Alles in allem sollte man wenigstens einen halben Tag für den Ausflug ansetzen.

Sundblicke

Wer auf dem Seeweg nach Oslo gereist ist, hat bereits Sichtkontakt mit Drøbak gehabt, denn hier, an der Schmalstelle des Oslofjords, müssen die Schiffe so nah an Land fahren, dass man als Passagier den Holzhäusern in die Fenster schauen kann. Vom Land aus genießt man entsprechend umgekehrte Topblicke auf den schmalen Sund mit all den stattlichen Schiffen darin. Angesichts des Engpasses wundert es nicht, dass hier am 9. April 1940 der deutsche Schlachtkreuzer Blücher im Artilleriefeuer versenkt werden konnte. Durch diesen Sieg verspätete sich der deutsche Angriff auf Oslo und in der Folge konnte der norwegische König die Stadt gerade noch rechtzeitig verlassen.

In Drøbak sind die Reichen, Schönen und Künstler zu Hause ... und der Julenisse, der Weihnachtsmann!

Fische zum Streicheln

An der, vom Marktplatz aus gesehen, linken Seite des Bootshafens liegt das 1995 eingerichtete Salzwasseraquarium und meeresbiologische Zentrum Drøbak Akvarium. In den 24 Aquarien und Becken schwimmen Fische und andere Organismen des Oslofjords, der als der artenreichste Fjord des gesamten Landes gilt. In eigens dafür vorgesehenen Bassins können Kinder Kontakt mit Krabben, Seesternen und anderen Meeresbewohnern aufnehmen, während man sich im einzigen Lutefiskmuseum der Welt mit der Geschichte des gelaugten Stockfisches vertraut machen kann. Der an der Luft getrocknete Fisch, in der Regel Dorsch, wird vor seiner Zubereitung traditionell in einer Lauge aus Birkenasche (oder Ätznatron) gewässert und ist in Norwegen vor allem als Weihnachtsspeise beliebt.

BESUCH BEIM WEIHNACHTSMANN

Hier ist er also zu Hause, der in Norwegen Julenisse genannte Weinachtsmann, und schon an der Ortseinfahrt warnt ein Verkehrsschild vor querenden Wichteln. Beim Marktplatz dann steht man dem Weihnachtshaus Tregården's Julehus gegenüber, stilvoll untergebracht in einer Holzvilla aus dem 18. Jh. Ganzjährig kann man dort Weihnachtsgeschenke der kunsthandwerklichen Art erstehen. Auch für Kinder gibt es reichlich zu schauen und wer dem Julenisse schreibt (Tregården's Julehus, Havnebakken. 6, N-1440 Drøbak), dessen Brief wird garantiert beantwortet. Und sogar auch mit einem speziellen Julenisse-Stempel versehen, was möglich ist, da am Marktplatz auch gleich Julenissens Postkontor eingerichtet ist.

II

Pausieren in Oslo

Ekeberg-Skulpturenpark

Wer sagt, dass man im Winter nur Ski fahren kann? Badevergnügen in Tjuvholmen.

VERSTECKTE PERLE

Det grønne Kjøkken

›Die grüne Küche‹ ist ein verwunschenes Öko-Café mit hausgemachten Speisen, wo man sich problemlos beim Betrachten der schönen Einrichtung verlieren kann. Ob süß oder deftig, leicht Snacken oder üppig Schlemmen – hier gibt es Hochgenuss mit gutem Gewissen. Bei gutem Wetter kann man sein Getränk draußen im Pavillon genießen.

Åkebergveien 50 A,
www.detgronnekjokken.no

KAFFEE, VINYL UND BIER

Hendrix Ibsen

Wenn der norwegische Dichter Henrik Ibsen und Gitarrenlegende Jimmy Hendrix zusammen ein Café gründen würden, sähe es vielleicht aus wie das Hendrix Ibsen. Morgens liegt der Fokus auf qualitativem Kaffee mit selbst gemachten Keksen und abends auf Bier vom Fass. Musik ist immer mit dabei, u.a. in Form von vielen Platten, die hier erworben werden können: Hipsters Heaven.

Vulkan 20, www.hendrixibsen.rocks

OSLOS ÄLTESTES

Stortorvets Gjæstgiveri

Oslos ältestes Restaurant, bald schon 300 Jahre alt, und genauso gemütlich eingerichtet, wie das ehrwürdige Alter vermuten lässt. Auf dem Menü stehen vor allem norwegische Traditionsgerichte, auch die Kunst der Zubereitung von *bacalao* (Klippfischspezialität aus Portugal) wird hier hochgehalten. Stets eine Empfehlung ist die Fischsuppe.

Grensen 1, www.storgjest.no

KUNST UND NATUR

Ekebergparken

Waren die Reaktionen anfangs noch verhalten – heute überzeugt der Skulpturenpark, der zugleich Wander- und Mountainbike-Gebiet ist, mit rund 80 dezent im bewaldeten Gebiet verteilten Frauenskulpturen.

Kongsveien 23, www.ekebergparken.com/en

FAULENZEN MIT AUSSICHT

Sankt Hanshaugen

Früher brannten auf dem ›Sankt-Hans-Hügel‹ die Johannisfeuer der Sommersonnenwende, heute ist der Park, der übrigens eine schöne Aussicht auf Oslo bietet, populärer Treff für Anwohner und Studenten. Drumherum befinden sich zahlreiche Cafés und Restaurants.

St. Hanshaugen

SIGHTSEEING IM LIEGEN

Frognerparken

Der berühmte Park, in dem auch Skulpturen von Vigeland zu finden sind, ist ein beliebter Treffpunkt zum Grillen, Picknicken und unambitionierten Rumliegen.

FLORALES REFUGIUM

Botanisk Hagen

Der zur Universität gehörige botanische Garten geht auf das Jahr 1814 zurück. Große Teile der grünen Stadtoase sind als Arboretum mit einer Vielzahl Baumarten angelegt. Allein der Fjellgarden (Berggarten) mitsamt Bach und Wasserfall umfasst mehr als 1000 Pflanzen norwegischer Flora. Im Palmen- und im Victoriahaus gedeihen Gewächse aus wärmeren bis tropischen Regionen.

Sars gate/Monrads gate, www.nhm.uio.no

Wo man in Oslo wohnt

Zwischen imposanten Villen, postmodernen Glashaustürmen und bescheidenen Apartments gibt es für jeden Geschmack die richtige Unterkunft.

Dabei muss es nicht immer unbedingt das Zentrum sein. Oslo ist klein und sehr gut durch das öffentliche Verkehrsnetz erschlossen. Was auf der Karte weit entfernt aussieht, entpuppt sich häufig als ein kurzer Spaziergang.

Beachten sollten Reisende, dass Oslo auch eine Geschäfts- und Konferenzstadt ist. Es kann durchaus vorkommen, dass im Februar aufgrund einer Messe die Stadt plötzlich restlos ausgebucht ist. Anderseits bedeutet es auch, dass die Hotelketten am Wochenende und in den Sommerferien mit teils satten Rabatten locken.

Die B & Bs bieten einen außerordentlich guten Gegenwert fürs Geld und man bekommt etwas vom Osloer Alltag mit (www.bbnorway.com). Privatzimmer sind die günstigste und wahrscheinlich interessanteste Möglichkeit, in Oslo zu übernachten (www.airbnb.com). Wem Komfort nicht so wichtig ist, die Schonung des Geldbeutels jedoch umso mehr, sollte www.couchsurfing.com besuchen, wo Osloer ihre Couch kostenlos zur Verfügung stellen. Mit Abstand am billigsten und benutzerfreundlichsten bucht man über die Touristeninformation in Oslo oder unter www.visitoslo.com.

Modernes Wohnen

Mehr als Fischpudding und Karamellkäse

Die typisch norwegische Küche ist nicht unbedingt bekannt für ihre Raffinesse: deftige Gerichte aus Zutaten, bei denen die lange Haltbarkeit im Vordergrund steht. Das Ergebnis hat ein gewisses Kantinenflair. Doch es tut sich was in Sachen Gaumenfreuden.

Nichtsdestotrotz haben *fiskepudding* (Frikadellen aus Fisch), *brunost* (Karamellkäse), *tørrfisk* (Stockfisch), *reinsdyrgryte* (Rentiereintopf), *kanelboller* (Zimtschnecken) und der Kümmelschnaps Akvavit auch außerhalb des Königreiches überzeugte Anhänger. Leider findet man in Oslo nur noch selten traditionelle norwegische Küche. Die hohe Dichte an Pizza- und Burgerläden verrät die kulinarische Präferenz der Hauptstädter.

Aber in den letzten Jahren hat sich auch hier viel zum Positiven verändert: Unter den besten Köchen der Welt tummeln sich mittlerweile einige Norweger und zumindest in der Landeshauptstadt hat sich das Angebot in Richtung Feinschmeckerküche entwickelt. Es wird auf frische Produkte aus der Umgebung gesetzt – *kortreist* (›kurzgereist‹) lautet die Parole. Beeinflusst wird die neo-norwegische Küche insbesondere von Frankreich, Italien und Spanien. Sushi, Thai, chinesische und indische Läden ergänzen die Restaurantlandschaft – so multikulturell, wie Oslo heute ist, wird auch gekocht und gespeist.

In Aker Brygge lässt es sich trefflich speisen.

Nur gucken kann auch schön sein

Norwegen ist ein teures Land. Gerade in den Prachtstraßen konzentrieren sich viele zwangsläufig eher aufs Gucken als aufs Kaufen. Wer dem Konsum nicht vollständig abschwören will, sollte einiges beachten. Bei Klamottenläden gibt es Unterschiede: Während internationale Modeketten eher teuer sind, überraschen die skandinavischen mit moderaten Preisen. Und dann sollte Ausschau gehalten werden nach mit »salg« oder »tilbud« beworbenen Angeboten.

Und bei manchen Dingen ist der Preis auch einfach nicht so wichtig. »Made in Norway« steht für langlebige Qualität. Das gilt für Designobjekte, aber auch für klassische Strickwaren im traditionellen Norweger-Muster. Das Angebot in den Souvenirläden ist riesig – günstiger kauft man in einem der vielen Secondhand-Läden. Weitere traditionell norwegische Produkte sind u. a. *die* norwegische Erfindung: der Käsehobel, Glas- und Zinnwaren, gewebte Wandteppiche, handbemalte Holzgegenstände, auch Silberschmuck nach Wikinger- oder Samenart stets eine Empfehlung. Dazu Delikatessen wie Wildlachs und Rentierwurst, Moltebeermarmelade und Heidekrauthonig. Ein guter Tipp sind norwegische Messer, handgeschmiedet und für ihre hohe Qualität bekannt. Und zum Schluss sollte sich ein jeder fragen: Brauch ich zu Hause wirklich einen Troll?

Teures Bier und treibende Beats

Viele Osloer lieben es zu feiern, dementsprechend bunt ist das Nachtleben und mit rund 1000 Lokalen durchaus vielfältig. Die sonst eher zurückhaltenden Norweger geben sich am Wochenende gelöst und feierwütig. Das liegt auch an der Tradition des Vor- und Nachspiels.

Die populären Lehnwörter umschreiben ein den hohen Alkoholpreisen geschuldetes Ritual, bei dem im Privaten mehr oder weniger intensiv vorgetrunken wird (*vorspiel*). So kommt es, dass es ab Mitternacht vielerorts voll wird und sich lange Schlangen vor den Clubs bilden. Es empfiehlt sich also, bereits gegen 23 Uhr da zu sein, außerdem wird dann vielerorts noch kein Eintritt verlangt. Wenn dann gegen 3 Uhr die meisten Lokalitäten schließen, wird häufig privat weitergefeiert (*nachspiel*).

Eine nicht unwichtige Rolle in Oslos Nachtleben spielen die sehr unterschiedlichen Altersgrenzen – zumindest für die jungen Trink- und Tanzwilligen. Jugendlichen unter 18 Jahren ist der Eintritt in erklärte Nachtlokale strikt untersagt. In etlichen Bars und Clubs kommt man erst ab 21 oder 23 Jahren. Ausweiskontrollen sind die Regel. Umfassend informiert die Broschüre »What's On« sowie im Web www.visitoslo.com. Tickets erhält man in den Postämtern oder online über www.ticketmaster.no.

Secondhand-Laden in Grünerløkka

Mit oder ohne Vor- und Nachspiel: Oslo feiert gern.

Sonnenbrille auf in Riga

Das Schwarzhäupterhaus und der Turm der Petrikirche

Chillen an der Ostsee

Im Sommer herrscht in den Straßen von Riga eine vibrierende Atmosphäre. Nach dem langen Winter haben die Rigaer Lust auf Sonne satt. Alle drängt es in die Parks und Cafés – und an die Ostsee: Die Züge zwischen Riga und dem Kurort Jūrmala sind dann gesteckt voll. Der feine Sandstrand scheint einfach endlos, wo könnte man besser relaxen und seine Seele baumeln lassen?

Nächtliche Straße in Rigas Altstadt

Das Katzenhaus am nördlichen Ende
des Livenplatzes gleicht ein wenig einer
mittelalterlichen Festung mit Jugendstil-
elementen.

*Fassade des Hauses
Elizabetes iela 10b*

Das ist Riga

Majestätisch breitet sich die Silhouette der Altstadt von Riga am Ufer der gemächlich dahinfließenden Düna aus. Wie Ausrufezeichen ragen die Türme der Jakobikirche, des Doms und der Petrikirche aus dem Zentrum der stolzen Hafenstadt heraus. Doch so ruhig und homogen die Stadt aus der Ferne wirken mag – kaum eine andere Ostseemetropole schaut auf eine so wechselhafte Geschichte zurück: Krieg, Eroberung und Unterdrückung folgten dicht an dicht aufeinander und veränderten jedes Mal das Antlitz der Stadt.

Deutsche Vergangenheit

Während sich die Großmächte um Lettland und Riga stritten, es sich die in Lettland ansässige deutschbaltische Oberschicht gut gehen ließ, verdienten die meisten Letten ihren dürftigen Lebensunterhalt mit harter Landarbeit. Erst die lettische Nationalbewegung, die im 19. Jh. aufkam und in der es neben der Unabhängigkeit Lettlands auch um den Erhalt bzw. die Wiederbelebung der lettischen Kultur ging, sorgte dafür, dass der enorme Liederschatz der Letten ›geborgen‹ wurde, der über

Jahrhunderte nur mündlich überliefert worden war. Exakt 217 996 Dainas – kurze vierzeilige Lieder, die in unzähligen Variationen wiederholt werden – sammelte und veröffentlichte Krišjānis Barons zwischen 1894 und 1915. Sie gelten heute als die Grundlage der lettischen (Lied-)Kultur.

›Singende Revolution‹

Seit dem ersten Liederfest 1873 hat sich das gemeinsame Singen fest im Bewusstsein der Letten verankert. Das Allgemeine Lettische Lieder- und Volkstanzfest, das alle fünf Jahre stattfindet, erfreut sich größter Beliebtheit und zählt Zehntausende Teilnehmer. Der Gesang bewirkte sogar politische Veränderungen: Nach Jahren des stillen Leidens unter den Sowjets machten die Letten 1989 international auf sich aufmerksam, als sie mit Esten und Litauern eine 593 km lange Menschenkette von Tallinn über Riga bis nach Vilnius bildeten und ihrem Protest durch gemeinsamen Gesang Ausdruck verliehen. Diese Aktion brachte dem Unabhängigkeitskampf der Balten den Beinamen ›Singende Revolution‹ ein.

Am Ufer der Düna wacht die Statue des Großen Christoph über das Wohl Rigas.

In der Black Magic Bar bekommen Sie Cocktails aus Kräuterlikör und guten Kuchen.

Jugendstil-Metropole

Die Letten bestimmen seit 1990 endlich selbst über das Schicksal ihres Landes. Die ersten Jahre der Unabhängigkeit waren nicht einfach, der wirtschaftliche Rückstand gegenüber Westeuropa groß. Riga hat sich nicht unterkriegen lassen: Die Altstadt gleicht heute beinahe einem Architekturmuseum, zahlreiche Gebäude wurden renoviert und erstrahlen nun in neuem Glanz. Backsteinerne Kirchen stehen neben Speicherhäusern und barocke Bürgerhäuser reihen sich an reich verzierte Jugendstilgebäude. Ohne Weiteres kann sich Riga mit den europäischen Jugendstil-Metropolen wie Paris, Wien, Brüssel und Barcelona messen. Über 750 Bauten aus dieser Epoche gibt es in Riga, ein Großteil von ihnen steht – wie die gesamte Altstadt – seit 1997 auf der Liste des UNESCO-Welterbes.

Lettische Russen

Auf den Straßen von Riga werden Sie mindestens ebenso häufig Russisch wie Lettisch hören. Russen, Ukrainer und Weißrussen machen schließlich beinahe die Hälfte der Rigaer Bevölkerung aus. In ländlichen Regionen hingegen wird überwiegend Lettisch gesprochen. Der hohe Anteil der russischstämmigen Bevölkerung birgt auch Konflikte. Waren früher die Russen die tonangebende Gesellschaftsgruppe, so sind es heute die Letten.

Kurze Sommer, lange Nächte

Im Sommer herrscht in den Straßen von Riga wie in vielen nordischen Städten eine vibrierende Atmosphäre. Nach einem langen, dunklen Winter haben die Rigaer nun Lust auf Sonne und ein ausgelasse-

nes Leben, alle drängen nach draußen und möchten etwas unternehmen. Die Züge zwischen Riga und dem Badeort Jūrmala, der sich nur 20 km entfernt an der Ostsee erstreckt, sind in diesen Monaten rappelvoll. Der unumstrittene Höhepunkt im Jahreslauf sind die Mittsommernacht und der nachfolgende Johannistag, der 24. Juni. Kein anderes Fest feiern die Letten so ausgiebig. Alle machen mit, egal ob in Minirock oder lettischer Tracht. Denn Traditionen werden in der jungen Republik ganz groß geschrieben.

Jugendstil-Treppenhaus in der Alberta iela

1.
TOUR

2.
TOUR

3.
TOUR

Flanieren durch Riga

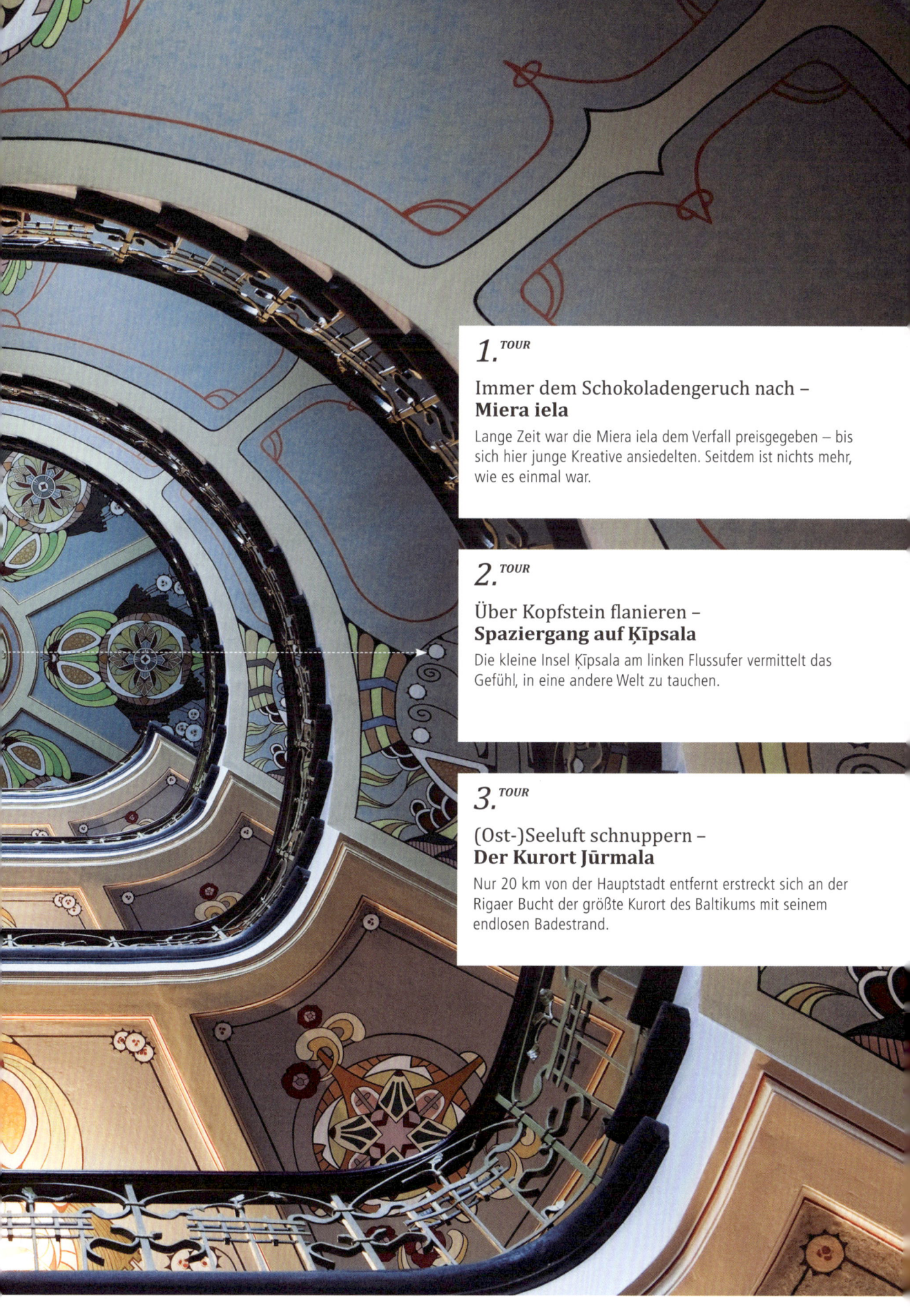

1. TOUR

Immer dem Schokoladengeruch nach –
Miera iela

Lange Zeit war die Miera iela dem Verfall preisgegeben – bis sich hier junge Kreative ansiedelten. Seitdem ist nichts mehr, wie es einmal war.

2. TOUR

Über Kopfstein flanieren –
Spaziergang auf Ķīpsala

Die kleine Insel Ķīpsala am linken Flussufer vermittelt das Gefühl, in eine andere Welt zu tauchen.

3. TOUR

(Ost-)Seeluft schnuppern –
Der Kurort Jūrmala

Nur 20 km von der Hauptstadt entfernt erstreckt sich an der Rigaer Bucht der größte Kurort des Baltikums mit seinem endlosen Badestrand.

Miera iela

Immer dem Schokoladengeruch nach

Viele Jahre wurde die Miera iela als einer der dunklen Flecken von Riga gemieden – bis sich hier junge Kreative ansiedelten und originelle Cafés, Werkstätten und Galerien eröffneten. Seitdem ist nichts mehr, wie es einmal war.

Verfallene Häuserfassaden, kaputtes Straßenpflaster, dunkle Beleuchtung – äußerlich hat sich in der Miera iela bislang nicht viel verändert, seitdem die Kreativszene hergezogen ist. Doch die Bewohner merken es an den Mieten, denn die ziehen in dieser Gegend seitdem kräftig an. Und so ist es auch kein Wunder, dass einige, die vor einiger Zeit in dieser Straße ihr Geschäft eröffneten, schon wieder fort sind wie beispielsweise Buteljons, eine Initiative, die aus Altglas neue Produkte herstellen wollte.

Freie Republik

Dabei hatte es so vielversprechend angefangen, als sich die Künstler und Entrepreneure zu einer Kooperative zusammenschlossen, die sie scherzhaft ›Freie Republik Miera iela‹ nannten. Einige blieben, andere kamen hinzu. Nichtsdestotrotz muss aber gesagt werden, dass die Miera iela in keiner Weise mit anderen Hipster-Bezirken in Berlin, London oder Paris zu vergleichen ist. Es sind letztendlich nur ein paar wenige Läden, die den Unterschied zu anderen Straßen in Riga ausmachen.

Einfach durch die Straße schlendern

Gleich zu Beginn lockt auf der linken Seite das gemütliche Café Mierä (Miera 9). Probieren Sie mal den lettischen Wein aus Schwarzen Apfelbeeren, Schwarzen Johannisbeeren oder aus Birkensaft. Gegenüber werden Sie im Sommer vermutlich junge Leute auf Sofas auf dem Gehweg sitzen sehen. Die gehören zum Taka, in dem auch kleine Konzerte stattfinden. Im Laden mit dem Namen M50 erhält man Kunsthandwerk und Kleidung im lettischen Design. Und dahinter lädt der Teeladen Illuseum zum Verweilen ein. Gehen Sie in den gemütlichen hinteren Raum und probieren Sie einfach mal den Tee vom Schmalblättrigen Weidenröschen (Ugunspuķe). Noch ein paar Schritte weiter erfreut sich in der Miera 29 die Rocket Bean Roastery immer größerer Beliebtheit. Das Café-Restaurant, das über eine hauseigene einsehbare Rösterei verfügt, eignet sich ideal für eine kulinarische Pause.

Die 1924 vom Schokoladenfabrikanten Laima nahe der Freiheitsstatue aufgestellte Uhr ist ein beliebter und vielbesungener Treffpunkt.

SCHOKOLADENGLÜCK PUR

Über der gesamten Miera iela schwebt meistens ein süßer Geruch von Schokolade, denn hier steht die Fabrik von Laima, des größten Schokoladenherstellers des Baltikums. Ein schicker Shop mit Café im renovierten Hauptgebäude des Unternehmens lädt zum Probieren ein, direkt daneben gibt es ein Schokoladenmuseum mit einer Multimedia-Ausstellung. Laima ist übrigens der Name der lettischen Schicksalsgöttin und bedeutet ›Glück‹.

Gleich in der Nähe der Schokoladenfabrik Laima stoßen Sie auf ein weiteres Fabrikgebäude: Die alte Tabakfabrik ist vorübergehend zur Spielstätte des Neuen Rigaer Theaters geworden, dessen Hauptgebäude in der Neustadt gerade generalsaniert wird.

Spaziergang auf Ķīpsala

Über Kopfstein flanieren

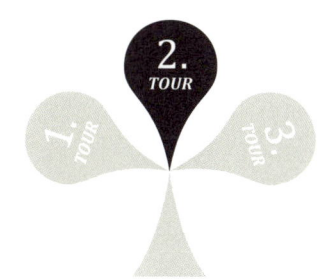

Raus aus der überfüllten Altstadt nach Ķīpsala, wo mit Kopfstein gepflasterte Straßen an sorgsam restaurierten Holzhäusern entlangführen. Der Blick über die Daugava reicht bis zum Hafen, schicke Restaurants verführen zur Einkehr.

Der kurze Weg über die Vanšu-Brücke genügt, und Sie befinden sich in einer anderen Welt: Die kleine Insel Ķīpsala am linken Flussufer vermittelt das Gefühl, weit weg zu sein von dem Trubel in Riga. Allerdings hat Ķīpsala zwei Gesichter: Im westlichen Teil gleicht sie nämlich mehr oder weniger jedem anderen Ort außerhalb des Stadtkerns.

Hafenblick und Kreuzfahrtschiffe

Dagegen ist ein Spaziergang auf dem Balasta dambis wunderschön. Während des gesamten Wegs auf der mit Kopfsteinen gepflasterten und kaum befahrenen Straße blicken Sie über den Fluss auf den Hafen. Dort liegen gigantische Kreuzfahrtschiffe vor Anker, etliche Kräne verrichten ihre Arbeit, gedämpft klingen die Geräusche übers Wasser, die dabei entstehen. An einigen Stellen öffnet sich das eindrucksvolle Panorama der Altstadt mit den Türmen des Schlosses, des Doms, der Jakobskathedrale und der Petrikirche.

Architektonische Schmuckstücke

Auf dem Balasta dambis reiht sich ein historisches Holzhaus an das andere, die meisten sorgfältig restauriert. Hier lässt sich am ehesten erahnen, wie schön Riga aussehen könnte, wenn tatsächlich alle Holzhäuser wiederhergestellt wären. Manche der Gebäude, wie beispielsweise Haus Nr. 60, standen früher im Stadtzentrum und waren schon so gut wie sicher dem Abriss geweiht. Sie wurden letztendlich aber hierhergebracht und wieder aufgebaut. Heute residiert in der Nr. 60 die Botschaft von Portugal. Das ›Australische Haus‹ gleich nebenan mit dem Känguru auf dem Dach ist ebenfalls einen Blick wert. Ein gutes Beispiel für gelungene Restaurierung ist das kleine Philosophenhaus (Nr. 68b). Ein kurzer Abstecher führt über die Oglu iela zur Zvejnieku iela Nr. 5a, wo ein Jugendstilhaus die Blicke auf sich zieht, das Anfang des 20. Jh. von Eižens Laube im Stil der Nationalen Romantik erbaut wurde.

Modernes Wohnen in alter Fabrik

Ein gelungenes Beispiel für die Nutzung ehemaliger Produktionsstätten als Wohnraum in Riga ist die alte Gipsfabrik. Der in 58 edle Behausungen mit Hafenblick umgestaltete Gebäudekomplex gehört zu den ambitioniertesten Projekten der Stadt. Der Entwurf stammt wie jener der Žanis-Lipke-Gedenkstätte von Zaiga Gaile.

Essen mit schöner Aussicht im Haupthaus des Fabrikas Hercogs oder unten auf der Düna. Neben dem guten Essen kann man den freien Blick auf die Fährschiffe nach Schweden und Deutschland genießen und sich freuen: Ich muss heute noch nicht wieder abreisen.

Tradition trifft auf Moderne: Während man am Balasta dambis versucht, historische Holzhäuser zu retten, kratzen an der Krišjāņa Valdemāra iela Bürotürme den Himmel.

Der Kurort Jūrmala
(Ost-)Seeluft schnuppern

Nur 20 km von der Hauptstadt entfernt erstreckt sich an der Rigaer Bucht der größte Kurort des Baltikums. Mildes Seeklima, Heilquellen und elegante Sommerhäuser laden zum Verweilen ein. Die meisten Besucher zieht es jedoch an den endlos scheinenden Badestrand.

Jūrmala ist die Lunge von Riga, ohne Jūrmala könnten die meisten Rigaer nicht leben: Während der Sommerferien mieten sie sich hier ein Ferienhäuschen. Und wer sich das nicht leisten kann, fährt an jedem nur annähernd sonnigen Tag morgens hin und abends zurück. 51 000 Menschen leben in der 25 km langen, an manchen Stellen jedoch nur wenige Hundert Meter breiten Stadt zwischen dem Fluss Lielupe und der Rigaer Bucht. Stadtatmosphäre kommt eigentlich nur in Majori auf, alle anderen Ortsteile bestehen aus ruhigen und idyllischen Wegen und Alleen mit eleganten Villen oder niedlichen Holzhäuschen aus der Wende zum 20. Jh. – exakt 414 Architekturdenkmäler stammen aus dieser Zeit und mehr als 4000 Gebäude entsprechen der historischen Bebauung der Stadt.

Die alte Badeanstalt ist ein architektonisches Kleinod am Strand.

Städtisches Ambiente

Der Ortsteil Majori ist das Herz von Jūrmala, über dessen Geschichte das Stadtmuseum (Jūrmalas pilsētas muzejs) informiert. An der einzigen Fußgängerzone der Stadt, der 1,5 km langen Jomas iela, reihen sich Restaurants, Souvenirgeschäfte und Hotels. Wem das Treiben auf der Einkaufsmeile zu hektisch ist, findet auf der näher am Meer verlaufenden Jūras iela mehr Ruhe. Dort stehen einzigartige Villen aus dem 19. und beginnenden 20. Jh., Bäderarchitektur par excellence demonstriert die ehemalige Badeanstalt von 1916, die während der Sowjetzeit die örtliche Poliklinik beherbergte. In der Nähe befindet

Platz für Ballspiele: am Stand von Jūrmala.

sich der 1909 im Stil des Historismus erbaute Seepavillon. Im Osten münden beide Straßen in die Turaidas iela, die die Bahnstation Dzintari mit dem Strand verbindet. Auf ihr herrscht im Sommer nicht nur wegen der zahlreichen Restaurants viel Trubel. Denn im Dzintari-Konzertsaal (Dzintaru koncertzaļe) finden vor allem während der Saison hochkarätig besetzte Konzerte, Opern- und Ballettaufführungen statt. Dem hübschen, 1936 erbauten Holzbau wurde 1960 eine große Freilichtbühne mit hervorragender Akustik angefügt.

Sommerresidenzen zwischen Wald und Meer

Die ruhigen Wohnviertel Dzintari, Bulduri und Lielupe im Osten von Jūrmala sind mit vielen großzügigen Villen bebaut. Vor allem auf dem Bulduru prospekts, Meža prospekts und Vienības prospekts stehen wunderbar anzusehende Sommervillen aus dem 19. Jh. – viele sind in der für Jūrmala typischen Holzbauweise errichtet. Besonderer Beliebtheit erfreut sich der Strand von Bulduri, zumal er nur wenige Gehminuten von der Bahnstation entfernt liegt.

Westlich von Majori

Eine Bahnstation westlich von Majori ist Dubulti, verglichen mit dem Ortszentrum, schon um einiges beschaulicher. Kaum noch Badeortcharakter haben die Ortsteile Jaundubulti, Pumpuri, Melluži, Asari und Vaivari. Während an den parallel zum Meer verlaufenden Straßen etliche schicke Villen stehen, wohnen jenseits der Bahngleise viele Einheimische in relativ einfachen Verhältnissen.

> GEH AUS DEM HAUS – BRAUCHST NICHTS MEHR ALS DIE FÜSSE IN DIESER MÄRCHENSTADT ...
>
> Aus »Riga«, Gedicht von Matthias Knoll

Pausieren in Riga

Entlang der neuen Promenade

Der Kisch-See bietet beste Voraussetzungen für alle Arten von Wassersport.

ZUSEHEN UND PROBIEREN

Café Kūkotava

Das Café möchte mit seinem originellen Namen ›Kuckucksuhr‹ wohl Kindheitserinnerungen wachrufen. Wie auch immer, die einsehbare Backstube und die duftenden Kekse und Kuchen regen den Appetit ohnehin an. Dazu gibt es schmackhaften italienischen Kaffee oder eine Tasse Tee.
Tērbatas 10–12, www.kukotava.eu

SÜSSE TRÄUME

Rienzi

Die Konditorei ist berühmt für ihre filigranen Köstlichkeiten aus feinster Schokolade, die zum Essen beinah zu schade sind. Besonders lecker ist auch der extrem starke, aber eben auch unwiderstehliche Kakao.
Aspazijas bulvāris 24

PROMITREFF DER EXTRAKLASSE

Vincents

Das vielfach ausgezeichnete Restaurant ist eine feste Größe in der Rigaer Szene. Es befindet sich nahe der Alberta iela, Rigas schönster Jugendstilstraße. Die Einrichtung ist modern, aber nicht kühl. Küchenchef Mārtiņš Rītiņš ist einer der Vorreiter der Slow-Food-Bewegung in Lettland und kombiniert internationale Gourmetküche mit lettischer Tradition. Gern kehren auch Prominente aus aller Welt hier ein. Reservieren!
Elizabetes 19, www.restorans.lv

ERHOLUNG FÜR ALLE

Wöhrmannscher Garten

Der Wöhrmannsche Garten ist einer der ältesten Parks von Riga und aufgrund seiner zentralen Lage und gelungenen Gestaltung die vielleicht beliebteste Grünanlage der Stadt. Hier können Sie nach anstrengenden Besichtigungen wunderbar verschnaufen und dabei das Alltagsleben der Rigaer studieren. Der Park entstand 1817, als eine gewisse Anna Gertrude Wöhrmann ihren Garten der Stadt mit der Auflage vermachte, hier einen Park zu schaffen, der insbesondere gesundheitlich Schwachen die Möglichkeit zur Erholung geben sollte. Im Zentrum der Anlage sprudelt ein hübscher Springbrunnen, dahinter erhebt sich die Estrade, in der Kulturveranstaltungen stattfinden. Hier treffen sich im Sommer ambitionierte Schachspieler zu einer Partie.

Nicht entgehen lassen sollten Sie sich Rigas größten Blumenmarkt (Puķu tirgus). Er ist Tag und Nacht geöffnet und beweist, welch große Bedeutung Blumen für die Letten besitzen. Den Vorbeigehenden werden mit einem freundlichen »Nu ludzu!« (Bitte sehr!) frische, duftende und liebevoll zusammengestellte Blumengestecke angeboten.
Merķeļa iela

KURZ MAL INNEHALTEN

Esplanāde

Die Parkanlage wird von der russisch-orthodoxen Christi-Geburt-Kathedrale, dem Nationalen Kunstmuseum und dem unübersehbaren Radisson Blu Hotel Latvija eingefasst. Ein Fahrstuhl bringt Besucher zur Skyline Bar des Hotels, die Gästen einen phänomenalen Rundblick über ganz Riga eröffnet. Unter schattigen Bäumen und hübsch angelegten Rosengärten laden lange Bänke zu einer Rast ein. Mitten im Park steht das 1965 aus hellrotem Granit geschaffene Denkmal für Rainis, Lettlands bedeutendsten Volksdichter.

Die neue Mitte

Das Übernachtungsangebot in Riga hat sich in den letzten Jahren stark verbessert, denn es sind viele neue Mittelklassehotels entstanden. Darüber hinaus machen wie überall auf der Welt Privatanbieter den Hotels Konkurrenz . Eine preiswerte Alternative zum Hotel ist aber auch die Übernachtung in einem Bed & Breakfast. Noch mehr können Sie sparen, wenn Sie in einem Mehrbettzimmer in einer der zahlreichen Jugendherbergen und Hostels einchecken. Und wie immer gilt: je weiter weg vom Zentrum, desto günstiger die Unterkunft.

Die angegebenen Preise gelten, sofern nicht anders vermerkt, in der Regel für zwei Personen im Doppelzimmer inklusive Frühstück und 12 % Mehrwertsteuer (lettisch abgekürzt PVN) – in der Hochsaison Mitte Juli bis Mitte August, wenn die Hotelsituation in Riga am angespanntesten ist. Um noch ein günstiges Zimmer zu ergattern, empfiehlt es sich, gerade für diesen Zeitraum rechtzeitig zu reservieren. Während des restlichen Jahres gehen die Tarife bisweilen deutlich nach unten. Zahlreiche Hotels bieten beim Erwerb des Riga Passes Rabatte von bis zu 20 % an. Auf der englischsprachigen Website des lettischen Hotel- und Gaststättenverbandes sind Unterkünfte in ganz Lettland buchbar. Dort erhält man auch eine relativ lückenlose Übersicht über die Unterkünfte in Riga und Umgebung: www.hotelsinlatvia.lv

Texte lettischer Volkslieder zieren die Glasfassade des Radisson blu Elizabete Hotels.

Von wegen nur Bauernküche!

Die lettische Küche hat ihre Wurzeln in der Bauernküche, denn bis ins 19. Jh. hinein lebten die meisten Letten auf dem Land und arbeiteten als Knechte und Mägde auf den großen Gutshöfen. Da sie von morgens früh bis abends spät auf den Feldern schuften mussten, blieb nicht viel Zeit für die Essenszubereitung. Demzufolge waren die Gerichte zumeist einfach und sättigend. Hauptnahrungsmittel war Brot, vor allem Roggenbrot, das bis heute seinen hohen Stellenwert im Speiseplan der Letten nicht verloren hat. Eine wichtige Rolle spielten zudem Milchprodukte, Beeren, Pilze und auch Kartoffeln. Der Pragmatismus, aus wenigen Zutaten schnell ein nahrhaftes Essen zuzubereiten, hat sich bis heute in der lettischen Küche gehalten.

Riga kann mit seinem breiten kulinarischen Angebot auch den verwöhntesten Gaumen zufriedenstellen und bietet für jeden Geschmack etwas. Bei aller Vielfalt findet sich aber auch immer traditionelle lettische Küche ganz in der Nähe. Regelmäßig erobern neue Trends die Gastronomieszene. Immer größerer Beliebtheit erfreut sich neuerdings die leichte Thai-Küche, die Köche der gehobenen Restaurants begeistern sich dagegen zunehmend für die Slow-Food-Bewegung. Noch sind die Preise im Verhältnis zum deutschsprachigen Raum recht moderat.

In Riga gibt's richtig gute Küche zu fairen Preisen.

Leinen, Leder, Lieder

Man sollte meinen, dass sich eine Stadt wie Riga nach der Einführung der Marktwirtschaft schnell zum Shoppingmekka des Nordens entwickelt haben müsste. Tatsächlich gibt es eine große Auswahl an Geschäften, aber eine echte Ladenmeile, in der man z. B. die weltweit führenden Modemarken kaufen könnte, sucht man vergebens. In Riga werden vor allem lokale Produkte oder osteuropäische Waren angeboten, die teilweise noch relativ günstig sind.

Die meisten interessanten Geschäfte gibt es nach wie vor in der Altstadt, doch gerade in der Neustadt, vor allem rund um die Elizabetes und die Brīvības iela, finden sich immer häufiger sehr individuelle Läden, die sich auf ausgesuchte Produkte wie Biokosmetik, Holzspielzeug oder esoterische Literatur spezialisiert haben.

Dass es im Baltikum die größten Bernsteinvorkommen gibt, dürfte den meisten Besuchern bekannt sein. Und so kann es kaum verwundern, wenn an beinahe jeder Straßenecke Bernsteinprodukte angeboten werden. Allerdings ist die Qualität manchmal zweifelhaft. Es gibt ja auch den aus kleinen Bernsteinstücken hergestellten Pressbernstein oder den künstlichen Polybernstein. Besonders hübsch und qualitativ sehr hochwertig ist das gesamte Spektrum lettischen Kunsthandwerks, etwa Keramik, Lederartikel und Woll- bzw. Leinenwaren.

Hochwertige Stoffe, noch per Hand gewebt

Tanzen, feiern, flirten

In puncto Nachtleben kann sich Riga spielend mit ähnlich großen Metropolen Westeuropas messen. Von coolen Clubs über gemütliche Musikkneipen bis zu tobenden Diskotheken, vom gemütlichen Keller-Edelverlies bis zur poppigen Seventies-Bar – Riga hat von allem etwas. Ein besonderes Kennzeichen der Rigaer Kneipenkultur ist übrigens, dass Sie überall sehr gut essen können. Da es keine Sperrstunde gibt, haben viele Bars, Clubs und Kneipen bis in die frühen Morgenstunden geöffnet. Die Rigaer schöpfen diese Möglichkeit voll aus. Vor allem in den Sommermonaten wird bis zum Morgengrauen getanzt, gefeiert und geflirtet.

Die Rigaer tun dies allerdings immer weniger in der Altstadt – diese überlassen sie den Touristen, mit denen sie früher gemeinsam feiern mussten, weil es außerhalb keine vernünftigen Bars gab. Heute sind die angesagten Clubs eher in der Neustadt, wo es auch mal ungewöhnliche Locations zu entdecken gibt. Sehr beliebt sind Konzerte im Kaņepe-Kulturzentrum oder im Kalnciema-Quartier, Ausflüge zum Piens Club oder zum First Dacha lohnen sich immer. Sehr auffällig ist nach wie vor die Trennung von Russen und Letten, die sich mehr oder weniger an verschiedenen Orten treffen. In der Altstadt sollten männliche Touristen darauf achten, sich nicht von fremden Damen in Bars oder Clubs locken zu lassen.

Drinks, Gespräche und phänomenale Aussicht in der Skyline Bar

Relaxen in Stockholm

Blick von der Skeppsholmen-Brücke

Stadt am Wasser

In der ersten ›Umwelt-Hauptstadt Europas‹ wird Lebensqualität ganz großgeschrieben. Ein Drittel der Fläche Stockholms ist Wasser, 40 % machen Parks und Naturgebiete aus. Und im Stockholmer Schärengebiet gibt es 30 000 Inseln. Wo sonst könnte man besser die Natur genießen und entspannt in den Tag blicken? Stockholm ist die einzige Großstadt der Welt mit einem Nationalstadspark: Djurgården. Er ging aus dem königlichen Jagdgebiet hervor.

Karussell in Gröna Lunds Tivoli

Tokio? Nein, Stockholm.
Kirschblüte im Kungsträdgården

Märchenhaftes Stockholm

Das ist Stockholm

Stockholm ist eine Stadt zwischen den Welten, nicht nur zwischen dem Süßwasser des Mälarsees und der salzigen Ostsee, auch zwischen Wasser und Land. Selma Lagerlöf nannte Schwedens Hauptstadt »die schwimmende Stadt«, ließ sie aus Nebeln aufsteigen wie eine Märchenvision. Andere verglichen sie mit Venedig. Doch ist das ›Venedig des Nordens‹ anders als die Lagunenstadt nicht auf Morast und Sand gebaut, sondern ruht auf massivem Granit, Urgestein. Und das hebt sie sogar Jahr für Jahr ein wenig höher aus den Fluten, seit vor zehntausend Jahren der Druck des Eises nachließ. Soweit die märchenhaften Tatsachen.

Zwischen Tag und Nacht

Traumhaft ist ein Sommerabend in Stockholm, wenn die Hausfassaden im warmen Streiflicht der letzten Sonnenstrahlen zu glühen scheinen und die Hitze des Tages einer angenehmen Wohlfühltemperatur weicht. Doch nichts gegen Stockholm im Winter – eine unvergleichliche Atmosphäre, wenn die Stadt ab drei Uhr nachmittags nach Sonnenuntergang in tausend Lichter getaucht ist und die

Straßen voller Leben sind, vor allem in der Adventszeit. Dann übertrumpfen sich die Geschäfte mit Weihnachtsangeboten und die Markthallen sprechen die Genießerseite des Stockholmers an – zu jeder Jahreszeit ist die Stadt eine erstklassige Shopping-Destination. Und hat es ordentlich geschneit und die Temperaturen liegen im Tiefkühlbereich, locken ein Spaziergang in der Wintersonne über das Eis des zugefrorenen Riddarfjärden, womöglich sogar auf Schlittschuhen, oder ein Ausflug auf den Skihügel im Süden der Stadt, Hammarbybacken.

Stadt mit hoher Lebensqualität

In welcher Großstadt kann man das schon: Wenige Schritte von der City auf glatt geschliffenen Felsen in der Sonne dösen und die asphaltmüden Füße ins Wasser halten, ja sogar baden gehen. Oder Anglern zusehen, die vielleicht gerade einen der Lachse oder eine Meerforelle aus dem Wasser ziehen, die zu Tausenden alljährlich im Strömmen vor dem Stockholmer Schloss gefangen werden. Ein Drittel der Fläche Stockholms ist Wasser, 40 % der Landfläche machen Parks und Naturgebiete aus. Ein

Bevor der Shoppingrummel beginnt: Götgatan in Södermalm kann auch aussehen wie eine ganz beschauliche Kleinstadtstraße.

Bei Ekstedt wird mit Feuer und Eifer gekocht …

weltweit einzigartiger ›Nationalstadspark‹ sorgt für viel urwüchsiges Grün mitten im Herzen der Stadt. Weitgehend im Besitz des schwedischen Königshauses, erstreckt er sich von den Schlossparks Ulriksdal und Haga über Norra Djurgården und Ladugårdsgärdet bis Södra Djurgården. Hier kann sich die Natur mitten im dichtbevölkerten Stadtgebiet ungestört entwickeln, wachsen uralte Eichen, flattern Fledermäuse durch die Nacht und nisten Eulen in Baumhöhlen.

Die Schattenseiten

Auch wenn in der schwedischen Gesellschaft im Allgemeinen weniger große Unterschiede zwischen Arm und Reich herrschen als anderswo in der Welt – gerade in Stockholm klafft die Schere weit auseinander. Jeder zweite Bewohner westlicher Vororte wie Rinkeby oder Tensta verdient im Schnitt nur 50 % dessen, was ein Durchschnittsbürger Östermalms nach Hause bringt. In den Vororten ist die Arbeitslosigkeit besonders hoch.

Eine junge Stadt

Die Stockholmer werden immer jünger. Familien mit Kindern machen einen großen Anteil der Bevölkerung aus. Selbst in der ehemaligen Singlehochburg – im Viertel Södermalm – werden immer mehr Spielplätze gebaut. Das einstige Bohemeviertel ›Söder‹ wird langsam, aber stetig von einer wohlhabenden Mittelklasse ›erobert‹. Viele Familien ziehen in die Vorstädte, wo in den einstigen Industrie- und Hafengebieten wegweisende umweltverträgliche Wohnbauprojekte verwirklicht wurden, futuristische Glas- und Betonarchitektur, die in ehemaligen Industriegebieten attraktiven Wohnraum bietet.

Umwelt-Hauptstadt

Wie wichtig saubere Luft, klares Wasser, menschen- und kinderwagenfreundliche Straßen sind, weiß in Stockholm jeder. Nicht erst seit die Stadt 2007 eine Citymaut eingeführt hat, sind immer mehr Stockholmer mit dem Fahrrad unterwegs. Seit 1990 wurde der CO_2-Ausstoß pro Einwohner um 25 % gesenkt. Auch deshalb wurde Stockholm 2010 von der EU-Kommission zur ersten ›Umwelt-Hauptstadt Europas‹ gekürt.

Flanieren durch Stockholm

Café und Nobelmuseum am Stortorget

1. *TOUR*

Immer am Wasser entlang – **Strandvägen**

Ein Bummel entlang Strandvägen führt ins späte 19. und frühe 20. Jh. Genießen Sie den Blick auf die Schärenboote und übers Wasser auf die grüne Insel Djurgården.

2. *TOUR*

Für Foodies und Stilbewusste – **Rund um Östermalms Saluhall**

Shoppen und Genießen nach Herzenslust: kulinarische Exkursion zur historischen Markthalle.

3. *TOUR*

Natur erleben in der Großstadt – **Djurgården**

Stockholm ist die einzige Großstadt der Welt mit einem Nationalstadspark und so viel Natur mitten in der Innenstadt: Djurgården.

Strandvägen

Immer am Wasser entlang

Ein Bummel entlang Strandvägen führt ins späte 19. und frühe 20. Jh., als die prächtigen Stadtpalais nach Pariser Vorbild entstanden. Heute sind hier Stockholms exklusivste Adressen. Genießen Sie den Blick auf die Schärenboote und übers Wasser auf die grüne Insel Djurgården.

Den Auftakt der 1,2 km langen Promeniermeile bildet architektonischer Theaterdonner in Marmor und Gold: Dramaten am Nybroplan. Der offizielle Name des wichtigsten Theaters des Landes lautet Kungliga Dramatiska Teater, es geht auf eine Gründung des kunstsinnigen ›Theaterkönigs‹ Gustav III. zurück. 1908 wurde der von Architekt Fredrik Lilljekvist entworfene Jugendstilbau mit der Aufführung eines Strindberg-Stücks eröffnet – nach sechsjähriger Bauzeit und mit mehr als doppelt so hohen Kosten wie geplant.

Tee und Champagner

Wenn Sie den Blick von der goldglänzenden Eingangsfassade des Königlichen Dramatischen Theaters losgerissen haben, kann er über die Architektur des Strandvägen schweifen, in der die Epoche des Jugendstils dominiert, aber auch Anleihen bei italienischer Renaissance bis französischer Schlossbauweise zu entdecken sind. Zwillingshaft stehen sich zwei Jugendstilhotels gegenüber: Hotel Esplanade, Strandvägen 7A, von 1910 und das noch exklusivere Hotel Diplomat, wo man sich in der T/Bar zum Afternoon Tea treffen kann. Ganz nach englischer Sitte werden Scones und Marmelade oder auch Herzhaftes wie Gurkensandwiches sowie auf Wunsch Champagner serviert.

Die Loire an der Ostsee

Auf der Landseite setzt der Gebäudekomplex Strandvägen Nr. 29–33, genannt Bünsowska Huset, der Strandpromenade die Krone auf: Eckturmchenverziert und mit seiner Kombination aus rotem Back- und hellem Kalkstein, erinnert der Komplex von Architekt Isak Gustaf Clason an ein Loireschloss. Der Bau entstand als Residenz des ›Holzbarons‹ Friedrich Bünsow 1886–88. Der aus Kiel gebürtige Sägewerksbesitzer und Millionär hatte einen exquisiten Geschmack.

Natur ganz nah: Djurgården

Die prächtige Djurgårdsbron beschließt den Spaziergang am Wasser. Die Brücke mit dem vergoldeten Skulpturenschmuck – vertreten ist die altnordische Götterwelt – und den kunstvollen gusseisernen Leuchten wurde zur Stockholmer Kunst- und Industrieausstellung 1897 fertiggestellt. Auf der anderen Seite signalisiert das leuchtend blaue Portal Blå Porten: Hier geht´s zur Naherholung und hinein ins Wegenetz der Insel. Tagtäglich passieren unzählige Radfahrer, Jogger, Spaziergänger das Tor zum noch immer königlichen Besitz Djurgården.

Wenn der letzte Dampfer vom Ausflug in die Schären zurück ist, kehrt Ruhe ein am Strandvägen.

S
SCHÄREN

Am schönsten ist es am Strandvägen, wenn gegen 10 Uhr die Boote in die Schären an- und ablegen: Trubel an den Kais, die Anlegemanöver der Schiffe sorgen für hohe Wellen und die Passagiere entsteigen den Booten oder besteigen sie mit Sack und Pack für ein Ferienhauswochenende in den Schären.

Rund um Östermalms Saluhall

Für Foodies und Stilbewusste

Die kulinarische Exkursion beginnt am Östermalmstorg. Rund um die historische Markthalle können Sie shoppen und genießen nach Herzenslust. Fachgeschäfte für klassisches skandinavisches Design, Kunstgalerien und Nobelboutiquen liegen dicht an dicht.

Die Markthalle des Nobelstadtteils, kurz ›Östermalmshallen‹ oder auch – offizieller – Östermalms saluhall genannt, präsentiert sich gediegen in Backstein und Jahrhundertwendechic. Aber auch der war in die Jahre gekommen und die Halle bekam ein Facelifting verpasst. Ob Käse, Brötchen, Wurst oder Fisch, hier ist alles vom Feinsten und appetitlich angerichtet. Neben Elchwurst und Rentierschinken überrascht die Fülle an Wurst- und Käsespezialitäten aus Kontinentaleuropa – von der italienischen Salami bis zum Schweizer Käse. Gourmetrestaurants laden zu Kostproben der hier präsentierten Delikatessen bei einem Glas Wein.

Zeitlos und elegant: skandinavisches Design

Mit einem frühen Lunch an einem Marktstand gestärkt, können Sie den Schaufensterbummel besonders genießen. Schräg gegenüber der Markthalle sind in der Galerie Modernity die Kreationen namhafter skandinavischer Designer zu kaufen oder einfach nur bewundernd anzuschauen: Glas, Keramik, Lampen und Schmuck ab den 1950er-Jahren bis heute. Die lange Liste der berühmten Namen reicht von Alvar Aalto über Arne Jacobsen bis Tapio Wirkkala. Wer sich für skandinavisches Design der Gegenwart interessiert, sollte auch bei Asplund hineinschauen – alle großen schwedischen Namen sind vertreten, doch inzwischen auch solche aus Mailand und London. Asplund verkauft nur Erstklassiges – Möbel und Einrichtungsgegenstände mit Stil. Eine neue alte Lampe soll es sein? Kenner finden ihr Lieblingsstück bei Gamla Lampor – betagte Stücke in zeitlosem skandinavischen Design, ebenso Stühle und Kleinmöbel.

Grönlandkrabben pfundweise zum Selberpulen gehen in der Markthalle über den Tresen, aber auch fertig angemachte Salate und andere Leckereien.

Luxus unter Glas: Sturegallerian

Wer in der gläsernen Einkaufspassage Sturegallerian shoppt, der oder die möchte gesehen werden – und sehen. Deshalb gibt es auch genug Cafés zum Draußensitzen unter dem hohen Dach. Die Einkaufspassage rund um das nach einem Brand 1997 stilgetreu wieder aufgebaute Sturebadet vereint ca. 50 Geschäfte und Restaurants. Man bekommt Papierwaren in angesagtem Design, Schmuck, exklusive Mode – und natürlich Bücher im traditionsreichen Buchladen Hedengrens bokhandel.

> **›HOPFENGARTEN‹**
>
> Humlegården mit dem kleinen Rondell um die Linné-Statue ist tagsüber willkommene Ruheoase für Shoppinggestresste. In der Königlichen Bibliothek Kungliga Biblioteket, der schwedischen Nationalbibliothek, kann man eins der vielen tausend Bücher in den Lesesaal bestellen oder eine Buchausstellung besuchen.

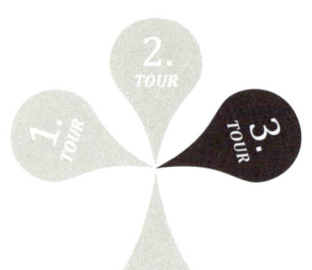

2. TOUR

1. TOUR

3. TOUR

Djurgården
Natur erleben in der Großstadt

Stockholm ist heute die einzige Großstadt der Welt mit so viel Natur in der Innenstadt. Intakte Natur in Großstadtnähe – das gefiel schon Malerprinz Eugen, der sich ebenso wie der Bankier und Kunstsammler Thiel auf Djurgården eine Jugendstilvilla bauen ließ, heute Perlen der Kunst zwischen knorrigen Eichen und wilden Waldpfaden.

Das königliche Jagdgebiet (Djurgården heißt ›Tiergarten‹) entging dem Bauboom des 20. Jh. – dabei schien seine ›Karriere‹ als bevorzugte Villengegend vorgezeichnet. Doch 1906 und 1913 beschloss der Reichstag, der Erschließung von Södra Djurgården zugunsten der Natur einen Riegel vorzuschieben. Umso sehenswerter und kostbarer sind die Bauten, die blieben ...

Ein Platz zum Malen

In wunderschöner Lage am Wasser auf der Südseite von Djurgården versteckt sich Prinz Eugens Waldemarsudde. Die einladend dekorierten Räume präsentieren die Sammlung des Malerprinzen, der als jüngster Sohn König Oskars II. in Paris Malerei studierte und unter

> DAS EINZIGARTIGE AN STOCKHOLM IST, DASS ES AUF INSELN GEBAUT WURDE UND VON WASSER UMGEBEN IST. DAS GIBT EINEM EIN STARKES GEFÜHL VON FREIHEIT.
>
> Björn Ulvaeus, Musiker

Kunst und Natur ergänzen sich gut im Terrassengarten der Villa von Waldemarsudde.

dem Einfluss des Impressionismus zu einem ganz eigenen Stil fand. Auch der Garten der italienisch anmutenden Villa ist eine Augenweide, der sich zum Wasser hin in Terrassen gliedert und mit Skulpturen geschmückt ist. Die Sonnenbänke im Terrassengarten laden dazu ein, den Seglern, Ausflugsschiffen und Fähren Richtung Schären zuzusehen – ein stetiges Kommen und Gehen.

Naturschätze und Café im Gartenidyll

Der größte Schatz von Djurgården sind aber die rund 200 uralten Eichen. Während die bis dahin ausschließlich der Krone vorbehaltenen Bäume ab 1789 anderswo der Säge zum Opfer fielen, blieben sie überall dort stehen, wo Adel und König Besitz hatten. Einer dieser Baumveteranen ist die mächtige Prinsens Ek neben dem Quellpavillon oberhalb der Villa Waldemarsudde. Heute sind die knorrigen alten Bäume Wohnung und Revier für Vögel und Fledermäuse, seltene Insekten sowie hochspezialisierte Pilze, insgesamt ca. 1500 Pflanzen- und Tierarten.

Quer über die Insel (Schild »Gångväg«) spazieren Sie durch den Eichenwald bis zu den Beeten und Feldern der Gärtnerei Rosendals Trädgård. Hier kann man sich einen Blumenstrauß pflücken oder in der Gärtnerei schöne Topfpflanzen, Blumenzwiebeln und Eingemachtes aus ökologischem Anbau einkaufen. Außerdem unterhält Rosendals Gärtnerei ein nicht nur bei jungen Eltern mit Kinderwagen sehr beliebtes Gartencafé, Rosendals Trädgårdskafe.

Gartenlust und Kaffeeduft locken die Besucher zu Rosendals Gärtnerei.

Lustschloss im Grünen

Nur wenige Schritte weiter östlich liegt Rosendals slott, das 1827 als Lustschlösschen für königliche Ausflüge ins Grüne errichtet wurde. Die wunderschöne Inneneinrichtung in Mahagoni und die leuchtenden Farben kann man bei einer Führung in Augenschein nehmen. Der erste Bernadotte, König Karl XIV. Johan, ließ sein Lustschloss auf der grünen Insel Djurgården im französischen Empirestil errichten. Der ehemalige Marschall Napoleons war vom schwedischen Reichstag mangels passendem Thronfolger ins Land gerufen worden. Unterhalb des Schlosses lässt es sich schön noch ein wenig am Djurgårdsbrunnskanalen (Schild »Djurgårdsbrunn«) entlangschlendern. Der Weg folgt dem schnurgeraden Kanal, der die große Insel in Södra und Norra Djurgården teilt. Nach einer Weile kommt eine Brücke in Sicht, Djurgårdsbrunnsbron, die man links liegen lässt, und dem schmalen Djurgårdsbrunnskanalen weiter folgt.

Naturfreunde aktiv

Am Djurgårdsbrunnskanalen hat man an warmen, stillen Sommerabenden die Chance, Fledermäuse beim Jagen zu erleben. Drei Arten sind in Stockholm recht häufig zu finden. Kurz vor der letzten Brücke (Fußgänger) nach Gärdet bzw. Norra Djurgården liegen rechts ein Feuchtgebiet und der Vogelsee Isbladskärret, im Herbst und Frühjahr Raststation für Zugvögel. Ganzjährig hat sich eine Kolonie Graureiher in den hohen Bäumen am Ufer eingenistet. Eine hölzerne Aussichtsplattform bahnt den Weg ins Schilf. An der östlichen Landzunge von Djurgården, Blockhusudden, beginnt die typische Schärenlandschaft der Ostsee, die man von einer der Bänke betrachten kann.

Es ist ein besonderes Vergnügen, mit dem Fahrrad auf Djurgården herumzuradeln – außenherum gibt es kaum Steigungen, nur in der Mitte der Insel liegt ein kleiner Buckel. Spätestens bei der längeren Variante bis Blockhusudden (5 km; sonst 2,5 km) empfiehlt sich der Umstieg aufs Rad. Fahrradverleih z. B. an der Brücke bei Djurgårdsbrons Sjöcafé, wo zudem ein Kiosk über Attraktionen auf Djurgården informiert und einige Tourenvorschläge anbietet.

II

Pausieren in Stockholm

Ruhiges Wasser für Segler:
Djurgårdsbrunnsviken

Mittendrin und doch draußen: Skeppsholmen ist eine stille Oase im Herzen der Stadt.

URIGE ENGE

Sturekatten

Eine steile Wendeltreppe führt von dem unscheinbaren Eingang in die sehr beliebte und gute Café-Konditorei. Auf zwei Etagen verteilt laden niedrige Stübchen mit krummen Wänden und gemütlich altmodischen Sofas, weichen Teppichen und Topfblumen an den Fenstern zum Verweilen. Ein plüschiges Idyll, in dem es schnell eng werden kann.

Riddargatan 4, www.sturekatten.se

SCHWEDISCHE BISTROKÜCHE

Uffe o Lottas

Das winzige Lokal auf der nördlichen Seite von Rådhuset ist zur Mittagszeit schnell bis auf den letzten Platz gefüllt, auch die Tische draußen auf dem Trottoir sind begehrt. Das Essen ist vorzüglich und das Angebot wechselt täglich – inklusive leckerer Suppen. Die vielversprechende Karte bietet schwedische Klassiker modern verfeinert, etwa Fleischklößchen *(köttbullar)*. Probieren Sie den Fischeintopf *(fiskgryta)*!

Kungsholmsgatan 26, www.uffeolottas.se

KÖNIGLICHE LIEGEWIESE

Hagaparken

Machen Sie es wie die Stockholmer, sobald die Sonne blinzelt: Breiten Sie eine Decke zum Picknick aus oder legen Sie sich einfach auf die Wiese zu Füßen der Kupferzelte am Nordeingang des Parks. Haga slott – abgeschirmt, eingezäunt und kameraüberwacht – ist heute Wohnsitz von Kronprinzessin Victoria mit Familie. Der Schlosspark steht als Teil von Ekoparken jedem offen. Das im 18. Jh. von Gustav III. erdachte Gesamtkonzept für einen Landschaftspark konnte nur teilweise realisiert werden, bevor der König 1792 einem Attentat zum Opfer fiel. Ein Schmuckstück ist Gustavs III:s paviljong (1780–90), in seiner schlichten Eleganz mit Spiegelsaal und Dekor in Gold und Weiß Vorbild für den ›Gustavianischen‹ Stil und ein Beispiel für das Miteinander von Natur und Architektur im Rokoko.

Haga, Solna

VOLKSNAH

Kungsträdgården

Der lang gestreckte Platz in der geschäftigen Innenstadt zwischen Oper und Hamngatan belieferte vor 300 Jahren als Gemüsegarten die königliche Tafel. Ganz aus dem Häuschen sind vor allem asiatische Besucher, wenn sich die ersten rosa Kirschblüten im April öffnen. Die Bäume sind ein Geschenk Japans. Und sonst? Im Sommer am plätschernden Brunnen ein Eis essen, einem Freiluftkonzert lauschen, einen Mittelaltermarkt besuchen oder im Winter den Weihnachtsmarkt … Am Südende, auf der Rückseite des Opernhauses, schließt sich Karl XII:s torg an, ein Tee-Pavillon bietet Erfrischungen mit Blick übers Wasser zum Schloss.

Norrmalm, T-Kungsträdgården

WELLNESS UND NOSTALGIE

Centralbadet

In der maurisch inspirierten Pfeilerhalle des Jugendstilbaus (Baujahr 1904) vergisst man leicht die Zeit und das hektische Treiben draußen in den Straßen und auf den Plätzen. Aber das kann man ja auch, schließlich gilt der Eintrittspreis einen ganzen Tag lang und schließt neben dem Bad im 30 °C warmen Becken verschiedene Saunen und Dampfbäder ein.

Drottninggatan 88, www.centralbadet.se

Koje oder Himmelbett?

An originellen Unterkunftsmöglichkeiten herrscht kein Mangel in der schwedischen Hauptstadt: Ob Sie in einer früheren Gefängniszelle oder in einer Militärkaserne mit Designausstattung nächtigen, auf einem Schiff den glucksenden Wellen lauschen möchten – Stockholm hat alles.

Stockholm ist eine gefragte Konferenzdestination und verfügt über etliche Großhotels. Falls aber gerade kein Kongress und keine Messe läuft, kann man mit etwas Glück Zimmer zu Schnäppchenpreisen ergattern. Einige große Kettenhotels bieten Frühbuchern und terminlich flexiblen Reisenden große Sparmöglichkeiten bei Onlinebuchung. Schicke Designhotels und noble Adressen sind zwar weniger großzügig, aber ein Erlebnis für sich, das man sich vielleicht auch einmal leisten kann.

Alternative für Sparsame sind Hostels und Jugendherbergen (*vandrarhem*), viele in originellen Locations wie einem ausrangierten Segelschiff oder ehemaligen Gefängnis. Die dem Internationalen Jugendherbergsverband IYHF angeschlossenen Häuser (STF, www.svenskaturistforeningen.se) gewähren DJH-Mitgliedern Rabatt. In den meisten Hostels kosten Bettwäsche und Frühstück extra. Das gilt auch für kleinere Hostels und Budgethotels. Wer im Mehrbettzimmer schläft und kein eigenes Bad benötigt, kommt am günstigsten weg.

Probieren geht über studieren

Die Stockholmer gehen gerne zum Essen aus, sie sind ein kritisches Publikum, aber auch neuen Trends gegenüber offen. Insgesamt zählt Stockholm ca. 1500 Restaurants – und die Hauptstadtgastronomie ist stets in Bewegung.

In den meisten Hotels wird ein überbordendes Frühstücksbuffet geboten. Manchmal gibt es neben Müsli, gekochten Eiern, Wurst, Käse und frischem Obst auch süß eingelegte Heringe. Typisch schwedisch sind gesüßtes und gewürztes dunkles Brot sowie Knäckebrot – lecker mit Frischkäse und Dorschrogenpaste.

Zum Mittagessen *(lunch)* zwischen 11.30/12 und 14/14.30 Uhr bieten viele Cafés und Restaurants ein günstiges Tagesgericht (*dagens rätt*). Im Preis inbegriffen sind meist Brot, Salat vom Buffet und Wasser aus der Leitung (häufig auch mit Saft oder Früchten aromatisiert) sowie am Schluss eine Tasse Kaffee/Tee. Das Abendessen heißt verwirrenderweise *middag*, in der Regel handelt es sich um ein mehrgängiges Menü und ist ein teures Vergnügen, erst recht, wenn man dazu Wein trinkt.

Eine Flasche Wein zum Essen kann nämlich einiges kosten, daher wird Wein auch glasweise ausgeschenkt. Übrigens: Leitungswasser *(bordsvatten)* wird fast überall kostenlos zum Essen angeboten.

Segelt nicht mehr und ist schnell ausgebucht: das Jugendherbergsschiff af Chapman.

Rösten selbst, und zwar beste Bohnen aus Afrika: Johan & Nyström.

Schöne Dinge fürs schmale Budget

An schönen Dingen ist kein Mangel in der Design-Hauptstadt Stockholm. Selbst wer nicht so gut bei Kasse ist, kann Schnäppchen machen.

Einkaufspassagen, schwedisch *galleria*, mit einer Reihe von Geschäften bestimmen das Bild in der Innenstadt, allen voran Gallerian zwischen Hamngatan und Jakobsgatan sowie Sergelgången, eine unterirdische Ladenzeile zwischen Sergels torg und Hamngatan. Ergänzt werden die Passagen von den Markthallen mit ihrem Mix aus Imbissständen und Restaurants, Delikatessen und klassischer Marktware von Backwerk, Fleisch und Fisch über Wurst und Käse bis zu Blumen, Obst und Gemüse.

Für Entdeckungen gut sind die Stadtteile, wie etwa Södermalm, an dessen Haupteinkaufsstraße Götgatan hochkarätiges Kunsthandwerk und kleine Spezialgeschäfte Platz finden. Originelle Schnäppchen macht man im ›SoFo‹-Viertel südlich der Folkungagatan. Eine Fundgrube für Musikfans ist das Viertel um Sankt Eriksplan mit Platten- und CD-Läden. Die höchste Dichte an Antiquitäten- und Trödelläden dürfte Vasastan aufweisen: Odengatan, Roslagsgatan, Upplandsgatan sind die vielversprechendsten Straßen. Wer etwas mehr für ein wertvolles Stück ausgeben möchte und kann, sucht im exklusiven Östermalm.

Nichts wie raus in die hellen Nächte …

Stockholm ist eine Stadt der Nachtschwärmer – nicht nur zu Zeiten der hellen Sommernächte, wenn die Sonne kaum vier Stunden unterm Horizont verschwindet. Kultige Bars, Clubs und Szenelokale, Kneipen mit Livemusik und Discos – das Angebot an nächtlichen Vergnügungen, schwedisch ›nöje‹, ist so vielseitig wie das Publikum.

Stockholm ist das Zentrum der skandinavischen Musikszene. In den Studios, bei Festivals und Konzerten geben sich Musiker die Klinke in die Hand. Wichtige Schauplätze der skandinavischen Jazzszene sind hier zu finden. Es lohnt sich früh anzufangen, lange Warteschlangen bilden sich nach Mitternacht. Am Freitag- und Samstagabend entfaltet sich das Bar-Leben bis in die frühen Morgenstunden. Dabei ist Alkohol für die Vergnügungen der Stockholmer im Nachtleben nicht das Wichtigste, dafür sind sie zu sehr Genießer.

Und das mit der Alkoholabstinenz hat auch noch einen anderen Grund: Alkohol ist in Schweden noch immer überdurchschnittlich hoch besteuert. Hat Bier *(öl)* über 3,5 Volumenprozent Alkohol, heißt es *starköl* und wird nur in Spezialgeschäften (Systembolaget) verkauft oder in Restaurants mit entsprechender Lizenz. Viele Bars servieren deshalb auch alkoholfreie Cocktails.

Weich und süß – die Sahnebonbons von Pärlans konfektyr sind liebevoll verpackter Genuss.

Stampen: Hier jazzt und rockt es live und laut.

Alles im Fluss in Straßburg

Petite France

Liegestuhl raus!

Früher legte sich der Hafen wie ein Riegel zwischen Straßburg und den Rhein. Erst seit einigen Jahren rückt die Stadt an den Fluss heran und hat sich mit den Kanälen und Hafenbecken neue Freiräume erschlossen. La Plage, Strand, nennen die Einheimischen den Quai des Pêcheurs, weil dort mehrere zu Bars umfunktionierte Flusskähne fest vertäut sind und am Ufer Liegestühle und Korbsessel aufgestellt sind. Wunderbar zum Aperitif mit Blick aufs Wasser!

Turm des Straßburger Münster

Appetitliches Gebäck und traditionelles Brot – die Bäckerei Au Pain de mon Grand-Père hat einen guten Ruf

*»Der Zug der
Nationen zum Kreuz«*

Das ist Straßburg

Seine Ausstrahlung und Anziehungskraft verdankt Straßburg seiner 2000-jährigen Geschichte, der Grenzlage zwischen Frankreich und Deutschland und nicht zuletzt den zahlreichen architektonischen Meisterwerken der Stadt. Dazu zählt an erster Stelle das Münster, ihr symbolträchtigstes Gebäude – 2015 wurde die Grundsteinlegung vor 1000 Jahren groß gefeiert. Seit 1988 ist die Grande Île, das historische Zentrum, ins Welterbe der UNESCO aufgenommen. Sorgte die Vergangenheit für mittelalterliche Fachwerkhäuser und wilhelminische Prunkarchitektur, bringen das EU-Parlament und die große Universität kulturelle und kosmopolitische Vielfalt in die Gegenwart.

Zu Fuß, mit dem Rad, mit der Tram

Aus großen Teilen der Innenstadt, insbesondere um die Kathedrale herum, wurde der Verkehr verbannt. Zu Fuß bleibt daher ausreichend Gelegenheit, die Stadt auf eigene Faust zu entdecken: einen geschnitzten Eckbalken hier, alte Hauszeichen über den Türen dort, die vielen modernen Kunstwerke, schicke Boutiquen und edle Feinkostläden.

Wem es zu Fuß zu langsam ist, der kann von den Verleihstationen der *vélocation* und einem ausgedehnten Radwegenetz profitieren. Daneben ist die moderne elektrische Tram das Verkehrsmittel in der Innenstadt – die Niederflurbahnen kurven ohne Absperrungen durch die Straßen und machen im Bedarfsfall schrill auf sich aufmerksam.

Schlemmen und shoppen!

Kann Straßburg Thema sein, ohne über Kulinarisches in der Stadt zu reden? Die Liebe zum deutsch-französischen Grenzland geht durch den Magen, die gute Küche des Elsass ist berühmt. Wer einkehrt, sollte Appetit mitbringen: Französische Qualität in deutschen Portionen wird der Regionalküche attestiert. Der Elsässer Wein spielt im Weinland Frankreich fast keine Rolle, in Straßburg ist er allgegenwärtig. In den Winstubs sind Riesling und Gewürztraminer, Edelzwicker, Pinot Blanc und Pinot Gris im Ausschank. Die Winzer erzeugen vorwiegend Weißweine der Region, den Schaumwein Crémant d'Alsace und Pinot Noir als einzigen Rotwein (mit nur 10 % Anteil am Gesamtertrag).

Selbst ernannte Weihnachtshauptstadt – zur Adventszeit schmückt sich Straßburg mit vielen Lichtern.

Von außen denkmalgeschützte Belle Epoque, innen 21. Jh.: die Universitätsbibliothek

Nicht nur mit ihren Weinhandlungen bietet die Stadt exzellente Möglichkeiten, Feines für zu Hause zu erstehen: Köstliche Mitbringsel sind neben Crémant d'Alsace, Obstbränden und Biowein auch Lebkuchen und anderes Gebäck, Konfitüren, Schokolade und Pralinen, Wurst- und Käsespezialitäten. Modeboutiquen und Schuhgeschäfte verlocken Fashionistas dazu, ihre Garderobe aufzustocken. Für Hobbyköche lohnt sichdie Anschaffung französischer Küchenartikel in handwerklicher Qualität, ob gusseiserne Bräter, Kochmesser oder Kupferkasserollen. Für den schön gedeckten Tisch sorgen Tischwäsche, Porzellan und Glas aus französischen Manufakturen, für die Körperpflege Naturkosmetik, Seifen und Düfte.

Immer besetzt

›Carrefour de l'Europe‹, wörtlich ›Kreuzung Europas‹ nennt sich die Hauptstadt des Elsass. Dort ging es in der Vergangenheit nicht immer friedlich zu: Straßburg und das Elsass standen lange Zeit zwischen den beiden konkurrierenden ›Erbfeinden‹ Deutschland und Frankreich. Im Lauf ihrer Geschichte gehörte die Grenzregion je nach Kriegsausgang mal zum einen, mal zum anderen Staat. Viermal wechselte das Elsass die Nationalität: Tomi Ungerer, der bekannteste Künstler Straßburgs, nannte seine Heimat in seiner drastischen Ausdrucksweise die »Toilette Europas: immer besetzt«.

Heute, in einem vereinigten Europa, werden die unterschiedlichen Kulturen und Sprachen allmählich wieder als Vorteil verstanden. Zehntausende Pendler, grenzüberschreitende Festivals und Kulturarbeit sowie der in Straßburg angesiedelte deutsch-französische Kultur-TV-Kanal arte sind Indizien dafür, dass der Ausschließlichkeitsanspruch einer Kultur inzwischen der Vergangenheit angehört. 1949 wurde Straßburg zum Sitz des Europarats und 1958 (zusammen mit Brüssel) zum Sitzungsort des Europäischen Parlaments ernannt. Welche Stadt könnte auch besser eine europäische Berufung verkörpern als dieser Zankapfel zwischen den Nationalstaaten Deutschland und Frankreich, der als Erbe dieser Vergangenheit seine Zweisprachigkeit und seine vielfältigen kulturellen Wurzeln in das so viel beschworene ›Europa der Regionen‹ einbringen kann.

1. TOUR

2. TOUR

3. TOUR

Flanieren durch Straßburg

Restaurant Maison des Tanneurs am Abend

1. TOUR

Schlaraffenland für Foodies –
Die Rue des Orfèvres

Die schmale Straße sendet Lockrufe an Gourmets aus: Deftige
Wurstwaren, fruchtige Pâtisserie und aromatische Käselaibe
liegen wie zum Anbeißen drapiert in den Schaufenstern.

2. TOUR

Szeneviertel ganz entspannt –
Um die Place du Marché Gayot

Im Sommer scheint der kleine Platz aus allen Nähten zu plat-
zen und auch im Winter zieht es Straßburgs ›jeunesse dorée‹
in die umliegenden Bars und Clubs.

3. TOUR

Ein Hauch von Venedig – **Petite France**

Das perfekte Programm für einen Sundowner: Die herausgeputzte Fachwerkwelt war früher das Viertel der Gerber.

Die Rue des Orfèvres
Schlaraffenland für Foodies

Diese schmale Straße sendet Lockrufe an Gourmets aus: Deftige Wurstwaren, fruchtige Pâtisserie und aromatische Käselaibe liegen wie zum Anbeißen drapiert in den Schaufenstern. Schade nur, dass die dazwischengestreuten Modegeschäfte immerzu an das schlechte Gewissen figurbewusster Menschen appellieren …

In der Fußgängerzone nördlich der Kathedrale ziehen kulinarische Köstlichkeiten so sehr die Blicke auf sich, dass die Passanten kaum einmal nach oben schauen. Das ist schade, denn im 18. Jh., dem Goldenen Zeitalter der Goldschmiedekunst, ließen sich die Granden dieser einflussreichen Zunft hier ansehnliche Häuser bauen.

Knacks und Gänseleber

Die Straßburger Metzger und ihre Erzeugnisse sind in Frankreich einzigartig. Über 60 Gesellen bereiten Pasteten, Gänseleber und geräucherte Waren, Choucroutes und gefüllte Spanferkel, Fleischwurst, Landjäger, die dunkle Elsässer Blutwurst und die berühmten Knacks (Brühwürstchen) zu. Seit 1852 stellen fünf Generationen von Traiteurs der Familie Bruck *foie gras* (Gänseleberpastete) her, unverzichtbar in der gehobenen elsässischen Küche. Bei Wolfberger bekommen Sie den passenden Wein, ob einen Gewürztraminer zur Gänseleber oder einen Riesling zum Presskopf! Beim Verdauen helfen die hochprozentigen Obstbrände. Hinter der Fassade gegenüber liegt das Fleischimperium von Frick-Lutz. Es entstand 1830 aus der Heiratsfusion der Metzgerwitwe Frick von Nr. 14 mit dem Metzger Lutz von Nr. 16.

Süße Verführung

Die linke Straßenseite gehört den salzigen Delikatessen, die rechte den süßen. In den großen Fenstern von Patissier und Traiteur Naegel warten verführerisch aussehende Obst- und Schokotörtchen, duftige Croissants und Brioches, aber auch Pizzen, Sandwiches und Quiches auf ihre Käufer. Edel, eher leer und streng in Grautönen gehalten ist die kleine Boutique von Chocolat Weiss. Auch sie ein Traditionsbetrieb, 1882 gegründet. Bis zu 85 % Kakao enthalten die dunklen Köstlichkeiten des passionierten Chocolatiers.

Edles aus Rohmilch

Die Käseveredler Cyrille und Christelle Lorho nennen es ›Duft‹, was ihre knapp 250 Käsesorten so von sich geben. In der französischen Speisenfolge kommt der *fromage* nach dem Fleischgericht und vor dem Dessert. Zur Auswahl stehen in der Maison Lorho pfundsschwere Laibe aus Rohmilch, sorgfältig per Hand auf den Almhöfen der Vogesen hergestellter Munster fermier oder kleine, mit Blauschimmel überzogene Ziegenkäse.

Elegant, edel, erlesen: Die Pralinen von Chocolat Weiss werden wie Schmuckstücke präsentiert – mit Folgen fürs Reisebudget.

Um die Place du Marché Gayot

Szeneviertel ganz entspannt

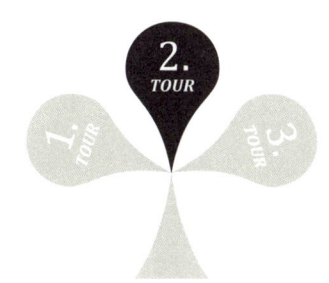

Im Sommer scheint der kleine Platz vor Energie förmlich zu bersten und auch im Winter zieht es Straßburgs ›jeunesse dorée‹ in die umliegenden Bars und Clubs. Ob jazzig, kultig oder stylish, die Place du Marché Gayot und die benachbarten Straßen Rue des Sœurs und Rue des Frères bilden ein entspanntes Szeneviertel.

Vier schmale Durchgänge führen von der Place du Marché Gayot auf die angrenzenden Straßen. Auf der Seite des Cornichon Masqué ist das kopfsteingepflasterte, rechteckige Areal recht pittoresk: Kleine Fachwerkhäuser bilden den illustren Rahmen zu Tischen, Menü-Schiefertafeln und einigen Bäumen. Der klobige ›Meteorit‹, Daniel Pontoreaus »Pierre troué«, setzt einen künstlerischen Akzent. Wie vom Himmel gefallen wirkt die massige Skulptur. An Sommerabenden geht es hier hoch her, fast italienisch, wenn sich die Nachtschwärmer, darunter viele Studenten, dicht an dicht drängen.

Zur Seite der Rue des Frères hin liegen zwei weitere Urgesteine des Straßburger Nachtlebens: Im Le Saxo genießt man seinen Drink bei dezenter Hintergrundmusik. Mahagoniholz, Aluminium, Backstein, Schwarz-Weiß-Fotos und gedämpftes Licht ergeben ein rustikal-schickes Ambiente. Die Cocktails sind gut und recht günstig. Auch im Tages- und Nachtcafé Le Gayot herrscht eine eher ruhige Atmosphäre, auf dem Klavier darf jeder Gast, der möchte, ein paar Takte zum Besten geben. Beide Bars eignen sich eher dazu, mit Freunden ein Bier zu trinken und sich zu unterhalten, als heiße *soirées* zu feiern.

Mythen der Nacht

Für mehr Action sorgt die, wie sie sich selbst nennt, amerikanische Bar Les Aviateurs, eine der Mythen der Straßburger Nacht. Besonders hoch her geht es zu später Stunde. An den Wänden hängen Plakate und Fotos aus der namengebenden Luftfahrt, von der Decke ragen zwei Flugzeuge in den Raum. Das auch altersmäßig gemischte Publikum – Studenten und Parlamentarier, Künstler und Presseleute – amüsiert sich nach Kräften auf der zugegeben engen Tanzfläche.

Ruhiger geht es gegenüber in der Bar L'Alchimiste zu. Der Wirt, ein Fan von Fantasy-Rollenspielen, macht dies mit Zauberbüchern und einem großen, künstlichen Baum in der Theke deutlich. Eigentlich geht es hier aber um Cocktails, geschüttelt und gerührt, und neben den üblichen Verdächtigen Waikiki und Bloody Mary gibt es auch so düster-geheimnisvolle Mischgetränke wie 666.

Das Kleid aus alten Bierdosen im Schaufenster des Village de la Bière würde gut für eine Tour durchs Viertel taugen. Allein – es ist unverkäuflich.

HOPFEN UND MALZ GEWONNEN

Mit über 400 Biersorten kann der Bierladen in der Rue des Frères punkten. Für ihre Partys decken sich die Straßburger Studenten eher beim Discounter ein, aber wenn es etwas Besonderes sein soll – ein belgisches Starkbier, ein Himbeerbier, ein elsässisches Weihnachtsbier –, ist man im Village de la Bière genau richtig. Was sonst als Craft-Beer-Brewery ein Begriff ist, nennt sich in Frankreich Micro-Brasserie. Diese kleinen Braumanufakturen produzieren Trendbiere wie India Pale Ale, exotische Eigenkreationen und in Kleinstmengen gebraute Saisonbiere. Der so kundige wie sympathische Shopbesitzer führt daneben eine große Palette an Craft-Beer-Sorten aus aller Welt.

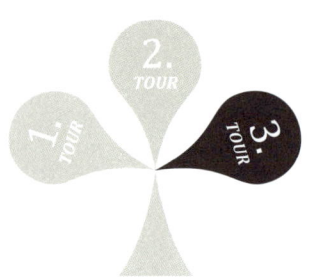

Petite France

Ein Hauch von Venedig

Das perfekte Programm für einen Sundowner, auch wenn man die Fachwerk-, Kopfsteinpflaster- und Schleusenherrlichkeit höchst selten für sich allein hat, denn das von Kanälen durchzogene ›Klein Frankreich‹ ist nach dem Münster Straßburgs größte Touristenattraktion. Die herausgeputzte Fachwerkwelt war früher das Viertel der Gerber.

Zunächst noch eingeschnürt von Vauban-Wehr und den Ponts Couverts, fächert die Ill sich zu vier Armen auf, die sich dann nach Osten zu hinter dem Pont-St-Martin wieder vereinigen. Hinter der Barrage Vauban zweigt der Fossé du Faux Rempart ab, der die Innenstadt im Norden umfließt.

Schwarz-weiße Häuschen

An der Ecke der Rue des Dentelles zur Rue du Bouclier verbirgt sich das Renaissancehaus Zum Hirschkorn hinter einer Mauer mit Tor. Unter dem Giebel zeigt eine gemalte Sonnenuhr aus dem 16./17. Jh. die Stunden und halben Stunden an. Vor der Rue du Fossé des Tanneurs zweigt die Petite Rue des Dentelles ab, eine schmale, von Fachwerkhäusern gesäumte, absolut heimelige Gasse. Zur Linken eine Schleuse, stehen rundherum einige der ältesten und schönsten schwarz-weißen Fachwerkhäuser: Das nach dem Straßburger Maler benannte Platzensemble der Place Benjamin Zix gehört zu den meistfotografierten und meistbesuchten Highlights der Stadt. Was auch die Konzentration von Souvenirläden hier und in den angrenzenden Straßen beweist.

Wo die Gerber lebten

Die Maison des Tanneurs oder Gerwerstub, heute ein bekanntes elsässisches Traditionsrestaurant, wurde 1572 gebaut und erst 1949 als Gerberhaus außer Dienst gestellt. Zum Platz hin kragen die Fachwerkobergeschosse vor, zur Ill hin liegen die heute teils verschlossenen, ursprünglich aber offenen Galerien, in denen die Gerber ihre Häute trocknen ließen. Charakteristisch für die Gerberhäuser sind die offenen Balkone unterm Dach. Und die Nähe zum Wasser, das zum Ausspülen der Häute in großer Menge benötigt wurde.

An der kopfsteingepflasterten Rue du Bain aux Plantes stehen die am besten erhaltenen Gerberhäuser. Halb im Souterrain eines Fachwerkhauses liegt die gemütliche Winstub Lohkäs, deren Kachelofen, alte Holzmöbel und Drehorgel man bereits von außen bewundern kann. Der Lohkäs war das, was von der aus Eichen- und später Fichtenrinde gewonnenen Gerberlohe übrig blieb, wenn das Tannin seine Wirkung getan hatte.

4-Sterne-Haus in Eisfabrik

Der Gebäudekomplex an der Rue des Moulins war von etwa 1900 bis 1990 eine Eisfabrik. Dann zog das 4-Sterne-Hotel Régent Petite France ein. Drei Turbinen, heute im Hotelkomplex erhaltene Industriedenk-

Kaum zu glauben, dass dieses Bilderbuchviertel früher einer der unattraktivsten Orte Straßburgs war. Wegen der Häute, die die Gerber zum Trocknen aufhängten, stank es ganz erbärmlich.

Ponts Couverts

mäler, produzierten Eisblöcke für den wachsenden Bedarf der Brauereien. Von der Rue des Moulins kann man auf Holzstegen um die Schleusen des Bootsanlegers spazieren und kommt am Ende vor dem kompromisslos zeitgenössischen Régent Petite France heraus. Auch wenn man nicht hier übernachtet, lohnt sich ein Besuch der Bar Champagne. Auberginentöne in einer hundertprozentigen Designumgebung, an die 60 Drink-Varianten mit Champagner und der Blick durch zwei halbrunde Fenster auf ein Auffangbecken vor dem Wehr machen die Bar zu einem idealen Ort für einen Aperitif oder einen Absacker. Das Hotelrestaurant Le Pont Tournant hat durchaus kulinarische Meriten, vor allem aber überzeugt die Terrasse über dem Wasser, die im Sommer einer der schönsten Plätze der Stadt ist.

Sundowner am Stauwehr

Seit 1784 sind die Ponts Couverts, die ›gedeckten Brücken‹, nicht mehr überdacht. Drei kopfsteingepflasterte Brücken aus rotem Vogesensandstein ersetzten die mittelalterlichen holzgedeckten Brücken, was dem malerischen Anblick keinen Abbruch tut. Im Verein mit den erhaltenen vier quadratischen Wehrtürmen aus dem 13./14. Jh. sicherte das Befestigungswerk die vier Ill-Arme, diente aber auch zum Betrieb der auf die Pfeiler gebauten Mühlen. Später (bis 1823) war der sogenannte Henkersturm (Tour du Bourreau) ein Gefängnis.

Nach Plänen des berühmten Militärarchitekten Sébastien Le Prestre de Vauban (1633–1707) wurde Ende des 17. Jh. der Barrage Vauban errichtet, ein Stauwehr aus 13 Bogen. Das Wunderwerk der Militärtechnik ermöglichte im Falle eines Angriffs die Überflutung der Ebene

> BESONDERS ABER HAT MEIN HERZ DER HOHE MÜNSTERTURM ERSCHÜTTERT, ALS ICH AUS EINEM SCHATTIGEN BAUMGANG HERFÜRTRAT UND ER SO ALLMÄCHTIG VOR MIR IN DIE WOLKEN RAGTE [...].
>
> Clemens Brentano

Abends wird der Barrage Vauban stimmungsvoll beleuchtet, tagsüber kommt man wegen der tollen Aussicht von der Dachterrasse.

südlich der Stadt, wie es im Krieg 1870/71 auch geschah. Auf dem Stauwehr wurde später eine großzügige Dachterrasse gebaut, von der der Blick über die Ponts Couverts bis zum Münsterturm schweifen kann – eines der schönsten Panoramen von Straßburg. Jeden Abend wird dieses Symbol des Straßburger Stadtbilds effektvoll beleuchtet.

Nach einem Abendessen in der Petite France sollte man sich einen Abschiedsblick vom Pont St-Martin gönnen. Rechts liegt die alte Kirche, in der heute das Ensemble des Théâtre du Jeune Public junge Zuschauer erfreut. Erleuchtete Fachwerkhäuser säumen das dunkle, wirbelnde Wasser, das um die Schleusen strömt.

II

Pausieren in Straßburg

Wo einst Schiffe ihre Ladung löschten, machen im Sommer Liegestühle das ehemalige Hafenareal zum Beachclub.

Augen auf im Parc de Pourtalès, dann bleibt auch der »Wald, der hört und schaut« von Claudio Parmiggiani nicht unentdeckt.

BRUNCH IM KÄSELADEN

L'Epicier Grand Cru
Jeden Tag bis 14 Uhr gibt es in dem kleinen Feinkostladen einen Brunch mit Käse, Wurst-Aufschnitt, Pata-Negra-Schinken und Foie Gras.
64, Grand'Rue, www.lepiciergrandcru.com

IT'S TEATIME

Le Thé des Muses
Ein Salon de Thé zum Wohlfühlen, genau das Richtige nach einem Stadtbummel. Bei einem Stück der köstlichen Obsttartes, Linzertorte oder Cakes lässt sich die Aromen-vielfalt der großen Teeauswahl entspannt genießen. An die 300 Sorten aus dem schier unendlichen Tee-Kosmos – schwarz, grün, weiß, viele verschiedene Früchte – ver-kauft dieses kleine Geschäft.
19, rue Ste-Barbe, www.thedesmuses.co

FRISCHE MARKTKÜCHE

La Table de Christophe
Im holzvertäfelten Restaurant stehen Tagesangebote je nach Marktlage auf den schwarzen Tafeln an der Wand – hier wird raffiniert aufgetischt, was gerade Saison hat. Mittags ist jeweils ein günstiges Tagesgericht im Angebot, für Vegetarier stehen Pasta oder Risotto zur Wahl. Ansonsten halten sich ›Terre et Mer‹ auf der Karte die Waage, also die nach allen Regeln der Kochkunst frisch zubereiteten, abwechslungsreichen Hauptgerichte mit Fleisch oder Fisch wie Enten-brust mit Rhabarber-Honigsoße und glasierten Mairübchen oder Kabeljau mit Lauch und Topinambur.
28, rue des Juifs, www.tabledechristophe.com

ZWERGE UNTER EICHEN

Parc de Pourtalès
Ein weitläufiger naturbelassener Park erstreckt sich um das im Wesentlichen aus dem Zweiten Kaiserreich stammende Schloss von Pourtalès. Wer hier joggt, das Grün für Ballspiele nutzt oder den Kinderwagen schiebt, kann sich auf die Suche nach Kunstwer-ken begeben, die die Beziehung Mensch-Natur visualisieren. Barry Flanagans »Kricketspieler« ist ein heiter tänzelnder Hase aus Bronze. Durch Stephan Balkenhols »Durch den Baum«, die Reste eines gewal-tigen Bubinga-Baums, kann man hindurchgehen, während Jean-Marie Krauths 137 nur 13,5 cm große Bronzezwerge sich an der Dreiwege-kreuzung unter einer Eiche im Laub verstecken, Titel: »Ihr Ort«.
Rue Mélanie/Vorort Robertsau

BINDESTRICH ZWISCHEN DEN LÄNDERN

Jardin des Deux Rives
Der grenzüberschreitende ›Garten der zwei Ufer‹ wurde 2004 auf der französischen Rheininsel und einem schmalen Uferbereich im deutschen Kehl angelegt. Marc Mimrams Passe-relle schwingt sich grazil über den Rhein – als Bindestrich zwischen den beiden Ländern. Am französi-schen Ufer ist eine 250 m lange und 2–5 m hohe halbkreisförmige Was-serwand aus Naturstein die Haupt-attraktion. Davor sind Wassergärten angelegt und schießen Fontänen in die Höhe. Mehrere runde Gärten, die regelmäßig erneuert werden, haben je ein Thema: ein Labyrinth für Kinder mit Hase und Schildkröte, eine Dünenlandschaft mit hölzernen Eisenbahnschienen und Heilpflan-zen. Das Areal ist ideal für einen gemütlichen Familienausflug!

Atmosphère toujours

Im Stadtzentrum erfüllen Mittelklasse- und Boutiquehotels die Bedürfnisse von Wochenendbesuchern nach einer atmosphärisch stimmigen, aber nicht allzu teuren Unterkunft für einen entspannten Aufenthalt. Preiswerte Hostels und Jugendherbergen für alle Gäste ›on a budget‹ haben dagegen Seltenheitswert in Straßburg. Auch deswegen wächst das Angebot an Ferienwohnungen – eine Unterkunftsvariante, die in vielen Städten wegen der Zweckentfremdung von Wohnraum umstritten, in Straßburg aber noch gestattet ist.

Steigender Beliebtheit erfreuen sich die Chambres d'hôte, das französische Pendant zum britischen Bed & Breakfast. Solche Gästezimmer gibt es in privaten Unterkünften (www.otstrasbourg.fr, www.chambres-hotes.fr, www.airbnb.de), mal modern und recht chic, mal eher improvisiert.

Die angegebenen Preiskategorien beziehen sich auf ein Doppelzimmer ohne Frühstück. Wer ein Zimmer als Einzelperson belegt, zahlt leider kaum weniger. Attraktiver als das meist karge und häufig für das Angebotene recht teure Hotelfrühstück ist ein selbst organisiertes Frühstück in einem Café oder in einer Bäckerei in der Nachbarschaft.

Straßburg ist, nicht zuletzt aufgrund der zahlungskräftigen Klientel rund ums Europaparlament, ein recht teures Pflaster.

Aufgetischt ...

... wird im ›Schlaraffenland Elsass‹ vor allem Fleisch. Baeckeoffe, Waedele (Eisbein), Schlachteplatte, Presskopf, Winzerpastete und Räucherwurst – was für Franzosen exotische germanische Speisen sind und deutsche Besucher an die Küche ihrer Großmütter erinnert, ist vor allem eines: deftig.

Typisch für Straßburg (und das übrige Elsass) sind die Winstubs. Dort pflegt man die traditionelle Kost erstaunlich beharrlich: In rustikalem Ambiente mit viel Holz und elsässischer Folklore-Deko kommt in der Regel Bodenständiges in üppigen Portionen aufs rotkarierte Tischtuch. Die Winstubspeise schlechthin ist Sauerkraut (*choucroute*), das traditionell mit Räucherfleisch und Knacks (Würstchen) serviert wird. Es kommt aber auch mit Fisch oder Ente daher. Das elsässische ›Nationalgericht‹ ist Baeckeoffe, einst ein Arme-Leute-Essen, in das am Sonntagabend die Fleischreste kamen, um am Montag im Ofen des Bäckers auf kleiner Flamme, dafür aber lange vor sich hin zu garen.

Wer mal keinen Appetit auf Schwein und Sauerkraut hat, im Sommer etwas Leichteres bevorzugt und nicht gerade in den Gourmethimmel der Spitzenküche strebt, kann auf Flamm- und Zwiebelkuchen, Bibeleskäs (Quark) zu Bratkartoffeln, Kaesknepfle, Grumbeerekiechle (Kartoffelpuffer) mit Lachs, Crêpes und Tartines ausweichen.

Heiterer Unsinn im Graffalgar

Flammkuchen – am besten mit Freunden teilen

Schöne Dinge …

Strass' Night

… und Läden gibt es in Straßburg mehr als in dieses Buch passen. Die Stadt ist ein Einkaufsparadies! Das Preisniveau entspricht in etwa dem deutschen, nur dass die teuren Dinge vielleicht noch einen Tick teurer sind. Die Übersichtlichkeit, zahlreiche den Fußgängern vorbehaltene Bereiche und das enge Beieinander von Geschäften, Cafés und Restaurants tragen wesentlich zum entspannten Shoppen bei: Straßburg entschleunigt. Dicht an dicht finden Sie hier Prêt-a-Porter- und Luxus-Mode, Kulinaria und Deko.

In dem teils labyrinthischen Gewirr kleiner Gassen rund um das Münster reiht sich Geschäft an Geschäft, eine überzeugende Einladung zum mehr oder weniger ziellosen Schaufensterbummel. Die lange Einkaufsstraße Grand'Rue wird gesäumt von Imbissen, Restaurants und Geschäften: Schuhe, Kinderkleidung, Deko, Lebensmittel, Tee – perfekt für ein nicht zu teures, entspanntes Shoppen. Die Angebotspalette der bunten Einkaufswelt dort ist breit und reicht vom Discounter bis zum Friseur.

Beim Einkauf von Mode, Taschen, Schuhen, Parfüms, Beautyprodukten und Küchenequipment von französischen Labeln und Manufakturen kann man in Straßburg nicht unbedingt sparen, trifft aber auf ein hochwertiges und exquisites Angebot – ob Laguiole-Messer, Staub-Bräter, feiner Kaschmirpulli oder Spitzenunterwäsche.

Fast 50 000 Studenten, Tausende von Besuchern aus aller Herren Länder, arrivierte Straßburger und der ganze Tross der Europastadt – sie alle gehen ausgesprochen gern auf die Piste. So mittelalterlichgemütlich die Altstadt ist, hier werden die Bürgersteige definitiv nicht zu früher Stunde hochgeklappt. Vor allem im Sommer brodelt das Leben: Die Studenten und zahlreiche junge Besucher sorgen dafür, dass es eine rege Ausgehszene mit Kneipen, Clubs und Discos gibt.

Am späten Nachmittag, nach Geschäfts- und Büroschluss, nimmt man gegen 17 Uhr seinen Apéro, bei warmer Witterung an einem der Tische auf den Außenterrassen, die Restaurants, Bars und Cafés auf Bürgersteige und Plätze gestellt haben. Gegen 1 Uhr wird hier das letzte Bierchen getrunken, doch in den Clubs und Discos geht es dann erst richtig heiß her. Vor 22, 23 Uhr lässt man sich dort selten blicken. Lieber geht man erst einmal ins Kino oder Bistrot oder sitzt einfach draußen ungezwungen beieinander. Hauptausgehtage sind Donnerstag, Freitag und Samstag, dann haben viele Etablissements länger geöffnet, meist bis gegen 4, 5 Uhr am frühen Morgen. Die Zentren des Nachtlebens sind die Place du Marché Gayot und die benachbarte Place Saint-Etienne sowie die Viertel Krutenau und Finkwiller südlich der Ill.

Weihnachtsshopping in der City

Selbstgebrautes aus Mini-Brauereien ist in.

Spielwiese Valencia

Das Meer vor der Tür

Obwohl es die drittgrößte Stadt Spaniens ist, hat Valencia noch immer Geheimtippcharakter. Dabei besitzt die Mittelmeermetropole mit dem futuristischen Kultur- und Freizeitpark Ciudad de las Artes y las Ciencias eine Attraktion, die wie der Blick in eine ferne Zukunft anmutet. Aber auch als Badeziel hat Valencia sich neu positioniert: Während man früher mit der Straßenbahn durch Orangenfelder zum Seebad schaukeln musste, gibt es heute einen herrlichen Stadtstrand mit einer kilometerlangen Uferpromenade und quirligem Strandleben.

Die Vielfalt der Huerta Valenciana, versammelt in einer Ikone des Jugendstils, dem Mercado Central

Plaza de la Reina

Plaza de la Reina

*Sonnenuntergang
in Valencia*

Das ist Valencia

Echtes, authentisches Spanien! Das ist Valencia. Zwar ist die Mittelmeermetropole nach Madrid und Parcelona drittgrößte Stadt, trotzdem gehört sie zu den unbekannten Destinationen des Landes. Zum Glück! Im Gegensatz zu Mallorca ist sie nicht fest in deutscher Hand und auch Demonstrationen besorgter Einwohner ob explodierender Touristenzahlen wie in Barcelona sind Fehlanzeige. Hier ist Spanien noch Spanien. Manche behaupten, Valencia stünde im Schatten seiner beiden großen Schwestern. Nur wer Spanien etwas kennt, der weiß: Unter der Sonne des Mittelmeers sind die Schattenplätze die besten.

Eine ›erdige‹ Stadt, ...

Valencia liegt am Mittelmeer, oder doch nicht? Das Stadtzentrum zumindest nicht. Es liegt nicht am Wasser, sondern ein paar Kilometer von der Küste entfernt im Landesinnern. So hat auch nicht so sehr die Seefahrt als vielmehr die Landwirtschaft die Region und den Charakter ihrer Menschen geprägt: Einst der Scholle verhaftet, sind Valencianos praktisch und pragmatisch veranlagt. Gutes Beispiel hierfür ist die Paella, im Ausland irrtümlich als gesamtspanische Nationalspeise verstanden, hat sie ihren Ursprung in den Reisfeldern im Süden Valencias. Traditionell waren es die Reisbauern, bei denen die Paella auf den Tisch kam, als gemeinsames Mahl für alle: schlicht und einfach ein Eintopf. So ist es bis heute üblich, dass man die Paella mit dem Löffel direkt aus der Pfanne isst.

... die sich dem Meer geöffnet hat

Valencia lebe, so hieß es einst, mit dem Rücken zum Meer. Früher schaukelte eine Straßenbahn durch weite Orangenfelder vom Zentrum bis zum Seebad gleich neben dem Hafen. Und noch Mitte der 1980er-Jahre fuhr man mit dem Auto nicht an den Strand, sondern direkt auf den Strand, nachts, um Party zu machen. Dann beschlossen die Stadtplaner, Valencia zum Meer hin zu öffnen. Eine kilometerlange Uferpromenade entstand, gesäumt von Palmen und Restaurants, und der Strand erhielt Spielanlagen, Rollstuhlrampen und Duschen. Heute muss der Stadtstrand von Valencia, die Playa de la Malvarrosa, den Vergleich mit berühmten Badedestinationen nicht scheuen.

Abends mit Freunden in den Altstadt-gassen unterwegs sein und Tapas, Tinto de verano oder ein Bier – einfach das Leben – genießen

Heimspiel für Fotografen: Calatravas CAC eröffnet immer wieder neue Perspektiven.

Nachhaltig aus der Rezession

Doch Valencia hat auch harte Zeiten hinter sich, haben doch Rezession (2009–13) und Mauschelei-en der Lokalpolitiker ein Riesenloch in der Stadtkas-se hinterlassen. Gerade Großprojekte wie etwa die Ciudad de las Artes y las Ciencias (CAC) oder der Umbau des Hafens haben Abermillionen verschlun-gen, die man eigentlich gar nicht hatte. Frischen Wind brachte nicht nur die wieder besser laufende Wirtschaft des Landes, sondern auch eine neue Stadtregierung, nachdem die alte Bürgermeisterin 24 Jahre am Stück die Geschicke Valencias be-stimmt hatte. Man bekam einerseits die Finanzen wieder in den Griff, andererseits setzte man be-wusst auf nachhaltige Projekte wie etwa die Idee, aus dem topfebenen Valencia eine Fahrradstadt zu machen. Und es funktioniert: Es radeln immer mehr Valencianos und Touristen durch die Stadt.

Vivir la vida

Es sind denn auch die einfacheren Dinge, die das Leben in Valencia ausmachen. Es sind mediterrane Gelassenheit und Lebensfreude, die den Charakter seiner Einwohner prägen. Vielleicht dank der Son-ne, die 300 Tage pro Jahr über der Stadt scheint. So spielt sich das Leben vor allem in den Parks und auf den Märkten, auf den Promenaden und in den Straßencafés ab. An einem Januartag an der Malvarrossa sitzen und sich von der Wintersonne wärmen lassen. Oder an einem Sonntag einen ge-mütlichen Spaziergang durchs Stadtzentrum unter-nehmen, Tapas und Bierchen selbstverständlich in-klusive. Dabei lassen sich die Valencianos nur selten aus der Ruhe bringen, allenfalls bei Debatten über die Lage der Nation oder über König Fußball. Ge-selligkeit ist Trumpf, sei es in der Familie, bei der Arbeit oder im Freundeskreis. Gut für Sie, die Besu-cher, denn alles andere als menschenscheu, kom-men die Valencianos einfach gern mit ›Fremden‹ ins Gespräch. Kein Wunder also, dass selbst weitge-reiste Valencianos unisono behaupten, man lebe nirgendwo sonst auf der Welt so gut wie in ihrer Stadt. *Vivir la vida,* das Leben genießen, lautet denn auch das Motto in Valencia. Und das können auch die Besucher erspüren. Also nichts wie hinein ins brodelnde Leben!

Flanieren durch Valencia

1. *TOUR*

In Valencias Seele schauen –
Plaza de la Virgen

Die Valencianos lieben diesen Platz besonders, weil er Geschichte, Leidenschaft und mediterranes Lebensgefühl vereint.

2. *TOUR*

Valencias Lebensader – **Jardines del Turia**

Was den valencianischen Stadtgärten an sattem Grün fehlt, macht das quirlige Leben in ihnen wieder wett. Bestes Beispiel: der mehrere Kilometer lange Turia-Flusspark.

3. *TOUR*

Das ganze Jahr Strandfeeling –
Playa de la Malvarrosa

Feinster Sand, eine mit Palmen gesäumte Promenade und zahlreiche Restaurants mit Meerblick sorgen für Urlaubsstimmung und Entspannung!

Der Altstadtbezirk El Carmen ist das historische Zentrum Valencias.

2. TOUR

1. TOUR

3. TOUR

Plaza de la Virgen

In Valencias Seele schauen

Wenn die Sonne untergeht und die Straßenlaternen den Platz der Jungfrau in ein warmes Licht tauchen, werden auch Sie die besondere Stimmung, die Magie dieses Ortes spüren. Die Valencianos lieben diesen Platz besonders, weil er Geschichte, Leidenschaft und mediterranes Lebensgefühl vereint.

PENSAT Y FET

Gesagt, getan

(Valencianisches Lebensmotto)

Marmor und Magie: der Platz der Schutzheiligen von Valencia

Handelt es sich bei der Plaza de la Reina um das Herz der Stadt, so kann die benachbarte Plaza de la Virgen durchaus als Seele Valencias gelten. Weitab vom Straßenverkehr ist sie voller Leben: Beamte eilen zwischen den Gebäuden der Landesregierung hin und her, Kinder rennen vor Freude quietschend hinter den Tauben her und Gläubige treten gesenkten Blickes in die Basilika ein. Abends üben Jugendliche auf dem glatten Marmorboden ihre Skateboard-Kunststückchen und Cliquen ziehen von hier aus in den Ausgehbezirk des Barrio del Carmen. Und besonders an den Wochenenden tummeln sich hier Hochzeitsfotografen und Brautpaare: Die Szenerie mit Basilika und Turia-Brunnen sowie die magische Stimmung auf dem Platz sind ideal, um die Frischvermählten für das offizielle Hochzeitsalbum in Szene zu setzen. Nehmen Sie am besten in einem der Straßencafés Platz, genehmigen Sie sich einen Schluck und lassen die Atmosphäre auf sich wirken. Spätestens dann sind Sie wirklich in Valencia angekommen.

Verehrte Schutzpatronin

Sogar für nicht gläubige Valencianos ist sie von Bedeutung, ist die Virgen de los Desamparados doch Teil der Identität ihrer Stadt und somit eines jeden selbst. So ist auch die Statue der Heiligen Jungfrau der Schutzlosen der eigentliche Grund für das ständige Kommen und Gehen von Gläubigen und Neugierigen und nicht das Bauwerk mit seiner schlichten Fassade, das sie birgt: die Basílica de la Virgen de los Desamparados. Der Ursprung der Marienfigur liegt Jahr 1416, als die Virgen de los Desamparados zur Schutzpatronin des Hospitals von Valencia ernannt wurde. Sie sollte den Schutzlosen, den *desamparados,* zur Seite stehen. 1667 bekam sie mit der 1652–67 erbauten Basilika ein neues Zuhause. Wenn Sie das Gedränge in der Kirche umgehen möchten, so gehen Sie einfach rechts am Eingang vorbei zum großen Seitentor, von wo aus Sie einen raschen Blick ins Innere werfen können.

Doch die Basilika lohnt auch einen längeren Besuch, birgt sie doch in ihrer blauen Kuppel, die etwas versetzt aus dem Bau emporragt, wirklich beeindruckende Fresken, die 1701 vom berühmten Barockmaler Antonio Palomino gestaltet wurden.

Basílica de la Virgen de los Desamparados

Das Wasser des Lebens

Die maurische Kultur hat in Valencia auf unterschiedliche Weisen ihre Spuren hinterlassen. Ein bedeutendes Kulturerbe ist das Wissen um die Wasserwirtschaft. Erst die arabischen Flusswehre, Schöpfräder und Kanäle haben aus dem Umland des damaligen Balensina (arab. Balansiya) eine grüne Oase gemacht. Dass dieser Teil der Geschichte das heutige Leben noch immer prägt, ist auf der Plaza de la Virgen gleich zweimal nachvollziehbar. Der Turia-Brunnen am einen Ende des Platzes ist eine Allegorie auf die Errungenschaften aus jener Epoche: Die halb liegende Männerfigur in der Mitte der Fontäne stellt den Turia-Fluss dar, die Mädchenfiguren, aus deren Krügen das Wasser in den Brunnen plätschert, symbolisieren die acht großen *acequias* von Valencia – jene acht Bewässerungskanäle, die das Wasser vom Río Turia bis weit in die Kulturlandschaften vor der Stadt hinausführten und es heute zum Teil immer noch tun. Die Statuen des Brunnens tragen alle die traditionelle valencianische Haarpracht mit der typischen Haarschnecke und der *peineta,* einem aufgesteckten Zierkamm. Die Namen der *acequias* sind in die Sockel der Figuren eingemeißelt. Sollten Sie Fußballfan sein, so kommt Ihnen der Name Mestalla vielleicht bekannt vor, heisst doch so auch das Stadion des FC Valencia.

Das zweite, auch heute noch lebendige Erbe der Mauren ist das Wassergericht von Valencia, das seit mehr als 1000 Jahren über die gerechte Verteilung des kostbaren Nasses wacht. Jeden Donnerstag um 12 Uhr kommen die acht Richter – für jede *acequia* ein Vertreter – vor dem Aposteltor der Kathedrale zusammen und nehmen ihre Plätze auf den historischen Lederstühlen ein. Der Gerichtsdiener ruft den Namen des jeweiligen Bewässerungskanals auf und wenn ein Landbesitzer oder Bauer das Gefühl hat, er sei bei der Wasserzuteilung ungerecht behandelt worden, kann er hier seine Klage vorbringen. Die Verhandlungen werden ausschließlich in der valencianischen Landessprache geführt, die Entscheide umgehend gefällt.

N
NAMEN

Wussten Sie, dass der spanische Mädchenname Amparo auf die Virgen de los Desamparados zurückgeht? Amparo ist die Kurzform von Desamparados. Kein Wunder, dass dieser Name gerade in Valencia so beliebt ist. Und bei den Jungen gilt das für den Vornamen Vicente, in Anlehnung an die beiden Stadtheiligen San Vicente Mártir und San Vicente Ferrer. Mal schauen, wie viele Amparos und Vicentes Sie während Ihres Aufenthalts in Valencia kennenlernen …

2. TOUR

1. TOUR 3. TOUR

Jardines del Turia

Valencias Lebensader

Was den valencianischen Stadtgärten an sattem Grün fehlt – schließlich ist Wasser knapp – macht das quirlige Leben in ihnen wieder wett. Bestes Beispiel: der mehrere Kilometer lange Turia-Flusspark.

Heute kaum zu glauben, aber bis spät ins Mittelalter war der Turia für kleine Boote schiffbar. Doch das Wasser versiegte, je mehr die Stadt an Größe gewann, sodass sich schließlich nur noch ein kleines Rinnsal durch das breite Flussbett schlängelte. Bis 1957, als heftige Gewitterregen im Hinterland den Bach zu einem reißenden Fluss anschwellen ließen, der halb Valencia unter Wasser setzte. Nach dieser großen Flut wurde beschlossen, den Turia südlich um die Stadt herumzuführen. So wird, wer heute vom Flughafen nach Valencia hineinfährt, ein neues, großes Flussbett überqueren.

Grün statt Grau

In den 1980er-Jahren machte man sich daran, das alte Flussbett zu einem riesigen Park, den Jardines del Turia, umzugestalten. Dabei ging es nicht nur darum, Bäume zu pflanzen und Grünflächen anzulegen, vielmehr sollte der Bevölkerung eine abwechslungsreiche Parkanlage zugänglich gemacht werden. Auf der Strecke zwischen dem Cabecera-Park am westlichen Stadtrand und der Ciudad de las Artes y las Ciencias am östlichen Ende ist der Turia-Flusspark in verschiedene Abschnitte unterteilt, die sich in ihrer Nutzung oder durch ihre Pflanzenwelt voneinander unterscheiden.

Den Beginn der Parkanlage bilden der Parque de Cabecera und die angrenzenden Tiergehege des Bioparc Valencia. Der anschließende Abschnitt zwischen dem Puente de Nou d'Octubre und dem Puente de Campanar zeichnet sich durch hohen Baumbestand aus, der in den Sommermonaten für kühlen Schatten sorgen soll. An den Wochenenden ist er ein beliebter Picknicktreff. Für Läufer ist der nächste Abschnitt gedacht, befindet sich hier doch ein Leichtathletikstadion, das allen offensteht, die trainieren wollen.

Im Herzen der Stadt

Von der Höhe des Nuevo Centro, eines Shoppingcenters, bzw. ab dem Puente de las Glorias Valencianas bis zum mächtigen Stadttor Torres de Serranos bietet der Turia-Flusspark eine Mischung aus schattigen Bäumen, Spazierwegen und mehreren Sportanlagen. Selbstverständlich kommen auch die Freizeitkicker der Stadt zu ihrem Recht. Vom Stadttor zieht sich der Stadtpark weiter bis zum Puente del Real, wobei sich gerade dieser Teil für einen gemütlichen Spaziergang eignet. Besonders einladend ist auch der Bereich vor dem Palau de la Música mit seinem großen Wasserbecken und den dazugehörenden Wasserspielen. Hier findet jeweils im August Open-Air-Kino statt.

Am südöstlichsten Ende des Turia-Parks liegt die Ciudad de las Artes y las Ciencias, die Stadt der Künste und Wissenschaften, deren gesamte Anlage im ehemaligen Flussbett aus dem Boden gestampft wurde.

Hier können Valencianos und Besucher durchatmen – oder ganz schön außer Atem geraten. Der Flusspark ist die grüne Lunge der Stadt.

Playa de la Malvarrosa

Das ganze Jahr Strandfeeling

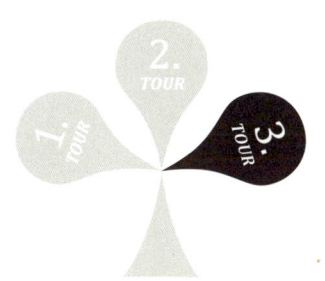

Der Stadtstrand von Valencia braucht keinen Vergleich zu scheuen: feinster Sand, eine mit Palmen gesäumte Promenade und zahlreiche Restaurants mit Meerblick sorgen für Urlaubsstimmung – bei Valencianos und Touristen, im Sommer wie im Winter.

Genau genommen liegt Valencia gar nicht am Meer, befindet sich doch das Stadtzentrum rund 6 km im Landesinnern. Der Hafen war einst außerhalb der Stadt und die Fischer wohnten in einem eigenen Dorf an der Küste. Doch in den vergangenen 100 Jahren hat sich die Metropole stark ausgebreitet und reicht heute bis zu den Gestaden des Mittelmeeres. Also liegt Valencia doch am Meer!

Und stellen Sie sich vor, zu Hause regnet es … Sommerferien das ganze Jahr!

El Cabañal – wo die Fischer lebten

Die einstige Heimat der Fischer ist längst ein Stadtbezirk Valencias, doch das Viertel El Cabañal, zu dem auch die Playa de las Arenas und die Playa de la Malvarrosa gehören, hat seinen eigenen Charakter bewahren können. Vom Selbstbewusstsein der Menschen dieses Bezirks zeugt etwa die Semana Santa Marinera (Karwoche), die in der Stadt nur in El Cabañal mit großen Prozessionen begangen wird. Längst kommen auch die Nachbarn aus den anderen Teilen Valencias hierher ans Meer, um das Ereignis mitzuerleben.

Vom Niemandsland zum Superstrand

Noch Mitte der 1980er-Jahre waren die Strände irgendwie Niemandsland. Wer zum Baden kommen wollte, brauchte ein Auto, und das parkte man einfach zwischen den Dünen. Doch dann machten sich die Stadtplaner daran, Valencia zum Meer hin zu öffnen: Entlang der Küste wurden großzügige Promenaden angelegt, die Strandabschnitte mit Duschen, Toiletten und Rampen ausgerüstet.

II

Pausieren in Valencia

Kunst, Kultur – und dann ein versteckter Patio: Der Innenhof von La Beneficiencia lädt zur Entspannung ein.

DIE BROTREVOLUTION

Panaria

Die Erfinder von Panaria haben die Idee der Kombination von Bäckerei und Kaffeehaus nach Spanien geholt und sind damit auf Begeisterung gestoßen. Wurde bis dahin in Spanien hauptsächlich Weißbrot in Baguetteform (*barra de pan*) gegessen, so zählten die Panaria-Bäckereien zu den ersten, die schmackhafte Alternativen zum Weißmehl anboten. In den rund ein Dutzend Niederlassungen findet man daneben auch Croissants, Brownies oder Kuchen.

Av. Barón de Cárcer 34,
www.panariapanaderias.es

GLUTENFREIE LECKEREIEN

CeliacRuz

Schon der Name bringt es auf den Punkt, ist er doch ein Wortspiel aus *celiaco* (Zöliakiekranker) und dem Namen des Multikulti-Viertels Ruzafa. Dabei handelt sich um eine Mischung aus Bäckerei, Café und Restaurant, die sich auf glutenfreie Lebensmittel spezialisiert hat. Doch gibt es nicht nur eine Vielzahl an Frühstücksleckereien wie etwa Do-nuts, Kuchen oder die traditionellen *ensaimadas,* es werden auch Pizzas und Salziges gebacken.

C. Cuba 54, www.celiacruz.es

PAELLA-KLASSIKER

Casa Roberto

Wer eine authentische Paella mitten in der Stadt genießen möchte, und zwar dort, wo es keine Touristen gibt, der ist hier genau richtig. Seit der Eröffnung 1986 hat sich die Casa Roberto zu einem Treffpunkt der Paella-Liebhaber entwickelt. Trotz des gehobenen Stils des Lokals ist es durchaus üblich, die Paella-Pfanne in die Mitte des Tisches zu stellen und mit dem eigens gereichten Holzlöffel zu essen.

C. Maestro Gozalbo 19, www.casaroberto.es

PATIO DER RUHE

Centro Cultural La Beneficiencia

Innenhöfe sind eigentlich eine Eigenheit andalusischer Häuser und Bauten. Doch auch in Valencia gibt es gelegentlich Patios, die – abgeschirmt von der Außenwelt – zum Verweilen einladen. Ein besonders angenehmer Innenhof befindet sich im Centro Cultural La Beneficiencia, in dem auch das Ethnologische Museum untergebracht ist. In nächster Nachbarschaft zum Kunstmuseum der Moderne (IVAM) finden Sie hier einen begrünten Patio vor, von dessen Existenz nur wenige Valencianos wissen. Die Keramikfliesen entlang der Wände verleihen dem Ganzen einen Hauch von andalusischem Flair, während die hohen Platanen und Palmensträucher für angenehmen Schatten sorgen. Und den Kaffee kann man sich gleich in der kleinen Cafeteria bestellen.

C. de la Corona 36, www.labeneficiencia.es

ROMANTISCHSTER PARK DER STADT

Jardines de Monforte

Springbrunnen und Teiche, überwucherte Lauben und Marmorstatuen machen die kleine Gartenanlage zum romantischsten Park der Stadt. Zwischen den Zypressen und Orangenbäumchen trifft man nur selten Besucher. Den Haupteingang bildet ein kleiner, hübscher Stadtpalast an der Calle de Artes Gráficas. Sollte dieser Zugang geschlossen sein, gibt es einen zweiten Eingang: durch ein kleines Seitentor an der Plaza de la Legión Española.

Bed ohne Breakfast?

Lebensfreude geht durch den Magen

In den letzten Jahren hat nicht nur das Angebot an Hotels in Valencia stark zugenommen, auch das Bewusstsein für außergewöhnliche Unterkünfte ist gestiegen. Viele Altstadtgebäude wurden sanft renoviert und so findet man heute vom Backpacker-Hostel bis zum trendigen Fünf-Sterne-Boutiquehotel eine breite Auswahl – für jeden Geschmack.

Valencias Stadtzentrum, in dem sich die meisten Hotels befinden, ist verhältnismäßig klein. Wem statt Citytrip eher nach Strandfeeling ist, der findet am Stadtstrand einige Hotels, von der Pension bis zum Fünfsternehaus. Stichworte bei der Hotelsuche sind die Begriffe »Malvarrosa« oder »Avenida de Neptuno«. Wie Pilze aus dem Boden geschossen sind die Touristenapartments vor allem in der historischen Altstadt. Zwar weit entfernt von der Situation in Barcelona, verknappen diese Unterkünfte doch den Wohnraum für Einheimische, was immer wieder zu Protestaktionen der Nachbarn führt.

Zimmer mit Frühstück? Eher Fehlanzeige. Zimmer ohne Frühstück? Eine Überlegung wert. Für Spanier besteht ein Frühstück aus kaum mehr als einem Kaffee. Zwar versuchen manche Hotels, den Gewohnheiten ihrer ausländischen Gäste entgegenzukommen, aber meist mit bescheidenem Erfolg. Da bietet es sich an, eine nahe gelegene Bar oder eine Bäckerei aufzusuchen.

Essen ist für die Valencianos weit mehr als lediglich Nahrungsaufnahme. Der Almuerzo – der kleine Zwischenhappen am Vormittag – in der nahe gelegenen Bar ist fester Bestandteil des Arbeitsalltags. Und ein Familientreffen ohne einen üppig gedeckten Tisch ist ganz einfach unvorstellbar.

Spanien tickt anders. Das beginnt schon damit, dass man erst ab 14 Uhr zu Mittag isst und entsprechend spät zu Abend, frühestens ab 20.30 Uhr. Gerade an Wochenenden ist es in Valencia nicht unüblich, einen Tisch erst für 22 Uhr zu bestellen. Diese späten Essenszeiten sind gerade bei Kurzurlauben etwas gewöhnungsbedürftig, aber lassen Sie sich darauf ein. Dann ist die Chance groß, nicht in eine Touristenfalle zu tappen.

Und wenn Sie mittags wie die Einheimischen essen möchten, sollten Sie eines der Mittagsmenüs bestellen, die wochentags alle Restaurants servieren. Ein solches *menù del día* besteht aus drei Gängen, und mindestens ein Getränk ist auch dabei: Wein, Wasser oder Limo, manchmal auch Kaffee zum Abschluss.

In Valencia ist es wie in ganz Spanien üblich, etwas Trinkgeld zu geben. Die Betonung liegt auf ›etwas‹: Einheimische lassen in der Regel das Kleingeld liegen, dass sie als Rückgeld erhalten.

Moderne und Jugendstil vereint im Palau de la Mar

Hat auch in Spanien Einzug gehalten – Brotvielfalt

Genießen statt ›Shop till you drop‹!

Einkaufen als pures Vernügen – dafür eignet sich Valencia hervorragend! Nicht zuletzt weil das Zentrum übersichtlich ist und die wichtigsten Einkaufsstraßen nah beieinanderliegen. Sie können also bequem zu Fuß die Läden abklappern. Und sollte sich zwischendurch trotzdem Erschöpfung einstellen, laden die vielen Cafés und Tapasbars zum Pausieren ein. Im Hochsommer sollte man die Shoppingtour lieber gleich in die Abendstunden verlegen.

Die Calle de Colón ist die wohl populärste Einkaufsstraße Valencias, an der sich die El-Corte-Inglés-Kaufhäuser und verschiedene Modeketten (Zara, Mango, Springfield) reihen. Schuhfreaks sind in der Calle Don Juan de Austria und in der Calle Ruzafa in der Fußgängerzone zwischen Rathausplatz und Stierkampfarena sicherlich richtig. Einen Tick nobler sind die Boutiquen rund um den Mercado de Colón und entlang der Calle Cirilo Amorós, Luxus der Oberklasse bieten die Boutiquen an der Calle Poeta Querol.

Die traditionellen Geschäfte in Spanien öffnen selten vor 10 Uhr und schließen meist mittags für 2–3 Std. Im Juli/August kann es vorkommen, dass einzelne Läden nachmittags gar nicht öffnen. Durchgehend bis abends um 22 Uhr geöffnet haben die El-Corte-Inglés-Warenhäuser.

Nie zu alt für die Fiesta

Die Valencianos sind gern bis spätnachts unterwegs: Sei es, dass man nach dem Abendessen mit Bekannten noch in einer Eisdiele sitzt oder weit nach Mitternacht mit Freunden in einer der vielen Bars ein paar Bierchen trinkt.

In den 1980er-Jahren galt Valencia sogar als die Ausgehhauptstadt Spaniens schlechthin: Aus dem ganzen Land reiste das Partyvolk an, um von Donnerstag bis Montag durchzufeiern. Heutzutage geht es geordneter zu, denn bestimmte Lokale müssen bereits um 1 oder 2 Uhr schließen. Viele Nachtschwärmer finden: zu früh! Denn um Mitternacht sind die meisten Valencianos – gerade an den Wochenenden – noch beim Abendessen.

Eine der Besonderheiten dieser Stadt ist, dass es Angebote für jedes Alter gibt. Ausgehen ist in Valencia nicht ein Privileg der Jugend, vielmehr kommt hier jeder, der Lust und Energie hat, auf seine Kosten. Es gibt Diskotheken, die vor allem Teenies anziehen und dafür extra alkoholfreie Abende organisieren. Daneben existieren aber nicht wenige Clubs, deren Gäste durchaus zu den älteren Semestern gezählt werden dürfen. Und doch ist es eine angenehme Besonderheit, dass sich in den Bars, Pubs und auf den Sommerterrassen von Valencia die Generationen etwas mehr vermischen als anderswo.

Lederwaren, ob Taschen, Schuhe oder Gürtel, dafür ist ganz Spanien bekannt.

Keine Disco, es darf aber getanzt werden im Johnny Maracas.

Wien, passt scho

Pfeif aufs Meer!

Salzkruste auf der Haut, nein danke! Manche Wiener lassen sich lieber vom seidenweichen Wasser der Neuen Donau umschmeicheln. Sand unter den Füßen, die dicht bewachsene Donauinsel vor Augen, die Hügelkette des Wienerwalds im Hintergrund und schon haben Sie die Illusion, mitten in der Natur zu sein. Wäre da nicht der Millennium Tower am anderen Ufer, der »Stadtgebiet!« schreit. Mit einem Sundowner in der Hand erholen Sie sich von der Gluthitze der sommerlich aufgeheizten Stadt. So lässt es sich leben!

Schloss und Park Schönbrunn

Am Donaukanal

Prunksaal der Nationalbibliothek

*Altstadt Wiens
mit Stephansdom*

Das ist Wien

Handverlesen ist die Zahl der Wiener, die Kaiserin Sisi nachtrauern, ergriffen den Sängerknaben lauschen oder an der blauen Donau das Tanzbein im Dreivierteltakt schwingen. Trotzdem hält sich das Klischee von der Wiener Walzerseligkeit inmitten imperialer Prachtkulisse hartnäckig. Wobei: Es lebt sich hier schon ganz gemütlich, Musik – nicht nur die klassische – nimmt einen hohen Stellenwert ein, und die Prunkbauten in der ehemaligen K.u.k-Metropole setzen einen pompösen Rahmen von Barock bis Jugendstil, der tatsächlich seinesgleichen sucht.

Lebendige Kultur aus allen Richtungen

Doch letztendlich sind die glanzvollen Fassaden vergangener goldener Epochen für die Wiener selbst in erster Linie schöne Staffage fürs Leben im Hier und Jetzt. Dabei kommt es oft zu schrägen Kombinationen: Mal verwandelt sich ein fürstliches Palais in einen Dancefloor, dann wird die Staatsoper zur Bühne für Jam-Sessions – und in den Stadtbahnbögen Otto Wagners dröhnen sowieso regelmäßig die Beats. Freilich gibt es nach wie vor klassische Konzerte, Opern- und Theateraufführungen auf den zahlreichen Bühnen der Stadt, ebenso wie Pop und Rock, Kabarett und Kleinkunst ihren Platz im Veranstaltungskalender finden.

Von Klassik bis Avantgarde – und sämtliche Nuancen dazwischen: So lässt sich das ausufernde Wiener Kulturangebot auf den Punkt bringen. Von Weltformat abseits der Musik sind die reichen Sammlungen der großen Museen. Als Kunstliebhaber möchte man sich hier fast ein paar Regentage wünschen, um all die Schätze, all die Dürers, Rubens oder Klimts gebührend zu würdigen – alle anderen haben die Qual der Wahl.

Tradition trifft Zeitgeist

Am besten, man macht es den Wienern nach und geht es in Ruhe an. Die legendäre Gemütlichkeit hat ins 21. Jahrhundert überdauert. Man mag sich hier einfach nicht hetzen lassen. Lieber sitzt man tratschend oder Zeitung lesend im Café, anstatt sich dem Diktat der Uhr zu beugen Vielleicht probieren Sie es im Urlaub einfach mal aus? Sie müssen dazu nicht unbedingt ein elegantes Kaffeehaus

Das Riesenrad am Prater. Allein in der Gondel kann man fast alles machen – doch Tote treffen geht nur im Film »Der dritte Mann«.

Wien goes China … im Market an der Linken Wienzeile

besuchen. Das funktioniert genauso gut im hippen Szenetreff – denn Tradition steht hier nicht in Konkurrenz zum Zeitgeist, sondern verbindet sich oft genug mit ihm zur unverwechselbaren Wiener Spielweise moderner Lebensart.

Moderne Skyline mit Starbesetzung

Es hat in Wien mit der Moderne zwar etwas länger gedauert als woanders, doch mittlerweile hat man alles aufgeholt. Kaum zu glauben, dass dort, wo heute in der Donaucity Glasfassaden und schlanke Türme am Himmel kratzen, noch vor 25 Jahren Brachland war. Wien hat sich seit dem EU-Beitritt und der Ostöffnung, als es von einer Randlage wieder in den Mittelpunkt Europas rückte, rasant entwickelt. Die zeitgenössische Architektur, deren Glanzlichter von internationalen Stars geplant wurden, erschließt nach und nach die peripheren Gebiete der Stadt, ist aber auch im Zentrum präsent.

Ab nach draußen!

Diese Mischung zeigt sich auch an den Wiener Märkten, die ein regelrechtes Revival erleben. Allerdings lässt man sich heutzutage lieber bekochen als selbst den Kochlöffel zu schwingen, und so haben sich viele historische Marktstände in angesagte Szenelokale und Delikatessenläden verwandelt. Hier kommt noch eine weitere Komponente ins Spiel, die den Reiz Wiens erst komplett macht: Gerne trägt man das Leben ins Freie. Die hiesige Open-Air-Kultur ist extrem ausgeprägt, sie lässt die Wiener ihr Essen im Straßengarten, ihren Cocktail mit den Füßen im Sand und ihren Lieblingsfilm unterm Sternenhimmel genießen. Oder sie chillen in einem Park in und außerhalb der Stadt: Zwischen März und Oktober sind die Temperaturen angenehm mild bis heiß, es scheint oft die Sonne und die Grünflächen vereinnahmen tatsächlich die Hälfte des gesamten Stadtgebiets! Die Palette reicht von innerstädtischen Parkanlagen über die Strände an der Neuen und Alten Donau bis hin zu dem ausgedehnten Wienerwald und dem Nationalpark Donauauen. Angesichts all dessen wird es Sie vermutlich nicht verwundern: Wien führt seit einigen Jahren kontinuierlich das Ranking der lebenswertesten Städte der Welt an.

2.
TOUR

1.
TOUR

3.
TOUR

Flanieren durch Wien

*Gustav Klimts Beethovenfries (Detail)
in der Secession*

1. *TOUR*

Immer mit der Ruhe –
Wiener Kaffeehäuser

Das Wiener Kaffeehaus ist legendär: Der Ober serviert die Melange oder einen Großen Braunen – und die Zeit steht still.

2. *TOUR*

Strand in der City – **Am Donaukanal**

Hier lautet das Motto: faul am Strand liegen, Cocktails schlürfen, in den Pool des Badeschiffs springen und abends heiße Partys feiern.

3. *TOUR*

Wiener Weinseligkeit – **Beim Heurigen**

Einem Panoramablick vom Kahlenberg oder einem Besuch eines alten Weinbaudorfes wie Nussdorf, Sievering oder Grinzing folgt das gesellige Zusammensitzen beim Heurigen.

Wiener Kaffeehäuser

Immer mit der Ruhe

Das Wiener Kaffeehaus ist legendär – aber noch längst keine Legende! Es lebt als Treffpunkt der bunten Wiener Gesellschaft: Bloggerinnen neben Hofratswitwen, Banker neben Soziologiestudenten, Schichtarbeiter neben Müßiggängern. Der Ober serviert die Melange – und die Zeit steht still.

Dezent klappern die Löffel, Unterhaltungen plätschern in gedämpfter Lautstärke vor sich hin, Zeitungsblätter rascheln. Kleine Marmortische stehen in Reih und Glied, flankiert von je einem Holzstuhl auf der offenen Seite und weichen Sitzbänken an der Wand. Drei Herren sitzen wie aufgefädelt, jeder unter einem separaten ovalen Spiegel, und lesen konzentriert, was die Presse heute wieder alles zu berichten hat. Ab und zu geht der Blick hinüber zum Nachbarn. Unauffällig gleitet der Ober mit blütenweißem Hemd und obligatorischer Fliege zum Anzug übers Linoleum.

Wer das 1920 als Tanzlokal Sans Souci eröffnete Café Bräunerhof nicht kennt, geht achtlos an den gelben Fliesen vorüber, die den Eingang markieren. Was gut so ist, denn mitten im touristischen Trubel der Innenstadt hat sich dieses Kaffeehaus seine ur-wienerische Atmosphäre erhalten – obwohl es als ehemaliges Stammcafé von Thomas Bernhard sogar bescheidenen Ruhm erlangt hat. Aber

Der Deutsche nennt es Kaffee, für den Wiener ist es eine Melange – und die trinkt man im Café Schwarzenberg in allerfeinstem Rahmen.

Da hat aber jemand richtig zugeschlagen! Na ja, muss in Wien auch mal sein.

Achtung: typisches Flair heißt auch, dass der Kellner mitunter ein wenig mürrisch ist und nicht jedes Eckerl immer glänzt.

Wer hetzt, verliert

Für den Wiener sind Kaffeehäuser fixe Bestandteile seiner Stadt und schlicht selbstverständlich. Ein Café ist als Treffpunkt schicklich für wirklich jeden, der dem rotznasigen Teenageralter entwachsen ist, und selbst die trendigsten Cafés von heute können dem Wiener Kaffeehaus nichts anhaben. Beides besteht nebeneinander.

Im Kaffeehaus herrscht ein Flair gelassener Geselligkeit und dennoch bleibt jeder für sich. Hier wird auch Frühstück bis Mittag serviert, kleine Speisen wie Würstel oder Toast und vor allem Kuchen, Torten und andere Mehlspeisen – zumeist hausgemacht. Man kann aber auch stundenlang bei einem Kaffee sitzen bleiben, eine der ausgelegten Zeitungen lesen, mit Freundinnen ratschen oder Geschäftliches besprechen. Groß die Überraschung des Obers – niemals Kellner sagen –, wenn der Gast schon nach einer halben Stunde zahlen möchte. Immer diese Eile! Versuchen Sie es einmal typisch wienerisch und Sie werden feststellen, dass man diese Gemütlichkeit im Blut haben muss, sonst wird man schnell nervös beim allzu langen Sitzen.

Die Grandezza eines Ringstraßencafés

Ein echtes Wiener Kaffeehaus haben Sie sich mondäner vorgestellt als den Bräunerhof? Dann auf in ein Ringstraßencafé! Das älteste erhaltene ist das Café Schwarzenberg, ein Kaffeehaus, wie man es sonst nur aus Filmen kennt. Beim Eintritt lässt man einfach 100 Jahre hinter sich zurück und steht in der glanzvollsten Epoche der Habsburger Monarchie.

Hohe Räume, einmal mit Holz, einmal mit dunklem Stein vertäfelt, daran riesige Spiegel, die die Ringstraßenpaläste draußen ins Café holen, Marmortischchen auf dem Steinfußboden, genagelte Ledersitze und Bänke – das Schwarzenberg bemüht sich sehr um Ursprungstreue. Sein berühmtester Stammgast war Josef Hoffmann, der Begründer der Wiener Werkstätte. Der ließ sich mittags ins Schwarzenberg chauffieren, um dort den gesamten Nachmittag zu verbringen. Gar keine so schlechte Idee, oder?

ÜBRIGENS

Nur Banausen bestellen bloß einen Kaffee; die meisten Wiener trinken ihn als Melange, Großen oder Kleinen Braunen: Melange ist ein verlängerter Espresso mit warmer Milch und reichlich Milchschaum. Ein Brauner ist Espresso, serviert mit einem extra Kännchen Sahne, der Große Braune ein doppelter Espresso. Filterkaffee ist im Kaffeehaus jedoch tabu. Wem der Braune zu stark ist, bestellt einen Verlängerten: mit heißem Wasser aufgegossener Espresso. Ein Verkehrter ist ein Drittel Espresso, zwei Drittel Milch – neudeutsch also eine Latte.

Am Donaukanal

Strand in der City

Jetzt heißt das Motto: faul am Strand liegen, Cocktails schlürfen, in den Pool des Badeschiffs springen und abends heiße Partys feiern. Der Donaukanal, im Mittelalter der Hauptarm der Donau, begrenzt heute die Altstadt unscheinbar im Osten. Doch an seinen Ufern, in Gehweite zum Stephansdom, geht es hoch her.

Früher badete man im Kanal, heute im Pool des Badeschiffs. Blau, blauer, türkis. Ach, ist das Leben schön!

Lange Zeit war der Donaukanal ein hässlicher Schandfleck am Rande der City – heute ist er eine herrliche Freizeitoase mit Radwegen, Skatertreffs, Beachvolleyballplätzen, Stränden, Szenelokalen und einer Open-Air-Bühne. Zwei Hingucker am zentralen Schwedenplatz sind sichtbare Zeichen des Aufbruchs: Da ist zuallererst der markante Design Tower, ein multifunktionaler 18-Stöcker des Stararchitekten Jean Nouvel am stadtauswärtigen Ufer, zum anderen, diesem schräg gegenüber, die moderne Schiffstation, die selbst aussieht wie ein schnittiges Boot. Bevor man sich hier für eine Richtung – stromauf, stromab – entscheidet, kann man im integrierten Restaurant Motto am Fluss herrlich lässig mit einem zweiten Frühstück auf der Sonnenterrasse in den Tag starten.

Sonne, Sand, Sangria

Am östlichsten Zipfel des Freizeitraums Donaukanal versprüht die legendäre Strandbar Herrmann an der Mündung des Flüsschens Wien mediterranes Flair. Die Füße in den Sand stecken oder aus einer Hängematte baumeln lassen, dabei einen Aperol Spritz in der Hand halten – so schön kann der Sommer in der Stadt sein. Wer Hunger hat, holt sich einen Burger oder einen Salat, wer sehen und gesehen werden möchte, nimmt Platz unterm riesigen Sonnenschirm der Hauptbar. Stundenlang lässt es sich hier bei chilliger Musik aushalten.

SPLISH, SPLASH

Zeit für eine Erfrischung der anderen Art: Stadteinwärts vom Herrmann, bereits in Tuchfühlung mit dem Schwedenplatz, liegt das Badeschiff fest verankert, auf dem ein Pool mit 30 m Länge und 1,60 m Tiefe wohltuende Abkühlung in der Hitze der Stadt spendet. Bei kühlerem Wetter ist das Wasser temperiert. Das Schiff ist ein ehemaliger Lastkahn, der 2006 zum Badeschiff umgebaut wurde. Doch neu ist die Erfindung nicht: Zu Beginn des 20. Jh. richtete die Stadt schwimmende Volksbäder im Donaukanal ein, die sogenannten Strombäder. In der Schiffskombüse schwingen Flüchtlinge von Speisen ohne Grenzen den Kochlöffel und sorgen für exotische Geschmacksnoten.

Beete und Sandstrand

Wechseln wir die Seite gleich doppelt: Am jenseitigen Ufer und in Richtung Nordwesten locken verschiedene Gastronomen mit Streetfood am Sandstrand. Etwas weiter passiert man den Gemeinschaftsgarten hipper Wiener, die hier Gemüse in Hochbeeten ziehen. Besucher sind willkommen und dürfen vom Gästebeet naschen. Nun sind es nur mehr wenige Schritte zum Tel Aviv Beach mit israelischer Küche, Cocktails und DJs. Wenn Sie jetzt finden, ein bisschen österreichisches Flair wäre in Wien doch passender: Gleich daneben kredenzt das Restaurant Schützenhaus 5 original Wiener Küche. Als Kulisse nutzt es das ehemalige Schleusenhaus, ein Jugendstiljuwel Otto Wagners – der Gastgarten mit Blick in den Sonnenuntergang ist das besondere Plus.

Beim Heurigen

Wiener Weinseligkeit

Die Wiener bauen doch tatsächlich ihren eigenen Wein in der Stadt an! Die Trauben reifen vorwiegend an den Hügeln im Norden der City. Einem Panoramablick vom Kahlenberg oder dem Besuch eines alten Weinbaudorfes wie Nussdorf, Sievering oder Grinzing folgt das gesellige Zusammensitzen beim Heurigen.

Jeder Wiener, der etwas auf sich hält, hat einen Stammheurigen. Der bietet neben guten Weinen zwingend einen schönen Gastgarten, freundliche Bedienung und ein deftiges Buffet. Ob ein Heuriger geöffnet hat, erkennen Sie am frischen Föhrenbusch, der dann auf einer Stange über dem Eingang aufgesteckt ist. Bei einem traditionellen Heurigen – auch Buschenschank genannt – bekommen Sie nur erstklassige Weine aus eigener Produktion und vorwiegend kalte Speisen.

Stadt kann auch anders

Der Sirbu in Nussdorf ist ein typischer Wiener Heuriger: Der Gastgarten geht nahtlos in die Weingärten über, der Blick schweift über die Reben bis hinunter zur Donau und zum Stadtgebiet, während man sich hier oben auf dem tiefsten Land wähnt. Nicht selten nimmt sogar am Nebentisch ein Promi aus Wirtschaft oder Politik Platz.

Ausgsteckt is – der Föhrenbusch über dem Eingang zeigt an: offen ist, nur herein! Das lässt man sich nicht zweimal sagen.

II

Pausieren in Wien

Das Palmenhaus im Schloss Schönbrunn

Nichts tun ist auch mal schön. Das tut man ganz prachtvoll im Sigmund-Freud-Park.

MÜSLI NACH MASS

Corns n' Pops
Ein Müsli darf schon mal auf einem Wiener Frühstückstisch stehen – aber bitte nicht zu viel und nicht zu oft: Getreideflocken fristen hier ein eher unbeachtetes Dasein. Genau deswegen gibt es das Corns n' Pops: Liebevoll zusammengestellte Müsli-Mischungen werden mit Waffeln, Eiern oder Bagels unter klangvollen Namen wie ›Erfolg‹, ›Glück‹ oder ›Freude‹ als Frühstückskombis angeboten.
Gumpendorfer Straße 37,
www.cornsnpops.com

VERSTECKT HINTERM DOM

Haas & Haas
Die Firma Haas & Haas ist eigentlich ein Teehaus – das ist die gute Nachricht für alle, die im nach starkem Kaffee süchtigen Wien den Magen in der Früh ganz langsam auf Trab bringen möchten. Dazu finden sich 30 verschiedene Frühstückskombinationen auf der Karte, vom Wiener Gabelfrühstück mit Sacherwürstel bis hin zum Chinesischen Frühstück mit Dim-Sum.
Stephansplatz 4, www.haas-haas.at

KLASSISCH BODENSTÄNDIG

Huth Gastwirtschaft
Fixstern unter den gutbürgerlichen Restaurants der Stadt. Die Speisekarte liest sich wie ein Who's who der Wiener Küche: Kalbsbutterschnitzel mit Erdäpfelpüree, Tafelspitz mit Rösti und Zwiebelrostbraten, zum Nachtisch Apfelstrudel und Powidltascherl. Dazu gibt's Ottakringer Bier vom Faß, rare Craftbiere aus Österreich und natürlich feine heimische Weine. Und wie kann es anderes sein? Die Einrichtung ist klassisch wienerisch.
Schellinggasse 5, www.huth-gastwirtschaft.at

EIN DUFTE(NDE)R PARK

Volksgarten
Eine echte Oase in der dicht besiedelten, vom viel befahrenen Ring umgebenen und touristisch trubeligen Innenstadt ist der wunderschöne Volksgarten, der über den Heldenplatz direkt an die Hofburg anschließt. Nur hinein, lassen Sie die Stadt für einen Moment oder etwas länger hinter sich und dafür den Duft von Tausenden Rosen in ihre Nasenflügel strömen. Einfach bezaubernd, Sie werden es genießen!

IN DER SONNE DÖSEN

Sigmund-Freud-Park
Im Park direkt vor der Votivkirche werden in den Sommermonaten täglich Liegestühle zur freien Benutzung aufgestellt, welche die Vorbeikommenden gern zu einer kleinen Ruhepause nutzen. Rundherum tobt der Verkehr, doch wen stört's? Unterm Baumschatten ist gut dösen. Da die Uni nahe ist, chillen hier auch gern ganze Trüppchen von Studenten.

AUGENWEIDE

Blumengärten Hirschstetten
Ursprünglich diente das 60 000 m² große Areal der Stadtgärtnerei der Kultivierung von Frühjahrs- und Sommerblumen für die Saisonauspflanzung – diese Funktion ist heute anderswo in der Stadt angesiedelt. Die Blumengärten Hirschstetten erfreuen nunmehr das Herz der Gartenfreunde in verschiedenen Themengärten – vom mexikanischen über den indischen und englischen Garten bis hin zu Provence- und Urzeit-Garten.
Quadenstraße 15

Träumen Sie schön

Sie wissen ja: Was man in der ersten Nacht in einem fremden Bett träumt, geht in Erfüllung. Da lohnt es sich schon, nach einer Bleibe Ausschau zu halten, in der man sich wohl fühlt. Das gemütliche Zimmer ist Geschmackssache, doch keine Bange, in Wien finden Sie für jeden Stil das Richtige, auch zum leistbaren Preis: Verglichen mit anderen Städten sind Wiener Hotels selbst in zentralen Lagen erschwinglich.

Dabei müssen Sie sich nicht entscheiden, ob Ihnen Wiener Flair oder doch hip & chic lieber ist – die Kreativität hier kennt nämlich keine Grenzen. Gerne nehmen moderne Hotels den Faden alter Zeiten stylish auf, umgekehrt hält so mancher nostalgische Rahmen überraschend trendige Zimmer parat.

Selbst in der unteren Preiskategorie kann man schön logieren wie etwa bei der Hostel-Kette Wombats, in den Meininger Hotels oder bei der deutschen Low-Budget-Kette Motel One.

Selbstverständlich sind in Wien auch die wichtigsten internationalen Hotelketten vertreten, die die Preisskala nach oben hin abrunden. Speziell luxuriös und komfortabel sind die Unterkünfte rund um den Ring, hier finden Sie auch Traditionshäuser wie das Sacher oder das Imperial. Die größte heimische Hotelkette ist Austria Trend Hotels & Resorts, sie besitzt 16 über das Stadtgebiet verteilte Häuser in drei Preisklassen.

Crossover auf allen Linien

Die Liebe zum guten Essen ist den Wienern in die Wiege gelegt, der über Jahrhunderte geschulte Gaumen steckt bereits in den Genen. Zudem ist in den letzten Jahren das Bewusstsein um die Wertigkeit von Lebensmitteln wieder enorm gestiegen, auch dank der österreichischen Landwirtschaft, die zu den Spitzenreitern in Sachen Bio zählt.

Neben dem Trend zu vegetarischer oder gar veganer Ernährung, der sich nicht mit der klassischen Küche vereinen lässt, gibt es den noch viel stärkeren Trend zu saisonal-regionalen Zutaten, die auf Basis traditioneller Rezepte modern und leicht interpretiert werden; gern auch um mediterrane oder asiatische Einflüsse bereichert.

Sieht man von den authentischen Ethnoküchen ab, lässt sich die Küchenlinie zeitgemäßer Lokale selten in eine Schublade stecken. Das Angebot reicht vom Frühstück über Mittagsimbiss, Kaffee oder Jause am Nachmittag und abendlichem Dinner bis zum Cocktail. Crossover auf allen Linien.

Auf jeden Fall können Sie nahezu sicher sein, dass es schmeckt: Schlechte Küche geht in Wien gar nicht, unabhängig vom Preis. Dieser hohe allgemeine Standard ist vermutlich der Grund, warum es in Wien nur wenige noble Gourmettempel gibt – man braucht sie nicht und speist lieber einfacher (und gemütlicher).

Ein Hotel mit livriertem Service – hätte jeder gern!

Im minimalistischen Rahmen wie im Konstantin Filippou lässt es sich trefflich speisen.

Shoppen oder Stöbern?

Kaufen Sie gern großflächig ein und das Glühen der Kreditkarte lässt Ihre Augen leuchten? Oder können Sie sich stundenlang mit Kramen und Gustieren, immer auf der Suche, beschäftigen? Wien bietet erstklassige Möglichkeiten für das eine wie das andere – aber selten am gleichen Platz.

Shopper mit normalem Budget sollten sich in die Mariahilfer Straße begeben, die wichtigste Einkaufsstraße der Stadt. Vom Westbahnhof bis zum Ring ist sie gesäumt von mehr als 600 Geschäften und Kaufhäusern.

Die zweite wichtige Einkaufszone ist die Kärntner Straße. Hier ist die Ware hochpreisig, in den Seitengassen liegen kleine Antiquitätenläden. So richtig luxuriös wird das Shoppingvergnügen im anschließenden Bereich von Graben, Kohlmarkt und Tuchlauben mit dem Goldenen Quartier und den Flagshipstores internationaler Luxuslabels.

Echten Stöberern seien die Wege etwas abseits empfohlen – hier gibt es spannende Entdeckungen zu machen: Seit einigen Jahren entstehen nämlich in Wien wieder richtungsweisende Mode und Design. Atelier-Shops junger Modemacher und Künstler, die ihre Ware auch noch zu leistbaren Preisen anbieten, finden sich geballt in verschiedenen Stadtteilen, in ihrem Umfeld haben sich hippe Concept Stores angesiedelt.

Musik aus allen Richtungen

Wien ist die Stadt der Musik, nicht nur der klassischen: Die junge Musikszene boomt auf Weltniveau! Elektronische Beats und Indierock, Minimal Music und House – heimische und internationale Musiker und DJs locken die Jugend in die Clubs. Wer aus dem Alter raus ist, wird mit Weltmusik und Jazz ebenso gut bedient wie alle, die Pop, Oldies, Musical oder Operette bevorzugen.

Auch die klassische Musik hat viele Facetten: Oper, Sinfonie- und Klavierkonzerte, alte Musik, Kirchen- und Kammermusik machen Abend für Abend die Auswahl schwer. Als ob das nicht genug wäre, reihen sich Musikfestivals – vom Donauinselfest bis zum Jazzfest – nahtlos aneinander oder überschneiden sich gar.

Besonders gern vergnügt sich das hip-urbane Publikum am nächtlichen Naschmarkt, wo man sich zu einem exotischen Snack trifft, und im angrenzenden Freihausviertel mit schrägen Lokalen und ungezwungenen Bars. Studentischer und im Schnitt jünger sind die Szenegänger am Spittelberg. Party die ganze Nacht lang ist das Motto am Gürtel in den Stadtbahnbögen.

Heurige (Weinstuben) und Cafés runden das Spektrum ab, zumindest bis Mitternacht trifft man hier auf die ganze städtische Bandbreite vom Teenager bis zur Pensionärsrunde.

Bei Meinl am Graben staunt selbst der Kenner angesichts der Delikatessen aus aller Welt.

Outdoor-Klassik in Schönbrunn. Man hört zwar nicht gut, aber es ist doch ein tolles Event. Muss man hin!

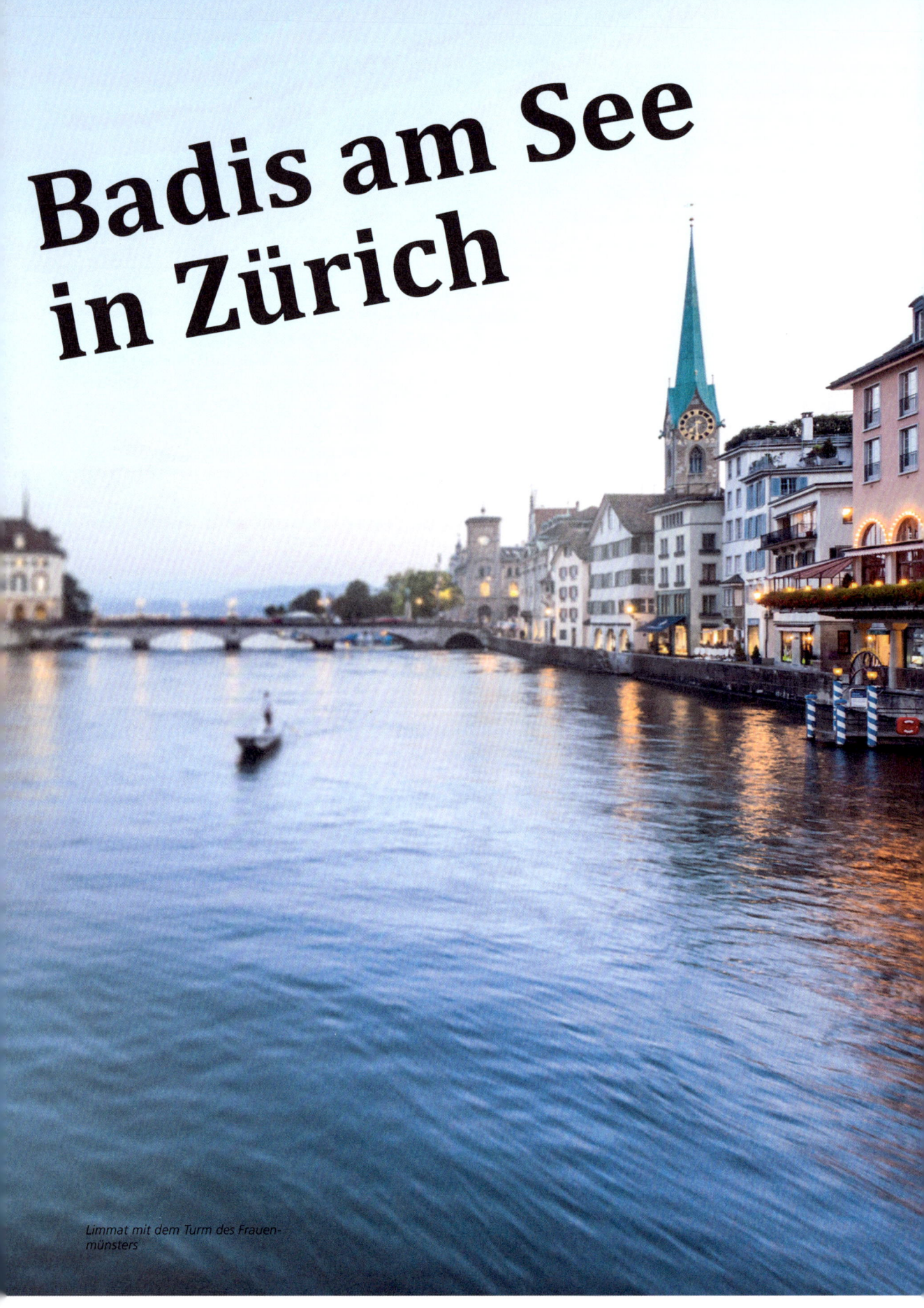

Badis am See in Zürich

Limmat mit dem Turm des Frauen-münsters

Entdeckung der Langsamkeit

Zürich braucht weder Paris- noch Toscana-Flair. Die neben dem schönen Opernhaus gelegene Austragungsstätte des »Sechseläuten« mit ihren Sitzgelegenheiten lädt zur Entdeckung der Langsamkeit ein – und von hier sind es nur ein paar Meter zur nächsten Badi (Badeanstalt) oder zu einem lauschigen Ort, um sich einfach so in die Fluten zu stürzen. Lassen Sie sich fallen und genießen Sie das Leben!

Radeln zum Seebad Utoquai

Zürichs idyllische City

Das ist Zürich

Enthaltsamkeit und Reichtum

Willkommen in Zürich, seit Jahren in den Top 5 der »lebenswertesten Städte der Welt«! Nachdem der protestantische Leutpriester Ulrich Zwingli vor ziemlich genau 500 Jahren jede katholisch wuchernde Opulenz mit Stumpf und Stiel ausgerottet hatte, herrschte ein asketischer Geist über der Stadt, der selbst nach der Aufklärung kaum zurückgenommen wurde – gut sichtbar an den zahllosen winzigen Häusern in der Altstadt, die aussehen, als wollten sie Demut und Bescheidenheit ausdrücken. Zürich ist traditionell die Stadt der Zünfte, Finanzen und Wissenschaften. Mit Handel und Handwerk über Jahrhunderte hinweg kam sie zu Wohlstand. Umgekehrt hat diese Mentalität auch etwas sehr Rigides, das aber gerade in jüngster Zeit stark abnimmt zugunsten einer lustvollen Lebensart.

Bankgeheimnis und Nummernkonto

Wer fleißig gearbeitet und gespart hat, bringt sein Geld auf die Bank und lässt es dort wachsen. Je ungehinderter von äußeren Einflüssen dies geschieht, desto besser für das Geld. Auch in Zürich schläft es nicht, aber es ruht in Schließfächern und vermehrt sich über Jahre heimlich, still und leise. Natürlich ist die Sache mit dem Schweizer Nummernkonto längst ein Klischee. Immerhin sind die Vorgänge aber so interessant, dass schon bundesdeutsche Finanzminister »die Kavallerie schicken« wollten, um heimische Steuersünder zu entlarven. Da versteht der Schweizer jedoch keinen Spaß. Er legt Wert auf Diskretion!

Gediegenheit und Aufbegehren

Noch vor ein paar Jahrzehnten hätte man den Begriff »Lebensart« mit Zürich kaum in Verbindung gebracht. Da beschwerte sich die literarische Größe Max Frisch über die Muffigkeit seiner Landsleute und wurde von der Polizei deshalb observiert. Zürich umwehte ein regelrechter Schleier der Repressivität, was schließlich zu den berühmten Globus- und Opernkrawallen und einem extremen Drogenkonsum junger Menschen im umgetauften »Needle Park« führte. Seit den 1980er-Jahren sind viele Regelungen und Einschränkungen gelockert

Eidengenössisch-zeitgenössisch und chillig: das Museum für Zeitgenössische Kunst direkt in Zwinglis Rücken

Keine Spur von Heimat-Muff: das didaktisch hervorragend aufbereitete Landesmuseum zu Schweizer Geschichte und Kultur

worden. Die Verwaltung vollzog seit den 1990er-Jahren eine Öffnung zur Sub- und Alternativkultur und liberalisierte das Gastgewerbegesetz. Auch lokal ansässige Künstler wie Dieter Meier, Pipilotti Rist oder Fischli/Weiss, die früher eher vor der engstirnigen Atmosphäre geflohen wären, trugen zum Aufblühen des Zürcher Kulturlebens bei. Durch eine fortschrittliche Drogenpolitik mit legalen Abgaben ist der ehemalige Drogenpark wieder der alte Platzspitz-Park hinter dem Landesmuseum. Als Resultat besteht neben der etablierten Hochkultur eine moderne, freie Szene, wie sie zum Beispiel im Kreis 5 um das Schiffbau-Theater und Frau Gerolds Garten oder im Kreis 4 rund um Kaufleuten und Volkshaus zu finden ist.

Lieb und teuer

Trotz alledem: Vielleicht ist Zürich – auch schon als teuerste Stadt der Welt ermittelt aufgrund der sozialen Schere, die immer weiter auseinandergeht – die erste Metropole, in der sich Otto Normal aus der Mittelschicht das Leben nicht mehr leisten kann – zumindest in der Innenstadt. Neben der hohen Lebensqualität wird selten bemerkt, dass auch vielen Durchschnittsschweizern Preise wie in Zürich mittlerweile zu hoch sind.

Idyll und Lebensqualität

Genf und Lausanne sind weltoffen, Basel und Bern sind hübsch und ruhig, und das alemannische Zürich, wie ist das? Man könnte auch sagen: wie Wies- oder Baden-Baden, nur anders und dabei extem vielschichtig. Gediegene Kur-Atmosphäre, viel Sandstein und Kopfsteinpflaster, Grün und Ruhe, keine Kriegsverletzungen, dafür Trams,

O-Busse und alte Rechtschreibung wie in der Kindheit, dabei weltläufig und mit Flughafen gleich um den Berg. Aber auch der Lebensgenuss ist hier zu Hause, in Gestalt von Bars und Badis, Konzerten, Events und Museen, schon wegen der geringen Kriminalitätsrate. In Zürich scheint die Luft immer nach Parfüm zu riechen. Die Stadt besitzt ihren eigenen Stil, selbst in der Art, wie die Menschen sich kleiden – bei Männern ist es ein legerer Mix aus Business und Dandytum, die Frauen ziehen elegantes Understatement vor.

Flanieren durch Zürich

Der Sechseläutenplatz an der Oper

1. *TOUR*

Den See im Blick –
Am Enger Ufer

Wo es andere in die Ferne lockt, zieht es die Zürcher erst einmal in »die Enge«. So heißt der Teil des heutigen zweiten Quartiers, dessen Seeufer einen besonderen Reiz ausstrahlt.

2. *TOUR*

Verführung zum Schlendern –
Leben live im »Dörfli«

Am östlichen Limmatufer liegt das »Dörfli« mit seinen uralten Gassen, wie die Zürcher Nieder- und Oberdorf liebevoll zusammenfassen.

3. *TOUR*

Chillen bei den Reichen und Schönen –
An der »Goldküste«

Viele Menschen würden etwas darauf geben, in einer der Villen leben zu können, die das Ufer des Zürichsees säumen – vor allem im Uferquartier Seefeld.

Am Enger Ufer
Den See im Blick

Allen Spöttern zum Trotz: Wo es andere Freizeitorientierte in die Ferne lockt, zieht es Zürcher erst einmal in »die Enge« – so heißt der Teil des heutigen zweiten Quartiers, dessen Seeufer einen besonderen Reiz ausstrahlt. Zum einen liegt kaum etwas näher, wenn es um die schnelle Erfrischung am Seeufer geht. Zum anderen ist die Enger Seeküste kaum vom Laufpublikum frequentiert.

Apropos Laufen: Nach Enge geht es locker zu Fuß, denn das Seeufer beginnt direkt hinter den Anlegestellen am Bürkliplatz im Arboretum, einem kleinen Park mit schönem Baumbestand. Ab hier ist es am Seeufer fast durchgehend grün. Am Beginn von Zürichs »West Coast« liegt die beliebte Sauna und Sommerfrische vom 300 Meter langen Sandstrand des Seebads Enge, dessen Spitzenlage im Sommer zu einer der Top-Anlaufstellen für Mittagspausennutzer wird (außerdem gibt es im Sommer Boot Camps, Partys, Außengastronomie und ein Massenschwimmen zum Strandbad Tiefenbrunnen). Hinter dem Seebad schließt sich der Enger Hafen an und an den zahlreichen Bootsanlegestellen, Ruder- und Marineclubs entlang des Ufers erkennt man, dass Zürich hier unter sich ist. Wem es im Sommer noch nicht warm genug ist, der kann die groß angelegte Sukkulentensammlung bestaunen, wo etwa 4500 verschiedene Kakteen-, Aloen- und Opuntien-Arten im hübsch warmen Gewächshaus ihrer Blüte entgegenbrüten.

Dann folgt Zürichs möglicherweise hipster Badi-Treff, das Strandbad Mythenquai. Wen es noch weiter seeabwärts treibt, der kommt hinter der Landiwiese am berühmten Kulturzentrum Rote Fabrik vorbei, einer Ansammlung von Lofts mit Gastronomie. Hautnah über dem Wasser geht es wenig später über den hölzernen Cassiopeia-Steg, an dessen Ende man auf das Strandbad Wollishofen stößt – mit seinen Betoneinlassungen und Pilzstützen ein architektonisches Highlight des »Neuen Bauens« aus dem Jahr 1939. Vom Wollishofener Hafen kann man wieder per S-Bahn oder Schiff zum Bürkliplatz zurückfahren.

Nix Nevada – Sukkulentensammlung: Zwischen Bürkliplatz und Wollishofen warten viele Überraschungen.

Picknick mit Seeblick

Der zweite Enge-Angang verläuft landeinwärts und ist kultureller geprägt. Denn die Enge ist eine regelrechte Parklandschaft, hier mit den Highlights Rietberg-Museum und -Park. Beim Rietberg-Museum im Erweiterungsbau Smaragd, der mit der Villa Wesendonck unterirdisch verbunden ist, hat Richard Wagner am »Grünen Hügel« gewohnt, eine Affäre mit der Nachbarin Mathilde Wesendonck gepflegt und daher auch die »Wesendonck-Lieder« zu Papier gebracht. Die Affäre führte übrigens zu Wagners Scheidung. Das seit 1952 bestehende Museum Rietberg ist kein Pflichtbesuch, die ethnologische Sammlung zeigt Kunst von melanesischen Schrumpfköpfen bis zu Fastnachtskostümen. Der eigentliche Clou: im Museumscafé einen Picknick-Rucksack mitsamt Decke ausleihen, auf die Rietberger Hügel steigen mit Blick auf den See und die Glarner Alpen und das Leben genießen!

Die Villa Wesendonck ist das Hauptgebäude des Rietberg-Museums. Das Haus zeigt vor allem außereuropäische Kunst.

Leben live im »Dörfli«

Verführung zum Schlendern

Am östlichen Limmatufer liegt das »Dörfli«, wie die Zürcher Nieder- und Oberdorf liebevoll zusammenfassen. Keine Frage, der denkmalgeschützte Limmatquai zwischen Bahnhof- und Quaibrücke macht optisch schon etwas her, besonders das über der Limmat frei stehende Rathaus im Neorenaissancestil ist ein Hingucker. Aber hinter der Fassade brodelt es. Geschäfte, Cafés, Kneipen, Restaurants reihen sich vor allem an der Niederdorfstrasse wie an einer Perlenschnur. Viele Besucher des »anderen Ufers« lassen sich am Knotenpunkt »Central« neben der Polybahn daher auch von der kleinen Gasse schlucken, die mehr Leben als die Fassade am Fluss verspricht.

Wie es sich meistens mit idyllischen Gässchen im Stadtkern verhält, ist die Niederdorfstrasse (die später in Stüssihofstatt, Münstergasse und Oberdorfstrasse übergeht) gesäumt von Imbiss-, Nippes-, Kuriosa- und Prêt-à-Porter-Markenläden. Auch gibt es viele Bierhallen und Bars, die mittlerweile aber etwas abgestanden wirken, weil die Szene sich in die Kreise 4 und 5 aufgemacht hat. Der Grund, warum wir trotzdem (und eher tagsüber) einen Spaziergang bis zum Bellevue unternehmen, liegt an einigen Locations, die den langen, kopfsteinigen Weg lohnen. Außerdem sollte man ab und zu Abstecher nach links und rechts unternehmen, wenn es optisch vielversprechend anmutet – wie zum Beispiel zum Rindermarkt. Vielleicht hat man auch eine fußkranke Puppe in Begleitung, die man beim Puppendoktor Meinrad verarzten lassen kann.

Die Doppeltürme des Grossmünsters sind ein Wahrzeichen von Zürich.

Anlaufpunkt nicht nur für Studenten: Die Zeile gegenüber der Zentralbibliothek mit Bistro, Italo-Imbiss und dem Café Zähringer – um die Ecke setzt sich die beliebte Café- und Barzeile in der Spitalgasse fort.

Im Oberdorf stößt man auf viele originelle Geschäfte und auch so manches nette Café.

Von Kolonialwaren und Musiknoten

Zürich scheint sich hier nie verändert zu haben, und wenn es auch nur einen Grund geben soll, sich durch den Niederdorfer Mainstream treiben zu lassen, dann ist es neben dem Dada-Epizentrum Cabaret Voltaire an der Spiegelgasse seit 150 Jahren das »Kolonialwaren«-Geschäft Schwarzenbach. Wer dachte, es gäbe dort nur profane Pfefferkörner, muss sich angesichts Dutzender Döschen eines Besseren belehren lassen – außer Pfeffer gibt es hier zahlreiche weitere Gewürze, Süßigkeiten, Nüsse und diverse Essig- und Ölsorten – wahrlich, wer den Lieben etwas Spezielles mitbringen will, ist hier bestens aufgehoben, bitteschön! Besonderen Wert legt Schwarzenbach auf seine eigene Kaffeeherstellung: Von nebenan strömt echter Kaffeeduft herüber, nette Fachkräfte beraten einen gern.

In der Conditorei Schober direkt gegenüber wartet in einem Gebäude aus dem 13. Jh. ein weiterer Klassiker Zürcher Kaffeekultur, gleichfalls mit Schwarzenbach-Bohnen im Angebot. Der luftige Verkaufsraum wird in immer kleineren Einheiten fortgeführt, wo jeder sein persönliches plüschiges Plätzchen findet.

Vom Shopping ins Kulturleben

Am Grossmünster an der Schwelle vom Nieder- zum Oberdorf sollte man einmal einen Abstecher die Kirchgasse hoch unternehmen: Dort wimmelt es von Antiquariaten und Vintage-Geschäften wie etwa Meridian mit einer hochwertigen Auswahl an Design-Literatur und -Möbeln. Wer sich dort oben weiter »verläuft«, entdeckt auch eine romantische Ansammlung intakter Häuschen mit Vorgärten wie von anno dazumal. Nach einer weiteren Runde schlendern spuckt uns die mittlerweile auf den Namen Oberdorfstrasse hörende Gasse zur Rämistrasse hin aus. Kurz vorher streckt sich auf Bestellung eine Hand mit frischer Backware aus einer Hauswand: Bei der Bäckerei Vohdin, der wohl ältesten und auf 4,3 m² auch kleinsten Bäckerei der Stadt, bedient seit 1626 durchgehend Familie Vohdin persönlich, mit frisch Gebackenem direkt durch das Fenster auf die Hand. Die begehrteste Durchreiche Zürichs!

Der sonst eher konservative Chronist Max Frisch baute ein Schwimmbad, ließ seinen »Stiller« über Zürichs Goldküste lästern und stellte sich stets auf die Seite der Zürcher Jugend.

Bar oder Museum?

Am Schluss sind Sie in der Zürcher Hochkultur angelangt, zumindest gastronomisch: Schräg gegenüber liegt die legendäre Kronenhalle. Hier haben Max Frisch und Friedrich Dürrenmatt ihre »Pfauen«-Premieren gefeiert, es gibt Zürcher Geschnetzeltes auf Leinen, serviert von Kellnern alter Schule im Smoking, in einem Speisesaal mit Garderobenhaken, Spiegeln und Bildern, unverändert seit 1924 – da wurde die Kronenhalle vom Ehepaar Hulda und Gottlieb Zumsteg eröffnet. Zahlreiche Exilkünstler hatten durch Zumstegs Intervention die Gelegenheit, den betuchten Gästen aus der Stadt ab und zu ein Bild zu verkaufen. Noch heute hängen in der Kronenhalle weltbekannte Originale einfach so herum – und Picasso, Warhol, Chanel, Saint Laurent oder Herr de Givenchy hingen auwch »live« an der von Diego Giacometti entworfenen Theke. Die Kronenhalle ist eine Institution und bis heute eine der besten Bars der Stadt.

An der »Goldküste«

Chillen bei den Reichen und Schönen

»Zürich könnte ein reizendes Städtchen sein. Es liegt am unteren Ende eines lieblichen Sees, dessen hügelige Ufer nicht von Fabriken, jedoch von Villen verschandelt sind«, nörgelt ein gewisser Herr Stiller im gleichnamigen Roman von Max Frisch herum. Viele Menschen würden etwas darauf geben, in einer der die Stadt »verschandelnden« Villen leben zu können, die das Ufer des Zürichsees säumen – vor allem im Uferquartier Seefeld.

»Seefeldisierung« ist das Zürcher Synonym für »Gentrifizierung«, denn nichts tun auch in Zürich die »Spekis« lieber, als vermeintlich heruntergekommene Eigenheime zu kapitalisieren. Die hier beginnende »Goldküste« verdankt ihren Namen einerseits den längeren Einheiten an Sonneneinstrahlung, dann aber auch dem feinen Viertel, für das man ordentlich Goldstücke vorweisen muss. An der Goldküste wohnten Zeitgenossen wie Thomas Mann, C. G. Jung und der Kaffee-Industrielle Klaus Johann Jacobs noch relativ preiswert. Dem profanen Reise-Entdecker kann das egal sein und ein kleiner Marsch an der Seeuferpromenade entlang offenbart noch ganz andere Schätze, vor allem kulturelle. Im Sommer die Badehose einpacken!

Hinter dem weitläufigen Platz Bellevue säumen schöne, alte Hotels mit gestreiften Markisen das Seeufer, gegenüber im schwimmenden Seebad Utoquai badet man seit Generationen unter orientalisch angehauchten Minaretten. Nicht selten schleicht jemand mit dem Bademantel vom Hotel oder aus seiner Wohnung über die Straße, um sich im See zu erfrischen. Hier, am Ufer hinter der Oper und dem Verlagsgebäude der NZZ, liegt die inoffizielle Spaziermeile für alle, die mal kurz austreten oder eine Runde joggen wollen.

Die »Goldküste« hat ihren Namen vom üppigen Sonneneinfall – und von ihrem gesellschaftlich »goldenen« Ufer mit Blick auf den Uetliberg.

Le Corbusiers letzter Bau

Am Johann Jacobs Museum kann man sich bei Interesse in die duftende Welt der Kaffeeherstellung einschnuppern. Den Seefeldquai hinunter stoßen Sie dann auf eine Stichstraße, in der es zum schönen Bellerive-Museum geht, das Teile von Zürichs neuem Architekturzentrum beherbergt. Nur einen Steinwurf entfernt liegt gegenüber das letzte Gebäude, das von Le Corbusier umgesetzt wurde, und das einzige überhaupt, das von dem Schweizer Architekten in seinem Heimatland steht. Die Innenarchitektin, Galeristin und Mäzenin Heidi Weber gab ihm in den 1960er-Jahren den Auftrag für ein »Gesamtkunstwerk« und ließ das Gebäude nach seinem Tod fertigstellen. Das quietschbunte Centre Le Corbusier mit seinem frei stehenden Dach und den von Corbusier selbst eingesetzten Stahl-/Glas-Elementen ist ein Muss für Fans, auch nachdem das Museum für Gestaltung nach dem Wunsch der Stadt hier eingezogen ist. Echte Kunst-Freaks werfen noch einen Blick auf die Villa Egli, wo früher Stipendiaten der Stadt untergebracht waren, oder auch in das Atelier Hermann Haller – alle vier bilden das Zentrum Architektur Zürich (ZAZ), ein neues Baukulturepizentrum der Stadt.

Das Centre Le Corbusier am Ostufer des Zürichsees wurde in den Jahren 1964–1967 erbaut.

II

Pausieren in Zürich

Am Utoquai

Die Leinen los für eine entspannende Schiffsfahrt auf dem See

BELIEBTER BRUNCH

Nordbrücke
Ein bisschen wie zu Hause bei Oma, aber mit Countrymusik, lockerer Bar-Atmosphäre und einem der besten Sonntagsbrunchs der Stadt.
Nordbrücke, Kreis 5, www.nordbruecke.ch

FRÜCHTCHEN

Juicery 21
Darf's noch eine Vitaminbombe sein? »Frisch gepresst« gilt im angesagten Health-Food-Laden nicht nur für den O-Saft. Und auch für Açai Bowls, Quinoa-Gerichte oder klassischen Porridge ist der Saftladen 21 Zürichs erste Anlaufstelle.
Sihlstr. 93, Kreis 1, www.juicery21.ch

MR. YELLO BITTET ZU TISCH

Restaurant Bärengasse
Chic und saugut, weil alles bio bis zum Wein. In Dieter Meiers Bärengasse geht es recht laut und lustig zu, das Essen ist entsprechend der Biomaßgabe hochwertig und lecker.
Bahnhofstr. 25 (Bärengasse)
www.restaurant-baerengasse.ch

ALLES FLIESST!

Schiffsfahrt auf dem Zürichsee
Achtung, Leinen los! Die Anlegestelle am Bürkliplatz ist der zentrale Anlaufpunkt für alle Schiffe, die in Zürich ablegen, und wer gerade erschöpft vom Sighseeing daran vorbeikommt, springt doch einfach mal für eine kurze Rundfahrt auf eines der Fährboote. Bei einem Kaffee oder vielleicht auch Plausch auf den See schauen, warten, bis sich einem der freie Blick auf die Berge eröffnet, Wöllishofen, Küsnacht oder das Zürichhorn an sich vorbeiziehen lassen und irgendwann wieder am Bürkliplatz landen – das hat was von Auszeit und fließenden Übergängen.
Anlegestelle Bürkliplatz,
www.zvv.ch, www.zsg.ch

PROMENIEREN, DÜMPELN, TRÄUMEN

Schanzengraben-Promenade
Die Sihl ist die kleine Schwester der Limmat. Hier kann man mitten in der Stadt zwischen Felsen kneippen oder einfach die Seele baumeln lassen, wie es die verankerten Freizeitboote vormachen. Am besten ist der Einstieg am Schanzengraben – nur wenige Sekunden später fühlt man sich komplett der Stadt entrückt.
Schanzengraben

SPA-SPASS

Hammam, Thermalbad, Grand Spa
Sauna und Massagen – besser können Körper und Seele kaum abschalten! Dafür hat Zürich mehrere Alternativen zur Auswahl: Das Hammam Basar entführt in ein regelrechtes Sauna-Serail, eine Mischung aus römisch-byzantinischer und syrisch-türkischer Badekultur. Die mit allen Wassern gewaschenen Spa-Welten des Thermalbad & Spa Zürich sind spektakulär: Man plantscht auf dem Dach einer ehemaligen Brauerei und kann dabei über die ganze Stadt schauen. Etwas mehr »Zauberberg«-Atmosphäre strahlt das öffentlich zugängliche Spa des Dolder Grand Hotel aus. Hier kann man sich elegant für ein paar Stunden in die luxuriösen Welten des Edelhotels hineinmogeln.
Hammam Basar, Mühlebachstr. 157–159, www.hammambasar.ch;
Thermalbad & Spa Zürich, Brandschenkenstr. 150, www.thermalbad-zuerich.ch;
Dolder Grand Spa, Kurhausstr. 65, www.thedoldergrand.com/wohlfuehlen

Hier liegen Sie richtig

Früher konnte man in Zürich im »Elvis-Presley-Zimmer« des leider nicht mehr existierenden ZicZac Rock Hotels absteigen, dem preiswertesten Hotel weit und breit, mit Tapeten, die sich von der Wand schälten, lauter Krachmusik bis zum Morgengrauen und und und ... wie es sich für eine echte Rockmusiker-Absteige gehört. Solche günstigen Hotels gibt es immer noch – aber man muss sie suchen!

Die anderen »Billigen« kann man nicht ohne Weiteres empfehlen und »preiswert« bedeutet hier bereits »um 100 Franken«. In der Tat sind wohl ungezählte Zürich-Aufenthalte an den Unterbringungskosten gescheitert. Da gilt es, ein bisschen zu improvisieren. Im Vorfeld zu Ihrer Reise können Sie sich zum Beispiel im Internet das 5-Sterne-Zimmer eines Künstlers ersteigern oder orientalische Nächte erleben, in denen Sie sich fragen, ob Sie den »Urlaub am See« eigentlich noch mit Zürichs City eintauschen wollen.

Falls Sie direkt am Puls der Stadt logieren wollen, gibt es ein paar schicke Absteigen unter 200 Franken und charmante Pensionen, die teilweise unter 100 Franken liegen, wenn Sie sich das Bad mit Ihren netten Nachbarn zu teilen bereit sind. Wer Wert auf ein Hotelerlebnis legt, sollte sein Geld nicht in den verstaubten Kurhotels am Wasser anlegen, sondern lieber bei den Boutique-Hotels schauen. Und nach oben ist selbstverständlich preislich alles offen ...

Wo bitte geht's zum »Wurzelbunker«?

Wer bei »Schweiz« und »Ernährung« nur an Geschnetzeltes und Käse denkt, hat die Rechnung nicht mit Zürich gemacht. In der Stadt von Rohkost-Papst Maximilian Bircher-Benner und Brühwürfelerfinder Julius Maggi steht mit dem vor hundert Jahren noch als »Wurzelbunker« bespöttelten Hiltl auch die Wiege des Vegetarismus – und beweist in vielen Variationen, dass Essen auch Spaß bereiten kann.

Zürcher Essensgenuss beginnt schon morgens beim Frühstück (»Zmorge«), das ohne Müsli und »Gipfeli« (Croissant) fast nicht denkbar ist. Weiterhin beliebt: der Brunch, vor allem am Wochenende und an den populären Veggie-Buffets von Hiltl und ti'bits. »Zmittag/Zvieri« dagegen ist der (Nach-)Mittagsimbiss, zu dem der Zürcher sich gern mit anderen zum Plausch trifft. Abends kann man vornehm oder auch »zünftig« essen – schließlich kommt der Begriff von den zahlreichen vertretenen Zunfthäusern der Stadt. Vor das Dinner hat der Zürcher den Apéro gesetzt – das kleine Glück-Schlückchen zum sprichwörtlichen Feierabend. Der After-Work-Longdrink dient zum geselligen, entspannten Beisammensein mit Knabbereien, nach dem man auseinandergehen oder den Abend gemeinsam fortsetzen kann. Achtung: Montags haben viele Restaurants geschlossen!

Camping mit allen Annehmlichkeiten: Bei Fischers Fritz, dem einzigen Zeltplatz Zürichs, wird das Frühstück ans Zelt geliefert.

Das Neueste vom Tage zieht sich der Zürcher am liebsten bei Kafi und Gipfeli rein.

»Lädeln« nach Strich und Faden

Bei einem Shoppingbummel auf einer der weltweit umsatzstärksten Einkaufsstraßen kann es Ihnen schon mal passieren, dass man die Tasche gar nicht erst aus der Auslage holt – wie es einer der reichsten Frauen der Welt passiert ist, der TV-Moderatorin Oprah Winfrey. Die Episode ist als »Täschligate« um die Welt gegangen.

Voller Überraschungen sind auch die Wege abseits der Bahnhofsstrasse und der großen Marken, die es überall in der Stadt gibt. Hier finden Sie Zürcher Urgewächse: Seiden- und Schokoladen, Nachwuchs-Designer im Szeneviertel oder Eigengewächse wie einen Shopping-Garten.

Starten können Sie gleich von der Bahnhof- und der parallelen Löwenstrasse über den Lindenhof-Buckel bis zum Münsterhof und zurück, denn in der Schweizer- und Augustinergasse und den Straßen rund um die Storchengasse gibt's noch viele weitere Mode-Shops zu entdecken. Die abgedrehteren Stores warten dann größtenteils in den angesagten Kreisen 3, 4 und 5, vom feinen Mitmach-Shop zum Nähen im Kreis 3 über inspirierende Läden im Kreis 4 oder bunte Märkte im Kreis 5. Am besten nach dem Serendipity-Prinzip vorgehen: sich treiben lassen und Dinge finden, die man nie gesucht hat. Viel Spaß beim »Lädeln«!

»Usgange« leicht gemacht

Kulturmeile, Schinkenstrasse, Szene-Kiez, Trash-Gegend und Tanztempel: Das kleine Zürich hat alles zu bieten. Und wie immer zieht die Amüsier- und Party-Gemeinde ihre Kreise je nach Gusto vor.

Vor oder nach Konzert- oder Theatergenuss nimmt man im Kreis 1 den Apéro respektive Absacker oder kann sich im Industriequartier nach den Veranstaltungen dem Bar-Hopping und Clubbing hingeben, auf der Langstrasse und im Niederdorf hingegen räumt man gleich dem Amüsement Priorität ein. Während die Fußgängerzone Niederdorf eher zur abendlichen »Schinkenstrasse« mutiert, ist die Langstrasse noch ganz witzig, tendiert aber mit der Zunahme von Bars und 24-Stunden-Shops auch schon langsam zur Partymeile. Mittlerweile befinden sich dort die coolsten Clubs der Stadt.

Manche Zürcher finden Sie eher ein Stück dahinter in der lässigen Ecke zwischen Helvetiaplatz und Stauffacher, wo man im Biergarten am Xenix-Kino friedlich bei seinem Schoppen sitzt oder nach einem Konzert im Kaufleuten oder Volkshaus noch einen Drink an der Bar nimmt. Im Sommer hängt man gern die Füße in die Limmat in den nur abends geöffneten Bars der Badis – der Barfuss- beziehungsweise Rimini Bar. Dann vielleicht weiter auf die Sihlinsel in die Bar Basso und anschließend noch in einen Club in der Langstrasse.

Markt mal anders: Frau Gerolds Garten im Schatten des Prime Tower ist schon ein spezielles Shopping-Biotop.

Zur Erholung nach basslastigen Electro-Partys kann man in der Longstreet Bar auch gemütlich draußen sitzen.

Das Cabaret Voltaire in Zürichs Altstadt

EINE SCHÖNE ZEIT, WO IMMER DIE REISE HINGEHT

Impressum

1. Auflage 2020
© 2020 DuMont Reiseverlag GmbH & Co. KG, Ostfildern
Alle Rechte vorbehalten.

Autoren und Verlag haben alle Informationen mit größtmöglicher Sorgfalt geprüft. Gleichwohl sind Fehler nicht vollständig auszuschließen. Alle Angaben erfolgen ohne Gewähr.

Autoren:

Amsterdam: Susanne Völler und Jaap van der Wal
Budapest: Matthias Eickhoff
Edinburgh: Matthias Eickhoff
Florenz: Michaela Namuth
Kopenhagen: Hans Klüche
Leipzig: Susann Buhl
Luxemburg: Reinhard Tiburzy
Münster: Matthias Eickhoff
Oslo: Marie Helen Banck
Riga: Jochen Könnecke
Stockholm: Petra Juling
Straßburg: Gabriele Kalmbach
Valencia: Daniel Izquierdo Hänni
Wien: Anita Ericson
Zürich: Patrick Krause

Gestaltung und Satz: Birgit Eggers, Potsdam
Lektorat: Dr. Barbara Münch-Kienast, Andechs
Stadtpläne: DuMont Reisekartografie, Fürstenfeldbruck,
© DuMont Reiseverlag, Ostfildern

Printed in Italy
ISBN 978-3-7701-8229-9
www.dumontreise.de

FSC
www.fsc.org
MIX
Papier aus verantwortungsvollen Quellen
FSC® C015829

Abbildungsnachweis

Alle Zeichnungen: Gerald Konopik, Fürstenfeldbruck
Alamy Stock Photo: S. 117 rechts (Tom Wagner)
AWL Images, Whitchurch (GB): S. 102/103 (imagebroker)
DuMont Bildarchiv, Ostfildern: S. 68 rechts (Anzenberger-Fink); 132 rechts (Arthur F. Selbach); 80 (GARP/Hänel); 104/105 (Gregor Knoll); 154, Umschlagklappe hinten 2 (Hirth); 188/189 (Markus Kirchgessner); 172/173 (Olaf Meinhardt); 40/41, 92/93 (Peter Hirth); 136/137, 242 (Udo Bernhart)
Fotolia, New York: S. 113 (bofotolux); 129 (Ernst Pieber); 48 (f11photo); 218 (mRGB); 151 (sergei_fish13)
Getty Images, München: S. 46 (Blackwell); 62 (Freeman); 213 rechts (Lonely Planet); 139, Umschlagklappe hinten 1 (Massimo Borchi/Atlantide Phototravel); 144 (Mats Anda); 53 links (Moos); 135 (Roberto Conte); 199 (Segre); 54/55 (Sesaud); 6/7 (svariophoto); 139 (Svein Nordrum)
Glow Images, München: S. 34 (Hauser); 138 (imagebroker); 39 (Imagebroker/Schubert)
Hotel Graffalgar, Straßburg (Frankreich): S. 196 links (Paola Guigou)
Huber-Images, Garmisch-Partenkirchen: S. 187 (Merten); 86/87 (Raccanello); 196 rechts (Reinhard); 126 (Reinhard Schmid); 44/45 (Rellini); 27, 28/29, 192, 228 rechts (TC)
iStock, Calgary (kanada): S. 243 (alxpin); 244 rechts (Breslavtsev); 70/71 (FotoVoyager/Fawcett); 52 rechts (Multhaupt), 74 (Patrizi); 56/57 (Sanniely); 156/157 (Urtans); 193 (Andronov); 202 (Didenko); 148 links (Ekely); 120/121 (unimatrixZxero)
laif, Köln: S. 214/215 (Azumendi); 119 (Bungert); 63 (Celentano); 142 (Frank Siemers); Umschlagklappe vorne 1, 11, 15, 21 links (Gonzalez); 21 rechts (Gumm); 71, 216/217, 228 links (Haenel); 24/25 (Hahn); 235 (hemis.fr/Frumm); 187 (hemis.fr/Mattes); 183, 186, 194, 195, Umschlagklappe hinten 4 (hemis.fr/Rieger); 91, 100 rechts, 159, 159, 163, 165 links (Hirth); 238 (Hoffmann); 134/135, 146 (Ilja C. Hendel); 171, 181 links, Umschlagklappe hinten 3 (Kerber); 236/236, 240, 245 links, 246 (Keystone/Bally); Umschlagklappe vorne 4, 68 links, 190 , 224 (Kirchgessner); 198/199, 206 (Knechtel); 30, 160 (Kristensen); 165 rechts (Le Figaro Magazine); 20 links (Le Figaro Magazine/Gladieu); 171, 174, 177, 178 (Lengler); 11, 14 (Linkel); 130 (Malte Jaeger); 62 (Mattes/hemis.fr); 147 (Max Galli); 43 (Multhaupt); 180 rechts (Polaris/Schoenbaum); 180 links (Rabouan); 20 rechts (Rapho/Testelin); 7 (REA/Jans); 215, 219 (Rois&Stubenrauch); 94, 95, 100 links (Schwarz); 23, 42, 103, 107, 114, 116 links, 170 (Schwelle); 35, 69 links, 223 (Steinhilber); 37 rechts (Stukhard); 167 (Teichmann); 161 (Weiss); Umschlagklappe vorne 6, 88/89, 101 rechts (Welters); 96 (Westrich); 158 (Zenit/Böning)
Look, München: S. 22/23, 219 (age fotostock); 162 (Dressler); 37 links (Fleisher); 150/151 (Frei); 129 (Heinz Wohner); 118/119 (Jörn Sackermann); 31 (Leue); 213 links (Pompe); 123 (Sabine Lubenow); Umschlagklappe vorne 2, 26, 27 (Travel Collection)
MATO, Hamburg: S. 133 rechts (Sabine Lubenow)
Mauritius Images, Mittenwald: Umschlag (Alamy/allOver images), S. 38/39 (Age/Lyons); 16, 182/183 (Alamy); 225 (Alamy/ INSADCO Photgraphy); Umschlagklappe vorne 8, 123 (Alamy/ Martin Bond); 210 (Alamy/Bennett); Umschlagklappe vorne 3, 46 (Alamy/Bird); 164 rechts (Alamy/Dafos); 43 (Alamy/Dyson); 212 rechts (Alamy/ESP/Noyce); 52 links (Alamy/Finn); 164 links (Alamy/Forsberg); 208 (Alamy/Linssen); 85 rechts (Alamy/Quist); 53 rechts (Alamy/Roxby); 197 links (Alamy/STOCKFOLIOAE); 49 (Alamy/Streetlife); 51 (Alamy/Strickland); 82 (Alamy/Tack); 239 (Amaly/Dagnall); 83 (Bäck); 230/231 (Dieterich); 155 (Flüeler); 145 (Folio Images RF/Andreas Palmén); 143 (Grethe Ulgjell/Alamy); 148 rechts (Iamges & Stories / Alamy); 112 (imageBROKER/H.-D. Falkenstein); 152/153 (imagebroker/Seyfferth); 245 rechts (Lengler); 149 links (Peter Forsberg/Alamy); 222, Umschlagklappe hinten 6 (Reinhart); 115 (Sabino Parente Photographer RM exclusive/Alamy); 235 (Warburton-Lee/Kober); 131 (Werner Otto); 241, Umschlagklappe hinten 7 (Westend61/Dieterich)
Mudam Luxembourg: S. 117 mitte (Remi Villaggi)
picture-alliance, Frankfurt a. M.: S. 240 (akg-images); 127 (augenblick/firo Sportphoto/Jürgen Fromme); 122 (dpa/ Rolf Vennenbernd); 31 (Dueren); 227 (Gredler-Oxenbauer); 232/233 (Keystone/Bally); 229 rechts (Niesner)
Presseamt Münster, Münster: S. 133 links (Angelika Klauser); 128 (MünsterView)
QuattroPole: S. 111 (Yaph)
Schapowalow, Hamburg: S. 181 rechts (4Corners/Panayiotou); 36 links, 36 rechts (4Corners/Taylor); 55 (Amantini); 69 rechts (Amantini/SIME); 64 (Borchi/SIME); 58 (Cellai/SIME); 59, 65, 67 (Cozzi/SIME); 59, 66 (Rellini/SIME); 166/167 (SIME/Canali); 179 (SIME/Rellini); 12/13, 32, 33 (SIME/Vaccarella)
Shutterstock, (USA): S. 200/201 (Razva Ionut Dragomiresco)
Shutterstock.com: S. 168/169 (Hans Christiansson)
Shutterstock.com, Amsterdam: S. 107 (Kit Leong); Umschlagklappe vorne 7, 106, 110 (RossHelen); 111 (Steve Allen); 108/109 (Tiburzy)
Shutterstock.com, Amsterdam (NL): S. 234 (Boris-B)
Shutterstock.com, New York (USA): S. 184/185 (Hadrian); 124/125 (Koverninska Olga); 72/73 (Radiokafka); 60/61 (SenSeHi)
Shutterstock.com, New York (USA) : S. 231 (Gina Power)
Sleep Station, Münster: S. 132 links (Alina Warnecke)
Transit, Leipzig: S. 155 (Hirth)
VLC Turismo, Valencia: S. 203, 209, Umschlagklappe hinten (TVCB)